분수를
넘지
마라

아들에게 쓴 퇴계의 편지

3

분수를 넘지 마라

이황 편지 ■ 김운기 국역

책에 들어가며

퇴계 선생의 문집과 저서 등에는 대부분 서문이나 발문이 없다. 다른 사람이 선생님 글에 서문을 쓰는 것은 감히 '부처님 이마에 새똥 깔기는 짓'쯤으로, 매우 불경하게 여겼기 때문이라고 한다. 그러나 선생 사후 450년이 넘게 지나는 동안 많은 후학이 배출되었고 이에 상응하는 연구 성과들이 쏟아져 나왔다. 현재에도 1년에 수십 편의 퇴계 관련 학술 논문들이 발표되고 있다. 이러한 추세는 앞으로도 계속될 것이니, 오히려 후학들은 퇴계 선생의 말씀을 앞다투어 전하려는 기세다. 그런 점에서 역자도 퇴계 선생의 말씀 한 구절을 세상에 내놓을 수 있는 용기를 내게 되었다.

이 편지들은 역자가 『퇴계 가서에 나타난 교학양상연구』라는 박사학위 논문을 쓴 자료들로, 퇴계 선생께서 아들에게 쓴 편지들이다. 선생께서는 평생 3,000통에 이르는 많은 편지를 남기셨는데, 그 편지 중에는 아들에게 쓴 편지 530여 통을 포함하여 손자와 조카 등 친·인척에게 쓴 가족 편지가 모두 900여 통이 넘는다. 이 가운데 손자에게 쓴 편지와 아들에게 쓴 편지 일부가 번역본으로 나온 바 있다.

그러나 아들에게 쓴 편지가 530통이 넘는 많은 수량인 점을 감안하면, 아직 독자들에게 번역되어 선보이지 못한 편지가 대다수인 상황이다. 이러한 점을 매우 아쉽게 여겨오던 역자가 이번에 '아들에게 쓴 퇴계 선생의 편지' 531통을 처음으로 완역하여 독자들 앞에 내놓게 되었다. 선생 종택과 도산서원 광명실 등에 수백 년간 보관해 오던 편지들이 한국국학진흥원에 위탁 보관되면서, 퇴계학연구원에서 2018년 교감한 원본이 『정본퇴계전서』로 공개되었다. 이것을 저본(底本)으로 역자가 논문 자료로 활용하면서 모두 번역하는 기회가 되었다. 지금까지 퇴계 선생에 관한 많은 연구가 있었고, 퇴계서(退溪書)에 관한 한문 주석서나 일부 한글 번역본이 나왔으나 이번에 '아들에게 보낸 편지' 전편을 완역해서 내보이는 것은 역자의 이 책이 처음이다.

450년이 넘도록 선생의 편지가 소실되지 않고 남아 있는 것이 경이롭고 다행스러운 일이지만, 이 편지들은 그동안 선생의 문집과 전서 등에 극히 일부 외에는 채록되지 못하고 대부분의 자료집에서 누락 돼 있었던 점은 필자가 궁금해하던 차였다. 그러나 세상에 드러나지 않았던 선생의 편지를 읽고 번역하는 동안 그 의아했던 점은 조금씩 풀리고 이해하는 계기가 되었다.

후일 『이자수어』의 발문을 쓴 안정복(安鼎福, 1712~1791)은 그 발문에서, '가정(家政)의 실제 생활보다 강의(講義)한 주자학과 퇴계의 저술에 기준을 두었다'라는 취지를 담고 있다. 이에 대하여 권오봉(權五鳳, 1930~1999)은, "퇴계문집 속편 편찬까지는 퇴계의 도학(道學) 이외의 것이 세상에 출현하는 것을 꺼렸다."라고 설명하고 있다. 실제로 '가서(家書)'라고 일컫는 퇴계 선생의 가족 간에 오간 편지는 선생의 다른 학문적 성과에 비해서 크게 주목받지 못했다. 훌륭한 성리학자이자 정치가이며 교육자셨던 퇴계 선생의 위인적 평가에 비추어 가정(家政)의 일상은 매우 소소하다고 여겨져서 이에 따라 자손들과 오간 편지까지 간과되어 온 것이 사실이다. 특히 퇴계 선생께서 부자간(父子間)에 오간 家書는 가정사에 민감한 사실과 선생의 솔직한 속내가 담겨 있는 내용이 많다. 이러한 이유로, 학문적가치로서 가서가 경시되고 비하되었으며, 『퇴계문집』 등 제 저술편찬에서 배제된 원인이었을 것으로 짐작이 되고 이해할 수 있는 일이다.

그러므로 이 책의 이야기는 퇴계의 심오한 철학이나 사상서가 아니다. 인간 퇴계가 아들에게 보낸 사람 사는 이야기다. 자식을 키우고 가정을 건사해야 하는 여느 가장의 이야기이며 우리들의 이야기일 수 있다.

퇴계 선생의 문집 편찬 당시, 산절(刪節)되고 배제된 부분들은 그러한 생활사적 개인기록이 대부분이었다. 그동안 연구자들의 사각지대에 있었던 퇴계 선생의 가서(家書), 특히 아들에게 쓴 편지 530여 통은 가정사(家政事)에 아주 은미한 것에서부터 부자간의 미세한 감정까지 여과 없이 기록하고 있는 생생한 자료다. 이처럼 가공되지 않은 실체를 통하여 퇴계 선생도 우리와 다를 바 없는 사람 사는 이야기를 하고 있다는 것을 알 수 있다. 지금까지 퇴계 선생께서 이루어 놓은 학문적 성과와 위인적인 면모에만 치우쳐 사실과는 다르게 알려진 면이 없지 않았고, 심지어 상식에도 못 미치는 왜곡된 설화 수준으로 잘못 알려진 것이 많았다.

이번에 출간되는 이 편지들을 통하여 우리는 아주 가까이에서 퇴계 선생의 인간적인 참모습을 발견할 수 있을 것으로 생각한다. 또 선생께서 왜 이렇게 많은 편지로 아들과 소통하였으며, 아들에게 행한 사람됨의 교육이 무엇이었는지 배우게 될 것이다. 이는 현대를 살아가는, 자식을 키우는 모든 부모가 배워야 하는 위인의 가르침이다. 가정교육의 의미와 중요성을 새롭게 점검하고, 자녀교육 본연의 모습을 회복하여, 현대 사회가 직면하고 있는 불안한 가정교육이 시사하는 바를 찾게 될 것을 함께 기대한다.

다만, 필자는 한문을 연구하는 서생에 불과하여 선생의 철학적 경지를 가늠할 수 없고, 국문학이나 역사학에 천박(淺薄)한 처지이다. 편지의 전편을 통하여 등장하는 이두식(吏讀式)의 수많은 노비 이름, 지금은 아예 사라지고 없어진 고지명(古地名), 관직명, 자(字)·호(號)·명(名), 택호(宅號) 등 지금 우리에게 낯선 용어들을 정리하는데 용이(容易)하지 않았음을 실토하지 않을 수 없다. 향후 독자 제현들의 가혹한 질정을 마다하지 않겠다.

계묘년 단오에, 東旦齋에서 역자 씀

차 례

무진년(1568년, 68세)　　　9/260
기사년(1569년, 69세)　　　57/272
경오년(1570년, 70세)　　　111/286
년월 미상　　　　　　　　185/305
원문　　　　　　　　　　　259

書 - 351

1월 17일

준에게 부친다.

그 허허벌판 진흙탕 길을 어찌 갔느냐? 염려가 그치지 않는구나. 내 스스로 탄핵하는 사직상소를 베낀 것과 이상*의 행장을 같이 봉해서 보냈는데, 살펴보았더냐? 내 소장이 조보에 전사되어 나왔는데, 탈자와 오자가 많아 안도가 분명히 본초를 보고 싶어 할 것 같아서 그것을 보낸 것이다. 다른 사람에게는 보이지 말고 안도에게만 한 통을 베끼도록 하여 보관하거라. 그 초본과 행장 초본도 동봉하여 사또가 가는 편에 맡겨 보내니 부디 조심하여 잃어버리는 일이 없도록 해라. 네가 출발한 잠시 뒤에, 진봉하는 아전 편에 보내온 안도의 편지에, 안도가 갓을 구한다고 하였기에 하인 돈이에게 보냈으니 가지고 가서 전해주거라.

또 이번에 올린 사장의 내용을 너는 보지 못했으니, 서울에서 만나는 사람들이 내 병에 관해서 물을 때 대답하려면, 이런 내용을 알고 있지 않으면 안 된다. 그러므로 장초도 보내니 내용을 알고 있어야 하고, 함께 올린 두 개의 초본은 다시 돌려보내거라. 홍조*에게는 별도로 편지를 하지 않았다. 석물 모양을 보았더니 필요한 크기보다 5에서 7푼 정도 여유가 있었다. 연마하여 바로 잡으면 본래 필요한 치수를 만들 수 있을 것이다.

*이상貳相: 삼정승 다음가는 벼슬, 좌우참찬. 여기서는 회재 이언적을 말함.
*홍조弘祚: 신홍조申弘祚, 퇴계 누님의 둘째 아들.

書 - 352

1월 23일

아들 준에게 부친다.

근래 하인 돈이가 예천에서 돌아와 전해 줘서, 그동안의 소식을 알았다. 그 뒤로 어떻게 지내는지는 모르겠구나. 눈 내린 진흙탕 길이라서 가기가 매우 힘들지는 않았는지 걱정이 끝이 없었다. 여기는 여전하다만 9일에 전하의 유지와 겸하여 정목을 받았더니 뜻밖에도 품계를 올려 갑자기 제수하셨다. 다시 이런 일을 만나니 놀랍고 난처하여 어찌할 바를 모르겠구나.

지금 입장으로 보면, 전에 올린 사직서는 도리어 자잘한 것이었고, 원인을 생각해 보니 스스로 탄핵하는 상소를 년 전에 올렸더라면 분명히 이런 일은 없었을 것이다. 일을 생각하는 것이 더뎌서 이런 지경에 이르렀으니 통탄한들 지금에 와서 어찌하랴.

그러나 그 소와 사장이 이미 조정에 같이 도달하였을 테니 어떻게 처리될지 궁금하구나. 머지않아 전하의 유지가 또 내려올 것 같고, 근심 속에 우두커니 기다리고 있을 뿐이다. 지금 유지를 받들고 온 사람 편에 또 소장을 지어 보낸다. 다만 그 사람 편에 보낸들 감사가 먼 곳을 향했다고 하니 분명히 조정에 빨리 도달하지는 못할 것이다. 참으로 한스럽구나. 본 품계에 있을 때 예로써 불렀어도 오히려 감당치 못했는데 더구나 지금 품계를 올려주는 특별한 은혜에 어찌 감히 함부로 나갈 수 있겠는가? 내 진로는 전보다 더 어려우니 분명히 죄를 얻고 나서야 그만둘 형편일 테니 고민이 적지 않다. 서소문 집은 들어가 살고 있느냐? 매사에 배가하여 조심하거라. 이만 줄인다

추신——안기의 통인*이 가져온 편지를 지금 보고 소식을 잘 알았다. 안도 등의 편지도 모두 받았다. 전에 거쳐서 온 봉함 편지는 청도의 이희서가 보낸 것으로 그 편지는 11월 보름에 부친 것인데, 어느 곳을 거치면서 전달이 지체되고 있다가 지금에야 도착했는지를 모르겠다. 마음이 내키지 않아 바로 답장은 하지 않았다. 만일 네가 만나게 되면 나중에 답장할 것이라는 뜻을 전하는 것이 좋겠다.

석물에 관해서 예천 운운한 것은 매우 미안하구나. 영승* 어미의 병이 위중한데 구제하기 어려울까 봐 모두가 근심하는구나.

*통인通引: 지방 관아에 딸린 이속. 수령의 시동으로 수령의 행차 수행, 명령 전달 등의 일을 보던 사환.
*영승永承: 이영승李永(令)承. 숙부 堣의 손서.

書 - 353

1월 24일

아들 준에게 부친다.

용궁을 지난 뒤에는 어떻게 갔는지 궁금하구나. 눈이 내려 진흙탕 길이라 경로에 큰 고통이 따랐을 텐데, 어느 날에나 도착할지 걱정이다. 정부의 노복이 사흘간 머물렀다가 오늘 새벽에 돌아갔다. 지금 안도의 편지를 보니, 사직상소가 먼저 도착해 이미 계하*하였다고 한다. 소장을 계하한 후에 상하 관료들의 뜻은 어땠는지 모르겠구나. 어떻게 대처해야 할지 밤낮으로 걱정되고 겹겹이 두려움뿐이다. 이상*을 사직하는 소장을 받아 역리가 감사에게 갔으나 속히 전달되었을지 걱정이다. 나머지는 정부에서 왔던 자의 편에 부친 편지에 자세히 적었다. 오늘 아침 이비원*의 아내가 세상을 떠나 분상하러 나섰다가 한기를 만나 편치 못하게 돌아왔다. 통탄함에 눈물이 흐른다. 이만 줄인다.

추신——— 요즈음 연달아 김백영의 편지를 받으니 정말 감사하구나. 지금은 문중의 상을 당해 마음이 심란하여, 아직 편지를 쓰지 못했다고 전해 주거라.

*계하啓下: 임금에게 재가를 받은 일.
*이상貳相: 퇴계가 의정부 우찬성에 제수된 것.
*이비원李庇遠: 이국량(1517~1554)의 자. 퇴계의 장조카 인寅의 사위.

書 - 354

1월 30일

아들 준에게 부치는 편지.

문서를 받들고 온 사람이 와서 말하기를, '길에서 만났는데 무사히 갔다.'라고 네 소식도 전하니 매우 위로된다. 다만 이번에 온 문서에 성상의 하교가 이에 이르렀으니 더 놀랍고 두려움이 커서 몸 둘 데가 없다, 품계를 올렸기 때문에 달려갈 이치가 전혀 없으면서, 부득이 최근에 올린 사장으로 인하여 또 이렇게 사장을 쓰자니 황공하기가 끝이 없다. 근래에 올린 사장은 진작에 도달이 되었는지 여부도 알지 못하니 염려가 겹겹이다. 이복홍*의 노비 편에 보낸 안도의 편지를 받았다. 다만 이 사람이 돌아갈 때 급하게는 답을 전하지 못한다고 했다.

안도의 편지에 민 우상*이 뜻밖에도 세상을 떠났다고 하니 너무나 놀랍고 애통하구나. 조정을 위해서만이 아니라, 우상이 있다면 내 일에도 의론으로 구해 줄 수 있는 희망이 있겠지만 갑자기 이런 지경에 이르다니 더욱더 통탄스럽다. 전에 기록된 의계*를 보니 그의 덕에 깊이 공감하여, 평생토록 마음을 알아주는 내 믿음을 저버리지 않을 만한 벗이라고 생각했거늘 애석함을 어찌하랴.

'승지 김취문 영공에게 답서'를 보냈으니 네가 가지고 가서 댁에 드리고, 혹 갈 형편이 정 안되면 인편으로 보내되 승정원에 들어가지 않게 하는 것이 좋겠다. 나머지는 바빠서 이만 줄인다.

추신───금천에서 보낸 편지와 충주목사의 판결에 대한 편지 두 통을 모두 보았으니 추후에 답할 것이다.

*이복홍李福弘: 이충량李忠樑의 아들이며, 간재艮齋 이덕홍李德弘의 형.
*민우상閔右相: 우의정 민기閔箕.
*의계議啓: 임금에게 올리던 계본.
*금천金遷: 충북 충주시 금천면.

書 - 355

                                                    2월 2일

    준에게 부치는 편지

    서울에 들어간 뒤에 안부는 어떠하냐? 여기는 비원의 집안이 상을 당한 것 외에는 별다른 일은 없다. 다만 지난 29일 받든 유지는, 사장을 탄핵하는 상소가 입계된 후에 내려온 유지였다. 놀랍고 망극하여 부득이하게 또 사장을 올리고 엎드려 지엄한 명을 기다릴 뿐이다. 지난 20일 이상이 사직하려는 상소를 입계한 후 처결이 어떻게 되었는지 모르겠구나. 또 탄핵하는 상소가 계하한 뒤에 조정의 뜻과 물정과 시론은 어떻게 돌아가더냐? 알아보는 대로 편지를 보내주면 좋겠다.

    중국 사신이 들어올 때가 되었으니 모든 일에 조심하며 잘 지내거라. 이만 줄인다.

    추신———나머지는 전에 보낸 몇 통의 편지에 상세히 적었다.

書 - 356

2월 5일

준에게 부친다.

　요사이 오는 사람이 없어서, 네가 도성에 들어간 후로 어디에서 묵는지 안부는 어떤지 알 길이 없어 걱정이 끝이 없다.

　중국 사신은 초사흗날 들어오기로 정해 졌느냐? 매사를 모두 듣고 아는 바가 없으니 근심뿐이다. 상소를 올린 후에 하교가 이미 이르렀으나 다시 사직상소를 올렸다. 다만 우찬성 직을 사직하는 상소와 유지에 답하는 상소를 가지고 교지를 전하러 왔던 인편이 돌아갔으나, 사직서는 이미 모두 올렸는데 성상의 뜻, 조정의 뜻, 여론이 어떠한지는 모르겠다. 품계를 올린 뒤로부터 내 진퇴는 더욱 힘하고 퇴직을 윤허하는 교지가 없으니 형세상 몹시 낭패한 일이다. 그러나 한결같이 사면을 구하려 할 뿐, 달리할 수 있는 일이 없구나. 이러하니, 여러 친구에게 편지도 쓰지 못하고 만난 사람들에게나 이런 내 뜻을 알렸다.

　민 우상 대감의 장례는 어느 달이냐? 만장을 써서 이 슬픈 마음을 표현하고 싶으나 요즘의 의론을 생각하면 때가 때인지라 감히 하지 못하고 있을 뿐이다. 현감께서는 언제 떠나느냐? 혹자는 현감이 서울 쪽 직책으로 체직 되었다고 하는데, 내 생각에는 헛된 소식인 듯하다. 조기백*이 이제 막 간다고 하여 이런 내용으로 대략 보낸다. 나머지는 앞의 편지에 상세히 적었다.

*조기백趙起伯: 조진趙振(1535~?)의 字. 퇴계의 문인.

書 - 357

2월 7일

준에게 답한다.

안기 사람 편에 보낸 28일 자 편지를 보고, 무사히 서울에 도착했다는 것을 알았다. 다만 한 부서에 속한 인원에게 모두 일이 생겨, 네가 혼자서 첫 부임을 하였으니 중국 사신이 오는 때를 맞아 어떻게 직무에 임할지 참으로 염려스럽다. 내 퇴직 상소에 윤허하지 않는다는 답의 유지를 받은 뒤로 더욱 황망한 지경이다. 퇴직 소장만 자꾸 중첩되고 번잡스럽게 말만 많아지니 더욱 두렵고 두렵다. 사직서를 받들고 갔다 온 사람이 대략 올린 소식을 말했는데, 이로 인하여 다른 물의가 있게 되지 않을까 모르겠구나. 대체로 소가 내려진 후에 분명히 공론이 있을 것이나 모두들을 수도 알 수도 없으니 어찌하겠느냐? 비록 조정에서는 반드시 오라고 하지만 나는 백번 계산해 보고 천번을 생각해봐도, 한 번도 나아갈만한 뜻이 없으나 일의 형편이 매우 난처하구나. 죽고자 해도 길이 없고 차라리 도망가고자 해도 너희들이 도성안에 있으니 주저하며 결정하지 못하고 있다. 근심하고 혼란스러움이 날이면 더해져서 어떻게 해야 할지를 모르겠다.

해유색*이 왔다가 올라간다고 하므로 이 사람 편에 편지를 부친다. 막구지가 가지고 온 편지는 어제 보았다. 박량*의 시지*는 당연히 넉넉하지만, 내 생각은 가지 않는 것이 좋을 듯하나 어찌하려느냐? 응시한다면 서울이나 지방 중에 어디로 응시 해야겠느냐? 나머지는 이만 줄인다. 매사에 특히 조심하거라.

추신———나머지는 조진억 양흔석 일행 편에 보낸 편지에 다 말하였다. 좌상은 편지를 본 후에 뭐라고 말하더냐?

*해유색解由色: 지방관청의 미곡, 포, 전등의 회계를 관리하는 아전.
*박량朴樑: 박려朴欐의 초명, 퇴계의 손서이며 준의 사위.
*시지試紙: 과거 시험을 대비하여 미리 쳐러 본 시험지.

書 - 358

2월 16일

준에게 부친다.

근래에 오는 편지가 없으니 안부를 알 수 없고, 도중에 전해지는 말에, 네가 다른 부서로 바뀌었다고 하는데, 허언인지 참말인지 아니면 어떤 직책인지 자세하지 않아 궁금하구나. 중국 사신은 이미 돌아갔느냐? 이처럼 일이 많은 시기에, 국사와 네 직분의 일을 겸하면서 어떻게 하고 있느냐? 걱정의 끈을 놓을 수 없다.

집안의 모든 일은 여전하다. 다만 지난 그믐 성상의 비답이 내려온 뒤로 다시 무슨 일이 있었는지는 모르겠소. 이상*에 대한 사장과 회답하는 상소장, 두 장계가 들어간 뒤에 반드시 처결이 있을 것이나 지금까지 답을 들을 수 없으니 근심과 두려움이 가득하다. 근래 이종무를 만났더니 시론에 크게 걱정할 만한 것이 있다고 했으나 무슨 일인지 모르겠으니 더욱 궁금하고 걱정된다.

이 때문인지 근심이 많아 신경 쓰는 것을 벗어날 수 없으니 심장 증세는 점차 나빠져서, 만약 윤허의 은혜를 입지 못하면 마음졸임을 그칠 수 없을 것이다. 앞으로 크게 증세가 발작되면 전적으로 사직의 주된 원인을 중병으로 삼으려고 한다. 네가 어쩔 수 없이 병든 아비 때문에 벼슬을 그만두고 내려오게 되면, 노비와 말을 갑자기 구하기가 분명히 어려울 것인데 어찌해야 할꼬? 이러한 일이 부당한 말이기는 하지만 반드시 너는 미리 알고 있어야 할 것 같아 미리 말해준다. 속으로 너만 알고 있고 다른 사람에게는 말하지 말거라.

내 일의 상황을 보니 반드시 큰 우환과 어려움이 있고 난 뒤에야 끝날 것이니, 하늘은 왜 나에게 이렇게 극한 지경까지 이르게 한단 말이냐?

  편지를 쓰다가 이 대목에 이르러, 마침 오 정자*가 찾아와서 전해 준 네 3일 자 편지를 받고서야 다른 부서로 바뀌었다는 말이 허언이었음을 알았다. 안도가 편지에서 말한 것을 보니, 오히려 윤허의 은혜를 입을 가망이 없으니 견딜 수 없는 고통이구나. 두 소장이 도착한 후에 또 어떻게 되었는지 모르겠다.

  병인 일의 승직에도 이미 나아가지 못했는데 지금의 승직은 저번보다 훨씬 높은데 어찌 감당할 수 있단 말이냐? 죄를 기다릴 뿐이다. 비원 집에 초상이 난 일은 이미 알린 대로이고 나머지는 전에 보낸 편지에 자세히 있다. 이만 줄인다.

*이상貳相: 삼정승 다음의 좌우찬성, 의정부 우찬성에 제수된 일을 말함.
*오정자吳正字: 오운吳澐(1540~1617)을 말함.

書 - 359

2월 22일

준에게 답한다.

지금 영천 사람 편에 보낸 편지를 받고 대략 최근의 일들을 알았다. 크게 위로가 되었다. 이곳은 모두 무탈하다만 내 일은 여전히 윤허를 받을 가망이 없고 좌상의 말도 이와 같으니 고민이 깊어진다. 전에 올린 사직서가 지금까지도 도착하지 않았다고 하니 심히 괴이한 일이다. 만일 사또가 가지고 갔다면 어찌 이렇게 오래 걸렸겠느냐? 지금 사장을 또 올리고 싶으나 빈번하게 번잡스럽기만 하여 극히 미안한 일이기에 우선은 잠시 참고 있을 뿐이다.

전후로 중국 사신이 연이어 오고 가니, 나라에서 어찌 감당할지 모르겠구나. 신예중이 관직을 얻은 것은 기쁜 일이다. 나머지는 모두 알았다.

새로 오는 사또는 관청에 오늘 부임하기에, 서신을 지금 보내주지 못했을 것이다. 안도에게는 심부름하는 사람이 바쁘다 하여 편지로 알리지 못했다. 이만 줄인다.

書 - 360

3월 2일

　아들 준에게 부친다.
　사또 편에 편지를 보낸 후, 요즈음은 소식이 없어 궁금하구나. 뒤에 움직인 중국 사신은 어떻게 돌아갔느냐? 네 업무는 빠짐없이 잘하고 있느냐? 여기는 별일 없다만 원평 서향의 하인 집에 역질이 들어, 지난달 21일 재 조카의 처 상을 당했다. 문중에 연이어 이런 흉사가 있으니 슬프고 통탄스런 마음이 그지없구나. 내 일은 근래 어떻게 되어 가는지 아느냐? 전에 올린 사장 중 도착하지 않았던 것은, 지금은 분명히 도착했을 텐데 그 처결이 어찌 되었는지 아느냐?
　전에 내린, '물리지 말고 거리낌 없이 올라오라'는 빈번한 유지가 두려웠는데 지금까지 사장에 대한 답이 없구나. 근래에 다시 상소 하나를 올리려 하였으나 아직 초안을 잡지 못했으니 걱정이 깊다. 하물며 사람들의 말이 분분하고 닥친 일이 이미 일마다 이와 같으니 내가 어찌 고개를 들고 함부로 나아가겠느냐? 오직 견책과 벌을 기다릴 뿐이다. 송 판서가 상소장에 진언한 말이 부당하다고 네가 답한 것은, 내 뜻을 깊이 안 것이다. 판서가 달리 말한 것도 역시 나를 매우 아끼는 말이겠지만 그래도 미진한 뜻이 있다고 해서 하나하나 변명할 필요는 없고 좌상이 말한 것도 판서가 한 말과 별만 다르지 않다. 모두 내가 한 일에 들어맞는 것이 아닌 듯하여 따르려고 해도 길이 없으니 어이하랴.
　해유는 지금 분명히 나왔을 텐데 녹봉을 받는 것은 어찌 되는지는 모르겠구나. 신입은 모든 일에 빠뜨리는 게 많은 것이니 어떻게 지탱하겠는가. 염려스럽다.

여기 기와를 굽는 일은 하지 않을 수 없으나, 이제 막 일을 시작하려면 물자와 비용이 모두 부족하니 걱정이 태산이다.
이 사람은 여기저기 전전하며 들러야 한다기에 믿을 수가 없어, 대강이만 줄인다.

추신———재의 처 상에 너는 시마복을, 안도는 소공을 입고, 또 사촌 처에 대해 『주자가례』에는 복이 없고, 『대명률』『대명회전』과 『대전』에는 시마복이라 했다. 너희들이 『가례』만 보고 복을 입지 않는다고 생각할까 봐 자세히 일러준다.
안도에게는 편지를 보낼 겨를이 없다고 말해 주거라. 또 아경이에게 공부하는 것을 게을리하지 못하게 해라.

書 - 361

3월 10일

　준에게 답하는 편지

　연수 편에 보낸 편지를 받았다. 또 전임 사또를 수행해 갔던 고을 사람이 가져다준 편지를 보고 너희 부자가 앓던 병이 다 나았고, 중국 사신이 와서 일이 많을 때도 빠짐없이 일을 잘 수행했다는 것을 알게 되었다. 기쁘구나.

　그런데 잃어버렸다던 말은 끝내 찾지 못했느냐? 이미 3일 동안 찾지 못했다고 했으면 그 후엔들 찾을 수가 있겠느냐? 자신 소유의 말을 잃어버려도 작은 일이 아니거늘, 다른 사람의 말은 어떠하겠느냐? 어쩔 수 없이 말을 변상해줘야 하나, 값나가는 물건을 내다 파는 것이 쉽지 않으니 어찌하겠느냐? 그러나 당연히 온당한 조치를 해야 하고, 값을 마련하는 대로 사람을 시켜 올려보낼 생각이다. 예중이와 네가 모두 재수가 없어서 이런 지경에 당한 것이니 이는 운수소관이 아니겠느냐?

　내 일이 단지 품계를 높인 연고만이 아니라, 최근에 다시 조정에서 의논하는 일도 형세가 어렵게 돌아가니 첩첩산중이구나. 나는 결코 서울에 올라갈 이치가 없는데도 사람들이 매번 그렇게 말을 하니 어찌해야 한단 말이냐?

　사직소를 추조하는 일도 몹시 정상적이지 않고 지금 어떠한지도 모르겠다. 마지막에 받은 유지도 마찬가지지만, 유지를 가져왔던 사람 편에 그때마다 사직소를 보냈다. 다만 자주 번거롭게 상소하는 것이 편치 못하여, 김문지를 통해 편지로 알아보았더니 승지가 상소장을 올리지 않았다고 하는구나. 다시 상소장 하나를 올리려고 지금 막 초벌을 썼다. 현의 해유리가 내일모레 사이에 상경할 것이라 하니 그 아전에게 부탁하여 올려보낼 생각이다.

민 우상의 장례 기일과 장지를 다 알았다. 그 댁에서 매우 간절하게 바라고 있고, 또 그 사자*가 만장 쓸 천까지 보내왔으니 모두 거부한다는 것이 난감하구나. 그러나 현재 써줄 사정이 못 되어 부응할 수가 없으니, 나 자신이 몹시 부끄럽고 슬프다. 네가 혹시 큰일이 없거든, 가서 발인할 때 문밖까지 호상해 주는 것이 좋겠구나.

최자수의 하인이 와서 답을 받아 가는 일이 급하다고 하니 이만 줄인다. 나머지는 현리 편에 보낸 편지에 자세하게 적었다.

추신――예중이에게 바빠서 편지를 보내지 못했으니, 나중에 편지를 보낸다고 전해 주거라.

*사자嗣子: 집안의 대를 이을 아들

書 - 362

3월 12일

준에게 답한다.

내려오는 연수 편에 보낸 편지 뒤로, 또 지난달 29일 자, 이번 달 3일 자, 5일 자 등의 편지를 받고, 중국 사신이 때맞게 무사히 지나갔다는 것을 알았다. 다만 최덕수의 하인이 가지고 온 짧은 편지는 자세하지 못해 무슨 내용인지 잘 몰라 아쉬웠다.

잃어버린 말을 끝내 찾지 못했다고 하니 아쉬운들 어쩌겠느냐? 예중이가 관직을 잃고 무료할 텐데, 또 말을 잃어버리기까지 했으니 어서 변상해줘야 할 것이다. 그러나 말 가격이 지금 베를 짠 것을 팔아서는 충분하지 못할 것이라 걱정이구나.

일전에 올린 사직소는 기 승지*에게 나아가 아뢰고 여쭤보았느냐? 이는 분명히 역리가 중간에서 잃어버리고 매번 핑계를 대어 정원에 부쳤다고 말하니, 끝내 찾을 수 없는 상황이니 안타깝다. 가장 최근에 온 유지에도, 가져왔던 인편이 돌아갈 때 꼬박 답하여 사장을 올렸다. 그러다 보니 경솔하고 번거로운 일이 된 듯하여, 이번에는 유지를 가지고 온 사람이 돌아가는 편에 김문지에게 편지를 보냈던 것이다. 승지에게는 다만 유지를 받았다는 뜻으로 말했고 사직상소는 부치지 않았지만, 그 인편이 오래 지나도록 서울에 돌아가지 않았다니 괴이한 일이다.

또 그 사장에는 내 뜻을 다 쓰지 못하였기에, 지금 다시 소를 써서 해유리 편에 보내니 네가 정원에 나아가 올리면 좋겠다. 정원에 들어가면 문밖 인의청 근처에서 먼저 승정원의 관리를 불러서, 올리는 절차를 상세하게 묻고, 그런 뒤에 자세하게 살피고 올리는 것이 좋을 것이다. 대체로 내가 원래 벼슬에 나가기가 힘들었던 데다, 관직의 품계까지 올려주시니 더욱 나가기가 어려운 상황이었다. 또 근래에 문형*이 다시 내 이름을 거론하며 의논하는 것을 보니, 내 진퇴의 어려움이 고단하구나. 그러나 어쩔 수 없이 이 상소를 다시 올리지만 어떻게 처신해야 할지를 몰라 더 염려된다.

비록 내가 병석에 누워있는 병세가 아니라 해도, 기왕에 칭병하여 사직한다고 말했는데 너는 평상시처럼 태연하게 벼슬살이를 하고 있으니, 그동안 사람들이 내가 앓고 있지 않다는 의심을 할지도 모른다. 그러니 네가 후에 환임*을 도모해 보는 것도 괜찮을 것이다.

다만 중국 사신이 또 오는 데 벼슬을 버리고 내려오는 것이 옳지 않고, 이번에 보내고 나중에 오려고 하면 여름은 다 지나갈 것이다. 아마도 가을이나 겨울 사이에 휴가를 받는 것과도 차이가 없을 것이니 어찌했으면 좋겠느냐? 단지 이것 때문만은 아니고, 타고 올 말을 구하는 것도 더욱 어려운 일이니 앞으로 어떻게 처리해야 하겠느냐? 형편을 보아 좋은 쪽으로 처리해야 할 것이다.

박군이 『논어』를 마친 후에 영천으로 돌아가기를 원하고 함께 공부하는 동료들과 같이 과거 시험 문장을 배우려고 하여 우선은 허락했다. 지금은 시험 보는 날짜가 분명히 연기될 것이다. 그런 까닭에 최근에 돌아오라고 불러서 『한시』를 읽게 하고 있다. 민 정승의 아들이 만장을 쓸 천을 보내 왔으니 마음이 아프고 지극히 참담하다. 다시 생각해 보아도 지금은 지어서 보낼 수 없고 요구에 부응할 수가 없으니 돌아가신 분께 부끄럽고 기대를 저버렸으니 어이하랴.

전에 말했던 '차라리 숨고 싶다'는 것은, 만일 일이 어쩔 수 없는 처지에 이르면 이럴지도 모르겠지만, 어찌 가볍거나 소홀히 처신하랴.

정랑 이경명이 말한 일은 곧 원래 하지 않기로 정한 일이니 지금 어찌 파계를 하고 새로 만들겠는가? 크게 탄식할 일이다. 문천* 수령에게 행장*을 추심하는 일은 네가 말한 대로 하면 추심은 어렵지 않을 것이다.

『의례주소』는 몇 권이냐? 우리나라에는 없는 책인데, 주신 은혜에 거듭 황공하구나.

예중이가 전에 말이 많았던 나머지 파직된 것인데, 이에 여러 사람이 경쟁하던 고을을 맡게 되었으니 어찌 논박하여 체직 시키는 것이 괴이한 것이겠느냐? 매우 안타깝다.

소장초안은 믿을 만한 사람 편에 보냈고, 조진*이 청홍도*로 돌아가기 때문에 답장은 하지 않았다. 소장 초안을 또한 보내니 남에게 보이지 말고, 본 후에 전과 같이 보내라.

*문형文衡: 홍문관, 예문관의 대표 직책, 대제학.
*기승지奇承旨: 승지 벼슬을 하고 있는 기대승.
*환임還任: 본디의 직임으로 다시 임명됨.
*문천文川: 함경도 덕원, 문천군수 조용趙容, 조광조의 아들.
*행장行狀: 조광조의 행장을 추심하는 것.
*청홍도淸洪道: 충청도.
*조진趙振(1535~?): 퇴계의 문인. 자는 기백起伯.

書 - 363

3월 15일

아들 준에게 부친다.

　요즈음은 관무를 보기가 어떠하냐? 여기는 모두 무탈하게 잘 있다. 사장을 추조*한 일은 끝내 누구의 실수더냐? 근래에는 조정에서 의론하는 일이 달리 없더냐? 상소장은 이달 12일에 현의 해유 아전 학련이 가지고 올라갔다. 아마 이 사람이 뱃길을 경유하여 올라갔으니 빠르게는 서울에 당도하지 못할 것이다.

　문형이 다시 내 이름을 거론하여 의론한다니, 이는 더더욱 내가 나아가기 어려운 일이다. 만약 이 상소가 들어가게 되면 오히려 청할 수도 없고 달리 선처할 방법도 없으니 고민이다.

　안도가 일전에 보낸 편지에, '중간에 아버지가 환임할 분위기가 있었지만, 성과는 나지 않았다.' 하니 어떻게 환임할 분위기가 있었는지 궁금하구나. 잔폐한 직임에 인정이 괴롭고, 내가 싫어하는 것을 다른 사람이 좋아하는 것과 바꾸는 일인데, 사람들이 나를 원망하는 것도 심하지 않겠느냐? 우연히 이조에서 환임을 하면 될 뿐이다. 관직을 바꾸려고 청탁하는 일은 부디 경계하거라.

　나머지는 학년*이 가지고 간 편지에 자세히 적었다. 이만 줄인다.

　추신――안도에게는 지금 편지를 보내지 않았다. 나는 아경이와 도산에 있고, 아순이는 오천에 있다. 박량은 어제 영천으로 돌아갔다.

*추조推調: 서로 책임을 회피함.
*학년鶴年: 해유리 학련鶴連과 동일인.

書 - 364

3월 21일

준에게 부치는 편지

현의 아전 학년이 상소장을 들고 올라갔는데, 진작에 나아가 올렸는지, 그 처결은 어찌 되었는지 알 수가 없어 몹시 걱정스러울 뿐이다.

오천 사람 편에 보낸 편지는 보았느냐? 여기는 별일 없이 잘 있다. 다만 박군이 처음에는 서울에서 과거 시험에 응시하고 겸해서 근친*도 하려고 하였다. 그러나 다시 생각해 보니, 만일 중국 사신이 빨리 온다는 기별이 있다면 과거 날짜를 뒤로 물리지 않을 수 없을 것이다. 또 박군의 경우를 보니 이번 시험은 전 과목에 해당되지 않아 독서가 가장 중요한데, 지금 겨우 『한시韓詩』 첫권을 읽기 시작하였다. 만약 버리고 올라가게 되면 수개월의 공부가 헛되이 될 것이 뻔하여 지극히 염려스럽다. 그래서 부득이 이번에는 올라가지 말기를 권했는데, 어째서 부장*은 불가하다고 말하는 것이냐?

네가 사직서를 올리고 내려오는 일이 지금은 용납받기가 어려울 것이다. 기다렸다가 가을에 내려오게 되면, 박군이 때 맞춰 올라가는 길에 근친을 하고 너는 그 말을 타고 내려온다면 둘 다 편할 것 같구나. 너는 또 어찌 생각하느냐? 말을 사는 값은 준비되는 대로 보내려 하는데, 보낼 형편이 쉽지 않으니 어찌할꼬? 나머지는 이전 편지에 자세하게 말했고, 마침 바쁜 일이 생겨 이만 줄인다.

추신———안도에게 별도의 편지를 쓰지 못했다.

*근친覲親: 시집간 딸이 친정에 가서 어버이를 뵙는 일.
*부장: 박려의 부친이자 준의 사돈인 박대령朴大齡(1515-?)의 직책.

書 - 365

4월 5일

　아들 준에게 답한다.
　너희들이 보낸 지난달 26일 자 편지는 초이튿날 영천으로부터 전해 받았고, 또 전달 19일 자 편지는 송백이 오는 편에 전해 주어 받아, 요즘 너희들 소식을 잘 알았다.
　안도의 처가 아들을 낳았다고 하니 기쁨을 이루 다 말할 수 없구나. 어미의 몸이 처음에는 조금 좋지 않았다가, 지금은 점차 회복되었다고 하니 더욱 기쁘다. 그렇지만 네게 있던 볼기 쪽 종기는 지금은 어떤 상태냐? 나는 별반 대수롭다 할 병은 없고, 단지 마음이 잠시도 편안하지 않았던 까닭으로 심열증세가 간혹 발작한다. 자잘하게 조섭을 소홀히 할 때나, 평안한 상태가 아닐 때는 자주 기가 심하게 어지럽기도 하니, 혹시 이로 인하여 큰 병이 발작되지 않을까 염려될 따름이다.
　특히 2월 26일에 받은 유지에는, 나의 진심 어린 속 뜻를 사직서에 대략 진술하였다. 다만 자주 사직서를 보내는 것은 무익할 뿐이어서, 우선 서장을 쓰지 않고 사직상소를 올려 극진히 진술하고 하늘 같은 은혜로 긍휼히 여겨 허락해 주시기를 바라면서, 몸을 뒤척이며 학수고대했었다.
　그러나 지금 윤허의 명을 받지 못했을 뿐만 아니라, 도리어 교서를 가지고 관리를 파견하는 일이 다시 있게 되었으니, 황공하기가 이를 데 없어 어찌할 바를 모르겠다. 진작에 이럴 줄 알았다면, 상소장을 써서 의례상 사직서를 올리는 것이 나았을 것이다. 지난달 그믐 전에 교서를 가지고 서울에서 출발했다면, 어제쯤 도착해야 했는데, 아직도 도착하지 않았으니 무슨 까닭인지 모를 일이다.

기 승지의 계사*에, 나를 구할 힘이 크게 있다고 하니 매우 감사한 일이다만, 강하게 만류하지 않고 청했을 뿐이다. 부르지 말도록 강하게 요청하지 않으면, 주상의 뜻을 꺾지 못하여 내게는 낭패 지경이 있게 되니 이는 미진한 주청일 뿐이다. 아직 교서에 담긴 뜻이 무엇인지 보지 못하였으니, 마땅하게 처리되었는지 미리 헤아릴 수는 없다. 그러나 이상*에 제수된 것을 교체하지 않고는 내가 나아갈 수 있는 뜻이 없었으므로 감히 계획대로 행하지 못하였다.

하사하신 물품 가운데 서책은 그대로 괜찮지만 비단* 등의 경우는 우찬성을 제수한 소명에 아직 숙배도 하기 전에, 갑자기 해당 직책의 하사품을 받는 것이 도리상 더욱 불편한 일이니 본가로 내려보내지 마라. 나중에 사직서와 함께 올려 사양하려고 하니, 두었다가 뒤에 보내는 편지의 내 지시를 기다렸다가 처리하면 좋을 것이다. 대제학의 직책은 이미 다른 사람에게 제수되었다고 하니 마음이 가볍다.

중국 사신이 오는 일은 분명히 기간이 정해져 있을 것이다. 그러나 내가 제수된 관직에 나아가기 어려운 많은 단서 가운데 하나는, 국가에 일이 많을 때를 만나 칭병을 올리게 되면 일을 피한다는 비난을 면할 수 없을 것이다. 이전에 중국 사신이 왔을 때, 병을 칭하고 일을 피했던 많은 관료가 엄한 탄핵을 받은 적이 있다. 지금 내가 출사하면 중국 사신이 바로 오는 때에 해당하는데, 나는 병이 발작하여 분명히 직임을 수행하지 못할 것이다. 이것은 스스로 일을 회피한 죄에 빠진 것이 되니 어찌 심히 부끄러운 일이 아니겠느냐? 그 밖에도 많은 어려운 점을 사직상소에 갖추어 말했으나, 지금 사람들이 모두 헤아리지 못하고 당연히 서울로 올라와야 한다고 말할 것이니 어찌하겠느냐?

박군이 이번에 시험 보는 일은 무익하고 어려움만 있기에, 과거 보러 가려던 길을 중지하게 한 것은 일전의 편지에서 말하였다. 부장이 그릇되었다고 여기는 것은 너무한 것이 아니냐? 박군이 지금 『한시』를 읽고 있는데, 갈수록 어렵고 거칠게 느껴 쉽사리 읽지 못하고 빠르게 발전시키고자 하는 마음도 없으니 심히 염려된다.

유 사간*의 편지와 동봉한 회재의 행장은 다 받아 보았다. 의당 그가 지적한 것을 참조하여 고쳐 보낼 것이다. 다만 지금 마음이 근심으로 혼란하여 여기까지 신경 쓸 틈이 없기에 우선 시간을 기다릴 뿐이다. 조 대헌*의 행장과 문천의 서간도 받아 보았다.

네가 내려오기에는 형편상 어려운 점이 한둘이 아니니 염려된다. 말 구매비용을 이제서야 마련하여 보낸다. 그 가운데 무명 3필은 이곳에서 보낸 것이다

신예중에게 편지를 쓰지 못한 것이 아쉽구나. 벼슬을 잃고 서울에 머물면서 어려움이 얼마나 많겠느냐? 그 밖에 편지를 보내준 사람들에게 답신을 모두 보내지 못해서 매우 부끄럽구나. 만나거든 죄송스럽다고 전하거라.

민 우상의 만사는 차마 인정을 누를 수 없어서 이미 써 놓았던 초본을 보낸다. 비록 산소에 있다고 하더라도 보는 눈이 분명히 많을 것이니 우선은 보내지 않는 것이 좋겠다.

기와 굽는 일은, 명복이에게 말로 전하라고 했다. 힘을 다해 만들어도 쓰기에는 궁색하니 참으로 걱정이구나.

아명을 하나는 수경, 다른 하나는 창양 이라 했으니, 그것은 오양*이 창성할 때에 태어났기 때문이다. 너희 부자가 둘 중에 더 나은 것으로 의논하여 정하여라. 아이 이름을 다시 생각해 보니, '경' 자는 아경과 같은 글자이니 쓸 수 없겠기에 수창이라고 고쳤다.

지금 예천과 홍조에게 보내는 편지 내용을 다음과 같이 썼다. "이 일은 합당하나 손자 아이가 아직은 다 배우지 않았고 어리다. 그러므로 아이를 기르는 아비와 어미의 뜻이 일찍 결혼시키려고 하지 않으니, 2, 3년 이후에나 기약할 수 있을 것이다. 예천에서는 올해 안에 빨리 성혼시키려고 하는데, 막대한 혼사에 기왕의 청을 물리칠 수 없고 또 미리 정할 수도 없으니 서로 어긋나는 듯하다. 그러니 나는 마땅히 서울과 오천에 알리겠다..."라는 내용으로 홍조에게 보냈는데, 네 생각은 어떤지 모르겠다.

예천의 편지에서 말한, "사람이 가서 퇴계에게 말씀드렸다."라고 하는 것은 굉 조카를 말하는 것이다. 굉이 다른 일로 와서 이 혼사에까지 말하길래, "나는 모르겠다. 그대 생각은 어떠한가?" 했더니 굉이, "전해 들은 당사자는 매우 좋아한다." 하기에, 믿을 만하면 성혼할 수 있다고 했다. 다만 "그쪽에서 속히 하려고 하면 이쪽에서는 천천히 하려고 하니, 그쪽의 아버지가 이곳에 있을 때 이미 서로 일이 틀어져서 간 것을 알고 있다."라고 했으니 이것이 정혼 한다는 말은 아니었다. 그런데 굉이 저쪽에 잘못되고 허튼 말을 전해서 이렇게 편지를 오가게 하였으니 너무 미안한 일이다. 그렇지만 당사자가 정말로 좋다면, 근처에서 이만한 댁도 쉽사리 얻을 수 없으니 조만간 허락해도 될 듯하다. 다만 아순이 양어미의 뜻은 원하지 않는다고 들었다. 거기에는 이치가 있을 법도 하니 어찌해야 할지 모르겠구나.

사헌부에서 우수가 죄인을 가두어 죽게 했다고 들었는데 결말은 어떻게 났느냐? 우수는 지금 벼슬을 그만두고 내려갔다는 소문을 들었는데 확실히 믿을 만한 것이냐?

*계사啓辭: 죄의 성립이나, 죄의 경중에 관하여 임금에게 올리는 글.

*이상貳相: 의정원 우찬성에 제수된 일.
*비단[匹段]: 필단의 우리말
*유사간柳司諫: 柳希春(1513~1577)을 말함.
*조대헌趙大憲: 대사헌의 직임을 했던 조광조趙光祖(1482~1519)를 말함.
*오양五陽: 음양오행으로, '3월은 오양생五陽生하고 화창하며 기개진동氣槪振動'이라고 했다.

書 - 366

4월 6일

　준에게 부친다.
　명복 편에 편지를 주어 오늘 출발시켰고, 전반적인 일들을 상세히 거기에 적었다. 다만 명복이가 뱃길을 경유해서 가는 것이니 분명히 더디게 서울에 도착할 것이라고 생각되어, 습독*이 돌아가는 편에 간단하게 이 편지를 부친다. 습독이 오늘 일찍 받들고 와서 전한 전하의 교지에, 책무를 더욱 보태고 줄이지는 않으신 오류로 일전에 혈성*으로 올린 소의 뜻은 전혀 긍휼히 여기지 않고 윤허하지 않으시니, 망극하기가 이를 데 없어 몸 둘 바를 모르겠다. 반복하여 생각해 보니, 만약 이같이 끝내 유음을 받을 수 없는데 버티기를 그치지 않는다면 신하나 자식의 의리로는 실로 잘못이 있다. 게다가 기 승지의 계사에도 사퇴할 길이 없지는 않으니 어찌 지팡이를 끌고 한 번 떠나지 아니하랴?
　다만 말했던 한두 가지 일은 모두 정하느냐 정하지 못하느냐의 사이에 있고, 마침 이런 때를 만나 들어가는 것이 몹시 온당치 않은 것은 이것 때문만이 아니다.
　중국 사신이 오면, 일행들을 수행하여 더위를 무릅쓰고 분주하다 보면 분명히 병이 생길 것이기 때문이다. 칭병하고 일을 피하게 되면 탄핵과 논박이 분명히 따를 것이다. 다행히 탄핵을 면한다고 하더라도, 직책을 비우고 은혜를 저버린 것에 대한 부끄러움과 두려운 마음은 더욱 심해질 것이다.
　또 흰색 의장을 전혀 준비하지 못했는데 갑자기 마련하기도 어렵구나. 이러한 어려운 사정이 한두 가지가 아니라서 올라가려는 계획은 실행할 수 없으니, 엎드려 죄를 청해 받기를 기다릴 뿐이다. 내려주신 비단과 향신료는 받기가 편치 못하여 사양한다는 뜻으로 명복이 편에 보낸 편지에 썼다. 이번에 사직을 청하는 소장을 별도로 써서 네게 나아가 들이게 하려다가 우선 멈추고 다시 생각해 보았다. 이렇게 하였다가는 혹여 그 일로 인해 다시 유지가 내려오는 황공하고 번거로운 일이 있을 듯하기 때문이다. 잘 보관했다가 후일을 기다리고 형편을 보아가며 처리하겠다.

 홍 이상*은 무슨 까닭으로 또 사퇴하였느냐? 전임자들이 이처럼 사직하는 이가 많으니 매우 미안하구나. 눈이 침침하여 이만 줄인다.

추신―――사또는 자주 만나느냐? 명복이가 돌아가는 편에 문안편지를 쓰지 못한 것이 아쉽구나. 근래 정목을 보니 양현주부가 되었던데, 이는 전적*의 직임을 맡은 데서 의례적으로 겸하는 곳이다. 또 병조에서 임시 낭청으로 의망했다는데, 이조에서는 이 사람이 잘 관리 하는지 묻지 않았다더냐? 괴이하고 탄식할 일이다. 안도에게는 별도로 편지를 쓰지 않았다.

*습독習讀: 천문天文 습독관, 유희서柳希瑞.
*혈성血誠: 진심에서 나오는 정성.
*홍이상洪貳相: 의정부 우찬성 홍섬洪暹(1504~1585)을 말함.
*전적典籍: 성균관의 정6품직. 도서의 출납과 수장관리를 맡음.

書 - 367

4월 14일

준에게 답장을 부친다.
전에 받은 편지에, 관절 통증이 있다고 하여 염려하고 있던 때에, 이 달 초나흗날 편지에는 이미 회복했다고 하니 매우 기쁘고 반가운 소식이다. 지난달 26일 언향이 편에 보낸 편지를 받았고, 복명이와 습독이 갈 때 두 차례 답신을 보냈다. 내 진퇴에 관한 좌상의 말은, 매우 간절한 이치가 있으나, 이상의 직위는 오래 비워두어서는 안 되니 최근 체직 시킨 명을 따르고, 체직 된 후에는 나아가는 상황이 되기를 바란다고 했다. 전에 네게 보낸 편지에서 말한 대로, 어려운 일이 한두 가지가 아니니 어찌 어리석고 경솔하게 나아갈 수 있겠느냐? 이런 내용들은 이전의 편지에 다 말했으니 다시 자세히 말할 필요는 없을 것이다.
박군을 보내지 않은 것은 미안하지만 독서를 하는 것이 더 급한 일이기에 이번 과거는 미루라고 권한 것이다. 부장은 어째서 불편하다고 여기는 것이냐? 제사에 쓸 소물*들은 네 어머니가 기쁘게 받았다고 한다. 다만 네가 새 여객에 머물고 있어 일하는데 분명히 부족함이 많을 텐데, 보내오는 것이 미안한 일이라고 한다. 조보도 받아 보았다.
손부는 아직 평상을 회복하지 못하고 있다 하니 염려되는구나. 안도에게는 따로 편지를 보내지 않았다고 말해 주거라.
향임 두 사람이 동시에 체직을 원하는데, 건이는 괜찮지만 손환이는 맡은 지가 얼마되지 않았으면서 다른 사람에게 의논하지도 않고 갑자기 체면을 원하는구나. 매우 편치는 않지만 그대로 일을 보게 하는 것이 나을 듯한데, 어찌 처리해야 할지 모르겠다.

기와를 굽는 일은 서쪽 채에 쓸 것이라서 처음에는 여섯 개 가마를 계획했으나, 오천에서 여섯 개 가마로는 부족하고 여덟 개 가마가 필요하다고 하니 그렇게 하려고 한다. 다만 공역이 매우 무거워 바로 힘은 많이 드는데 용도에 맞게 쓰기에는 부족하고 부채가 너무 많아 말할 수가 없구나. 내 생각에는 일곱 개 가마에다 여덟 개 가마 분량을 넣을 수가 있으니 일곱 개 정도에 그치는 것도 방법일 듯하구나.

　지난해 내가 서울에 올라갈 때, 예중이가 유신에서 나를 박하게 대했다는 말이 매우 떠들썩하게 전파되었다고 하니 지극히 놀랍고 괴이하구나. 아마 연이가 나가서 떠든 말이 이 지경에 이르게 된 듯하니 매질하여 혼내려고 한다. 후에 다시 들으니 박가의 노비가 배에 실었던 짐을 받아 내리면서, 앞에서부터 이 관청에 도착할 때까지 먹을거리들을 뜻대로 주지 않자 관인에게 화를 냈다고 한다. 이때 더구나 관궤*를 주지 않으니 행차하는 사람들이 한결같이 관인에게 성을 내면서 모두 속으로 욕을 했을 것이다. 분명히 이 사람도 서울에 도착하여 거짓말을 만들어 퍼뜨렸을 법하지만, 아직 알 수는 없다. 네가 만일 자세한 내용을 듣게 되면 모두 알려 주거라.

*소물素物: 소찬에 쓰는 나물 따위.
*관궤官饋: 관에서 제공하는 음식.

書 - 368

4월 21일

준에게 답한다.

현의 아전 일행이 오면서 가져온 10일 자 편지를 받았고 또 백운지*에서 돌아오는 인편에 가져온 16일 자 편지도 받았다. 매사 소식을 잘 알게 되니 많던 걱정이 조금씩 놓인다. 다만 전에 앓던 종기가 조금 회복되기는 했으나 약간씩 아픈 곳이 아직 있어 더 어떨지 모르겠다. 말 타는 것이 어려울 듯하니 걱정되는구나. 여기는 모두 여전하다.

특히 전하의 하문이 있을 때, 습독관이 전해 올린 말이 사실에서 어긋나지 않으면 다행이겠다. 나는 진퇴가 모두 어려운 상황임을 영천의 노비를 통해 부장에게 보낸 편지에서도 이미 말하였다. 지금은 매번 체면의 윤허가 내려오기를 바라지만, 아직도 받지 못하고 있으니 걱정이야 이루 다 말할 수가 없구나.

박량과 아순이는 똑같이 공부하는 분위기가 어려운 듯하지만, 협지는 자신이 아순이를 가르치려고 하여 오천에 가서 공부하게 하였다. 요즈음에 협지가 과거에 응시하려고 여기에 왔기에 어쩔 수 없이 함께 공부하게 했을 뿐이다.

말 한 필은 샀고 나머지 한 필은 아직 사지 못했다. 잃어버린 말을 배상하는 것은 그 말보다는 값이 낮지 않은 것으로 사주면 될 것이다.

아이 이름은 정했느냐? 혼사 문제는 잘 알았다. 조보과 방목도 이미 보았다. 최자수가 합격했다니 매우 기쁜 일인데, 게다가 김기보, 유중엄도 합격했다니 참으로 좋구나. 향시의 방목을 아직 보지는 못했지만 전해 들으니, 신도[일명종도], 금응훈, 김전, 구찬록이 합격했고, 교는 또

낙방했다고 하니 기쁨과 여한이 교차하는구나. 나머지는 이만 줄인다.

추신―――홍섬 대감은 무슨 까닭으로 사퇴했느냐? 전임자들이 이렇게 사퇴가 많으니 아주 미안한 일이다. 중국 사신이 온다는 기별은 오래도록 정해진 시기가 없으니 괴이하구나. 기 승지의 계사는 잘 알았다만, 이같이 그가 말한 바로 보아 매우 쉽지 않은 일이고, 형세상 과연 남들보다 앞서 말하기는 어려운 것이다.
여기엔 비가 내려 두루 적셔주어 농사엔 기쁜 일이다만, 봄보리가 영글지 않았다. 기와 굽는 일이 농사에는 장애가 심하지만 그만둘 수 없었다. 그러나 헤아려 보니 다음 달 20일이나 그믐쯤에는 마칠 수 있을 듯하구나.

*백운지白雲地: 현재 안동시 도산면 단천리의 백호지 마을.
*계사啓辭: 공사公事나 논죄論罪에 관하여 임금에게 아뢴 말이나 글.

書 - 369

5월 8일

아들 준에게 답한다.

4월 그믐에 보낸 네 편지와 김과 이 등이 보낸 편지를 오늘 받고, 모든 소식을 자세히 알았다. 안도는 합격하지 못했다 하니 아쉽지만 어쩌겠느냐? 향시에 응시한 사람들이 모두 불합격했고, 김성일, 이봉춘만 합격했으니 생각 밖이고 탄식할 일이다.

중국 사신이 서울로 출발했다는 소문은 있는데, 어찌 이리 오래도록 오지 않는 것인가? 오래 대기하고 있는 사이 모든 일에 장애가 많으니 한탄스럽구나.

홍섬 우찬성이 다시 직에 임하였고 이로 인하여 분명히 승진할 것이니 너무 기쁘다. 다만 송상*이 이조판서를 사직한 것은 형세상 마땅히 사직할 수밖에 없는 지경에 이르렀을 텐데 또한 알 수가 없을 뿐이다.

내 일은 다시 고쳐서 또 비답을 내리셨다고 하는데, 체면의 윤허를 받지 못하고 이처럼 미루어 옮겨지기만 한다면 언제 끝이 나겠는가? 고민과 염려를 견줄 데가 없구나. 지난번 습독관이 돌아가는 편에 올린 서장에, 만약 부름에 달려갈 수 없다는 뜻을 곧바로 올리게 되면, 융숭하게 돌보아 내려주신 유지를 우러러 받들지 않는 불경죄를 저지르는 것같았다. 더욱 미안하기도 하여 분명히 올려 전달하지 않고 잠시 형편을 보면서 처리하려고 했기 때문이다.

이 뒤로는 더욱 기가 허하여 피곤이 느껴지고 잡다한 병이 틈틈이 발작하였다. 그런 가운데 집에 일이 많았던 원인으로, 계곡의 재사 근처 물 있는 움막으로 나갔더니 습기가 스며들고 온몸이 저렸다. 요행히 이것

저것 자가 처방으로 나아지기는 했으나 나머지 독기는 몸에 그대로 있다. 생각해 보니, 이 병든 몸으로 중국 사신이 들어왔을 때 칭병하고 일을 회피하는 것이든 분주히 뛰어다니는 것이든 어느 것도 다 매우 어렵게 되었다. 비단 이것 때문만은 아니다. 제수받은 우찬성의 체직은 오히려 가망이 있을 것으로 바랬기에, 감히 상경할 계획을 실행할 수 없었다. 다시 서장을 지어 올리면서 모든 사직의 이유를 구비하였고, 전에 내리신 비단과 향료 등의 봉물도 함께 사직상소의 말미에 첨부하여 금훈지가 올라가는 편에 부쳤다. 너는 반드시 서장을 받들고 가서 승정원에 드리고, 겸하여 사람을 시켜 비단과 향은 상의원*에 아뢴 뒤에 하명을 기다렸다가 상납하고 물러나 오면 좋겠다.

김이정이 또 산약환을 보냈으니, 그 후의에 감사하는 사례편지를 보냈다. 또 '5월 10일쯤 충주로 내려가 규격에 맞는 석물을 고르겠다.'는 내용도 있으니, 만약에 벌써 내려가 있다면 그 집으로 보내서 전하는 데 실수가 없도록 해야 할 것이다. '유신에서 박절히 대했다'는 얘기는, 그 사이에 내용을 들어보니 박가네 하인의 말에서 나온 듯하다. 그러나 하인 연이가 서울에 있을 때 또한 의심할 수 있는 말을 한 것이 없지 않다고 하여 회초리를 들어 혼냈다.

이 사간이 말한 재상을 뽑는 일을 중지한 것은 이치가 있으나 이 일은 이미 정한 것이 있으니, 네가 꼭 알아보지 않아도 괜찮다. 사람들은 내가 이정*이의 말을 듣고 진퇴를 정한다고 말들을 하는데 이 또한 얼마나 우스운 것이냐? 나는 지금 도산으로 나왔고, 박려와 아순이가 따라와 있다. 그러나 아경은 『중용』21장을 읽고 있는데, 이 아이가 평소에 독서를 피하기만 할 뿐이 아니라, 지금도 도산으로 데리고 오려 하니 울며 고집을 부리고 오지 않으려 했다. 말로 할 수가 없는 일이니 어찌하면 좋겠느냐? 나머지는 응훈이에게 보낸 편지에 말해두었다. 이만 줄인다.

추신───유응교에게 보내는 답장과 회재의 행장을 동봉해서 보내지만, 잠시 가지고 있다가 다음 달 내 문제에 대해서 다른 구구한 의론이 없을 때까지 기다린 후에 전하는 것이 좋겠구나. 지금 이 사직서도 함께 보내지만, 아직은 때가 아니기 때문이다.

허윤겸의 편지에, 무진년부터 시작하여 세 집에서 각각 공치한, 둔 논 3석 15마지기, 밭 8섬지기, 그 나머지 논 다섯 섬 열두락지 밭 열 섬지를 허급하고 모두 깃기*에 옮겨 적어 놓았다고 한다.

*깃기衿記: 분배 재산의 목록, 조세액 등을 써 놓은 장부.
*상의원尙衣院: 임금의 의복이나 대궐 안의 재물과 보물 따위를 관리하고 공급하는 일을 맡아보던 관청.
*이정而精: 김취려(1526~ ?)의 자. 퇴계 문인.

書 - 370

5월 19일

준에게 답하는 편지

  승정원의 서장을 전하는 배인*이 와서 함께 전해 준 네 안부편지를 받고, 너희 부자가 평안하다는 소식과 안도의 출발 기일을 알게 되어 마음이 놓인다. 서장에는 우찬성 직책을 체직 한다고 하였으니, 입은 은혜에 감사함과 다행함이 어찌 끝이 있겠느냐? 다만 품계가 오른 것은 함께 개정받지 못했으니, 이는 매우 고민스럽고 아쉬운 일이다. 훈지*에게 부쳐 올린 서장은 이미 계달*되었을 것이라고 생각된다. 혹시라도 이로 인하여 모두 개정을 받는다면 어찌 기쁨을 말로 다 할 수있겠느냐? 그 하사하셨던 물품을 다시 보내는 일은 요청 여부를 모르겠으니 자꾸 염려하게 되는구나.

  성은이 여기에 이르니, 한번 올라가 사례하지 않을 수 없건만, 근래 많은 질환 끝에 적의 처가 어제 난산으로 갑자기 세상을 떠났다. 다행히 낳은 아이는 아직 살아있으나, 세 아이가 젖 달라고 울고불고하니 눈앞의 상황이 참담하구나. 신경이 쓰이니 심열이 발동하고, 혹독한 더위를 무릅쓰고 먼길을 가자니 지극히 위태로울 것같아 번민하고 있다. 부득이 서장에 대략 진술하고 병으로 인하여 곧바로 올라가지 못한다는 내용을 썼다. 다음 달 13일에 있는 기제사를 지내고, 보름께 떠날 채비를 갖추어 소상일*에 도착하려고 계획하고 있다. 네가 비록 빨리 오더라도 오래 머물 수 있는 상황이 아니나 내 병을 부축하여 무더위에 길을 가는데 네가 배행하러 오지 않으면 몹시 편치 않을 것이다. 타고 올 말은 네 뜻대로 보내마. 안도가 근래 당도하였으니 답서는 쓰지 않았다. 가슴이 답답하구나. 이만 줄인다.

추신———윤 사인, 오 좌랑의 처방전은 모두 오지 않았다. 네가 바빠서 이 사람에게 부치는 것을 잊었으리라고 생각된다. 네가 오면서 약이 없으면 안 되니, 시간이 되면 가지고 오면 좋겠다.

서얼이 복을 입는 제도는 사람들이 대부분 의심한다. 그러나 『의례』와 『가례』에는 진작에 구분해 놓지 않았고, 『대명회전』과 우리나라의 『대전』에도 모두 분명하지 않은데, 굳이 그사이를 의심하여 나눌 필요는 없을 듯하다. 다만 우리나라는 서얼과 천인을 대하는 것이 예로부터 달라서 아마 약간의 감쇄가 없을 수는 없을 것이다. 그러므로 안도는 기간을 한 단계 줄여 대공을 행하고, 나는 대공을 한 단계 줄여서 소공을 행하고, 너는 소공을 한 단계 줄여서 시마복을 입게 하려고 한다.

*배인陪人: 사장을 전달하는 일을 맡은 임시 관원.
*훈지燻之: 금응훈(1540~1616)의 자, 준의 처남.
*계달啓達: 신하가 임금에게 어떤 내용을 글로 아룀.
*소상일小祥日: 명종이 승하한지 1년이 되는 소상일.

書 - 371

5월 20일

    준에게 부치는 편지

  승정원에서 온 서장 배인이 내 회답 서장을 가지고 오늘 아침에 출발했고, 그 편에 네게 쓴 답장편지도 보냈다. 연수 일행도 네가 말한 대로 재촉하여 보냈다. 우찬성을 체직 시켜 주신 은혜에, 올라가 사례 드리지 않을 수 없고, 부득이 먼길에 더위를 무릅쓰는 것이니 네가 와서 배행하고자 하는 것은 매우 마땅하다. 꼭 빨리 왔으면 좋겠다. 전하께 올리는 서장에다, 마침 심열로 고생하고 있으니 너그러이 시간을 주시어 조금 나아지면 상경할 수 있도록 기다려 달라는 뜻으로 진술하였으나, 소상 전에 서울에 들어가려고 하니 다음 달 보름께로 정해서 출발할 생각이다.

  적의 처 일은 일전의 편지에 이미 말했으나 그 사람이 도리어 뒤처져 오게 되지 않을까 염려되어 다시 말한 것이다.

  17일 난산을 겪다가 갑자기 죽었으니 눈앞의 일이 놀랍고 참담하여 차마 이루 다 말할 수 없다. 집안에 이런 일이 있어 행하려는 계획이 모두 어그러졌으니 무엇을 어찌해야 할지를 모르겠다.

  더욱 어려운 일은 옷이 한 벌도 없으니 어려운 형편과 분별을 어찌해야 하겠느냐? 혹시 국상인데도 재상들이 교기단령을 다 입는지를 알아보고 오면 좋겠다. 나머지는 올라간 하인이 입으로 말할 것이니 이만 줄인다. 더운 시기의 여정에 몸조심하기를 부디 바랄 뿐이다.

書 - 372

6월 4일

아들 준에게 답한다.

현의 아전이 가져온 편지를 받고 나서, 붓실이 일행이 어제 들어와서 전해 준 편지를 보니 마음이 놓인다. 네가 내려오는 것이 본래 약속한 것은 아니지만, 중국 사신의 도착이 임박했다는데 일을 포기하고 오는 것도 불편한 일이다. 이 때문에 못 오는 것이니 아쉽더라도 어찌하겠느냐?

애초에 우찬성 자리가 체직 될 때 반드시 품계를 내린 중추부지사를 제수받아야 했는데 높은 품계를 사양한 것을 허락하여 개정하였으니, 감사와 기쁨이 지극함을 이길 수 없어 나아가 사례하려고 하는 것이다. 지금은 그대로 준직*을 받았으니 그렇다면 승품에 사직을 청하는 본래의 의미에 무슨 도움이 되겠느냐? 크게 실망 되고 개탄스러워 답답함을 견딜 수 없구나. 그러나 이미 일전의 장계에서 마땅히 나아간다는 뜻을 진술하였고 지금 중간에서 멈추기는 어렵다.

근래에 머리 아픈 일이 많고, 또한 신 참봉네 누님의 병이 위중하다고 한다. 부종과 얼굴홍조*, 이질 증세가 한꺼번에 발작하여, 지금은 얼굴홍조와 이질 증세가 조금 나아졌으나 부종은 아직도 그대로여서 구제가 어려울 것이라고 한다. 근심 걱정으로 애가 타고 어찌할 줄을 모르겠다. 나는 열증과 습증 등의 증세로 인하여 조섭을 못하고 자주 발생하니, 조리 유지가 어려워 지금 기대에 부응하여 길을 나서는 것은 확신할 수 없을 듯하다. 병세를 살펴보아 20일 지나 그믐 사이에 출발하려고 하지만 한창 무더울 때에 더위를 무릅쓰고 가는 것이 매우 위태로운 데다, 연기*에 맞출 수 없을 듯하니 지극히 한탄할 일이다

유지를 전하러 온 사람이 돌아가는 편에 서장을 올려보냈다. 지금은 아마 승정원에 도달했을 것으로 생각된다. 그 서장에, 올리셨던 품계를 개정해 달라는 요청을 간절하게 진술하였으니 한 번 더 성은을 받지 않을까 모르겠다. 성은을 받지 못하면 내가 비록 서울에 올라간다 해도 출사할 수는 없고, 반드시 개정하여 품계를 내려받은 뒤에야 출사할 생각이다. 하사품은 그대로 받아들이라고 허락하시니 높여 감사함이 끝이 없구나. 사직의 일이 이처럼 오래도록 윤허를 받지 못하니, 의구심과 번민이 갈수록 깊어진다.

또 여기는 지난 25일, 폭우가 쏟아져 세차게 불어난 홍수에 둑방이 무너지고 계곡과 들판을 삼켜버렸으니, 전답이 다 없어졌다. 서쪽에 개간했던 2개의 큰 논도 물에 떠내려가서 사라졌고, 나머지 농토도 대부분 그렇게 되었다. 온계의 친족들 대부분이 수재를 입어 지극히 참담하구나. 찰방 형님 집은 더 심하여 앞으로 어떻게 올 한 해를 보낼지 몰라 지극히 걱정된다.

차사*를 사면하는 것을 어찌 확신할 수 있겠는가? 게다가 만약 내 행차의 뒤에 있다면 구하기도 어려울 것이다. 금훈지가 아직도 오지 않아 그 편지를 보지 못했을 뿐이나 전하의 말씀은 알고 있다. 나머지는 안도에게 쓴 편지에 다 있으니 이만 줄인다.

추신───적이 제 처의 묘에 가는 일이 있어 답신을 쓰지 못하였다.

*준직準職: 당하관으로서 가장 높은, 당하 정삼품 벼슬
*얼굴홍조: 상기上氣되는 증세.
*연기練期: 소상小祥을 지내는 시기.
*차사差使: 특별한 임무로 파견된 임시직 관리.

書 - 373

7월 4일

준에게 부치는 편지

영천 사람 편에 보낸 편지는 용궁에서 받았다. 그러나 그 후의 안부는 어떠한지 궁금하구나. 나는 지난 25일 출발하여 역참마다 경유하여 묵고 지금 문경에 도착했다. 내일 조령을 넘을 생각이니 6일이면 충주에 도착하여 하루 정도 묵으면서 조리하다가 배로 출발할 계획이다. 출발한 뒤에 더러는 평안치 못하였으나 겨우 조섭하여 큰 괴로움 없이 올 수 있었으니 다행인 듯하구나. 다만 박량이 안동에 도착한 날에 빙수와 찬 것을 지나치게 마셔서 그 원인으로 설사증이 생겼다. 처음에는 잠시 그럴 것으로 생각했는지, 내게 알리지 않고 모르게 하였다. 함창에 도착하여 증세가 더 나빠졌는데, 적백* 설사하는 것을 보고서야 그때 알았다. 소감원을 두 번 충분히 먹였으나 아직 낫지 않았고, 며칠간 여러 치료약을 썼어도 효과를 보지 못하였다. 전혀 먹고 마시지를 못하니 우려와 걱정으로 견딜 수가 없다. 오늘 밤에 조금 나아지면 내일 죽령을 넘고, 그렇지 않으면 내일 더 머물면서 증세를 본 뒤에 데리고 갈 생각이다.

그 추세를 헤아려보면 나아질 것도 같은데, 아직도 나아지지 않으니 걱정이 깊어진다.

전날 권 사간이 계문한 뒤에 이상 체직을 명하셨다고 하니, 2품의 직으로 강등 받게 되는 것을 본 뒤에 서장을 올리려고 했는데 아직 강등하여 제수한다는 어명이 없으니 심히 걱정된다. 부득이 다시 사직하는 서장을 써 올리려 한다. 마침 유곡역*의 아전이 새로 부임하는 관리를 맞이하러 서울에 올라간다고 하여 그 인편에 부쳐 보낸다. 네게 전하도록 하였으니 곧바로 승정원에 들여보내는 것이 좋을 것이다. 다만 그 처결 소식은 내 행로가 뱃길이니 어느 곳에서 만날지는 기약하기 어렵다. 마땅히 두모포*에서 머물면서 기다리거나 광진*에서 기다리면 될 것이다. 편지를 가지고 온 사람이 바쁘다고 해서, 다른 일은 이만 줄인다.

*적백리赤白痢: 냉열冷熱이 고르지 못하여, 피곱[澁]과 흰곱이 섞여 나오고 이질 같기도 함.
*유곡幽谷: 경북 문경.
*두모포豆毛浦: 두뭇개, 현재 옥수동 한강 연안, 압구정 북쪽 건너편 나루로 추정.
*광진廣津: 광나루는 현재 광장동에 있던 도선장으로 강폭이 넓은 곳에 나루가 있다하여 얻어진 이름.

書 - 374

7월 8일

준에게 부치는 편지

이른 무더위에 잘 지내느냐? 나는 출발한 후로 설사병이 겹쳤는데, 충주에 도착하여 조금 차도가 있고 겨우 몸을 보존하고 있다. 다만 박랑의 설사증은 문경에 도착하는 날, 유곡에서 써서 부친 편지에 대략 알려 보냈는데, 그 편지와 함께 승정원으로 보내는 서장이 때에 맞게 잘 전달되었는지 모르겠구나. 초나흗날, 유곡에서 문경에 이르렀을 때 그 증세가 더 심해져서 전혀 먹지 못했을 뿐 아니라, 밤낮 가리지 않고 계속 설사를 하였다. 5일에는 길을 멈추고 약으로 치료했더니 잠시 나아지는 듯했다. 그러나 황폐한 고을에 오래 머무를 수 없었는데 마침 김낙춘이 찾아왔는데, 이 사람은 믿을 만하기에 간호를 부탁하였다.

6일에는 안도만 데리고 출발하여 안보*에서 하루 묵고, 7일에 이곳에 도착하여 그대로 묵으며 기다리고 있다. 여러 날 이어서 태화*의 편지를 받아보니 점차 나아지고 있고, 미음도 조금씩 입에 넣는다고 한다. 설사도 점차 줄어들어 이제부터 소생할 가망이 있다고 한다. 오늘 데리고 와 연풍 근처에서 묵고, 내일은 안보에서 묵고, 10일까지 이곳에 기한 내로 닿으면, 11일에 배로 출발하려고 한다.

그러나 고단하게 움직인 뒤에 출발하는 것이라서, 행보가 약속대로 되지 못할까 우려된다. 이 때문에 앞에 지나온 곳이나 머문 곳에서 끼친 민폐가 많으니 다시 두렵고 부끄러운 마음이 겹겹이다. 박군은 본래 기가 허약한 사람이라서 날것과 차가운 것을 많이 먹으면 이토록 심한 증상에 이르게 된다. 이렇게 병이 생겼다고 해서, 지금 비록 조금 나았으나 편히 누워 평상을 회복할 때까지 기다릴 수 없으니, 다시 발작할까 심히 염려될 뿐이다. 서장을 입계한 후에 처결은 어찌되었느냐?

비록 그 처결을 알려주는 사람이 있다고 하더라도, 뱃길 위에 있는 나와 서로 길이 어긋날까 염려되기 때문에, 앞 편지에 광진* 등에서 기다리라고 말한 것인데 어떻게 처리할 것인지 모르겠구나.

장 판사가 먼저 출발하기 때문에 대략 써 보내고 이만 줄인다.

*안보安堡: 수안보水安堡, 충주시 상모면.
*태화泰和: 김낙춘(1525~1586)의 자.

書 - 375

7월 14일

준에게 부치는 답장

　서장을 배행하고 온 사람이 네 편지도 전해주어 받았다. 네가 무사하게 관직을 수행한다니 기쁘고 반갑다. 장정구 좌랑이 가지고 간 편지는 모두 이미 봤을 것으로 생각 된다.

　박랑은 병으로 문경에 머문 지가 엿새 되었다. 10일에 가마로 연풍에 도착하여 이틀간 머물렀고 어제는 수도리*에서 묵고 오늘 막 충주에 왔다. 매일 조금씩 나아지고 있어 점차 죽도 먹어서 어제부터는 날마다 조금씩 식사를 하고 있으나 측간에 가는 일은 아직 평상으로 회복하지 못하여 매우 나약해졌다. 오히려 뱃길로 출발하는 것이 염려되어 이틀 정도 더 머물며 조리하다가 17일에 배를 타고 가려고 한다. 각 관아에 체류하게 되면서 대우받고 많은 폐를 끼친 것이 몹시 미안하구나. 이 병이 가볍지 않기 때문에 서두를 수도 없어 이같이 어긋나게 되었으나 어찌하겠느냐? 전에 낸 소장은 윤허의 은혜를 받지 못해, 다시 이같이 아뢰는 것이지만 너를 번거롭게 하고 괴롭히는 듯하구나. 그러나 교지를 받았기 때문에 다시 나의 간절함을 진술하는 것이다. 다만 교지를 가지고 온 인편이 돌아가는 편에 소장을 올리게 하려고 하니 굳이 네가 직접 올릴 필요는 없다. 나머지는 앞의 편지에서 다 말했으니 이만 줄인다.

추신———사람이 바쁘다고 서두르기에, 미암* 앞으로 별도의 편지를 보내지 못했는데 이 편지를 전해서 보여주어도 괜찮겠다.

*미암眉巖: 유희춘柳希春(1513~1577)의 호.

기사년
(1569년, 69세)

書 - 376

4월 27일

준에게 답한다.

　방금 승정원의 연운이 받들고 온 교지에, 치사하는 청을 윤허하지 않는다고 하니 황공하고 민망하구나. 또 연수가 마침 가지고 온 편지를 보고, 너희들이 무사히 금천*에 도착했다는 것을 알았다. 또 공선*을 이용해 갔다니 잘했구나.

　다만 연운이 저녁에 와서 '내일 아침에 서울에 올라가는 사람이 있습니다.'라고 하기에 겨우 민 승지에게 올리는 답장만 써서 교지를 받았다는 내용만 알리려고 썼고, 해가 지니 어둑어둑해져서 아쉽게도 다른 이에게는 답장을 쓰지 못했다. 안도와 돈서에게도 모두 이러한 내용으로 말해주면 좋겠다. 여기는 여전하고, 청운*도 잘 있다. 이만 줄인다.

　추신———최응룡*이 판결한 일로 충주에서 부친 편지가 도착하였다. 감사한 은혜를 입었다. 걱정하는 중이라 모든 친구의 편지에 대부분 대답을 못 했다. 고맙다는 답장은 못 했으나 마음은 마치 옆에서 영공을 뵙는 듯하였다고 말씀을 전하면 좋겠구나. 창성*에서는 이미 출발했느냐?
지금 보내는 편지는 인편을 통해서 전하도록 부치는 것이니 반드시 전해지도록 해야 할 것이다. 서울에 있을 때 편지를 보내지 못한 것이 아쉬울 뿐이다.

*금천金遷: 충주 탄금대 일원.
*공선公船: 공적인 용무나에 사용하거나, 관에서 지원하는 선박.
*청운青雲: 청송부사.

*최응룡崔應龍: (1514~1580), 퇴계의 문도.
*창성昌城: 경남 창녕의 옛 지명.

書 - 377

5월 13일

준에게 부친다.

오천 사람이 오는 편에 지난달 27일 자 네 편지를 받았다. 배편으로 가서 서울에 무사하게 들어갔다는 것을 알고 매우 기뻤다. 지금 이함형이 도산에 와서 김이정의 편지를 전해주어, 그 편지에서도 네가 잘 있다는 것을 알았고, 또 네가 편지를 보내지 못한 이유도 알게 되었다. 이 사람이 오는 시기가 적당한 때가 결코 아니었는데, 어째서 이정이와 같이 힘껏 말리지 않았느냐? 지금 이미 멀리 와 버려서, 머물기도 되돌려 보내기도 다 매우 난감하게 되었다.

또 이국필이 찾아오겠다고 물었는데, 자주 오는 것은 더욱 난처한 일이니, 크게 꾸짖어 오지 못하게 하는 것이 좋겠다. 이곳의 대소가는 모두 무사하다만, 연대사*의 동자승이 지난달 그믐 전에 죽었다. 그 아이가 죽은 뒤에 그 기운은 지워졌으나, 아, 분명 죽어서는 편안할 것이다.

분황제는 소곡과 고산에서 모두 지냈는데, 오직 완 조카의 서촌집에 역병이 있어 행하지 못 한다고 신주를 고쳐 쓴 것이 미안할 따름이다. 전에 온 여러 공들의 편지와 지금 이생*이 가지고 온 편지에, 이 사람의 행차에 대해 물었는데, 미리 예측하지 못했던 일이고 마침 번잡한 일도 있어 모두에게 답장을 못했던 것이 한스럽다. 안도는 산사에 있다고 하기에 편지를 보내지 않았다.

혹시 기 승지, 정 사간, 정 수찬, 이정, 영숙, 계숙 등을 보거든 이러한 뜻을 전하고, 대전에서 논의한 내용을 물어보거라. 조정에서 끊임없이 소식이 오니 황감하고 두려워 어찌할 바를 모르겠다. 우선은 이만 줄인다.

추신——이곳의 보리와 밀은 추위에 생기를 잃었더니 중간이 조금 살아났다가, 때맞춰 비가 내려 그나마 기대가 있을 듯하다. 그러나 차츰 생길 병충해의 재앙에 걱정이 깊다.
박군과 아경이는 여기에 있고, 순도는 오천에 있다.

재 추신——예중이가 현감자리에 내정된 것은 기쁘나, 서경*에서 어찌 결론이 날지 궁금하구나. 분명히 빨리 부임할 듯해서 편지를 보내지 않았다. 사또가 오셨을 때 받은, 기 직제학, 이담, 이이, 유희춘, 유성룡, 남언경, 김취려, 우성전, 김명원 등이 부친 편지에, 모두 무료함을 걱정했는데 답장을 보내지 못해 아쉽구나. 이 사람들을 만난 듯 감사의 뜻에 표명하도록 뒤에 답장을 쓸 것이다. 돈서의 편지에도 답장은 써 놓고 아직 전하지 못하였다.

*분황제焚黃祭: 죽은 사람에게 관직을 추증할 때 누런 종이에 쓴 誥命文의 副本을 그 靈前에서 고하고 태우던 일.
*이국필李國弼: 자는 비언棐彦, 퇴계 문인.
*연대사蓮臺寺: 안동 청량산에 있는 사찰.
*이생李生: 이함형.
*서경署經: 임금이 관원을 임명할 때, 사헌부와 사간원에 서명으로써 동의를 구하는 일.

書 - 378

5월 20일

준에게 부친다.

관직 생활은 잘하고 있느냐? 여기도 여전히 잘 있다. 청운이 지금은 평안하니 이제부터는 무사하겠다는 생각이 든다. 4, 5일 전에 인산*사람이 돌아가는 편에 편지를 부쳐 보냈다. 곧 보게 될 것이다만, 그때는 몹시 바빠서 매사를 상세히 살피지는 못할 것이다. 지금 또 현 사람이 약을 팔러 다니는 일로 급히 간다고 하여, 편지마다 모두 답장을 제대로 쓰지 못하는 것이 아쉽다.

전에 네 편지를 보니, 거주하는 집 지기에게 욕을 많이 당했다고 하는데 무슨 까닭으로 이렇게 된 것인지 모르니 염려되는구나. 신 용궁은 무사히 출발하였느냐?

그 집 거처를 옮기는 것이 매우 좋겠지만, 곧바로 이사하려다 실수하는 일이 없도록 해야 할 것이다. 진작에 보내왔던 '성학십도' 초인본 6장도 동봉해서 다시 보내니 절에 있는 안도를 통해 김이정에게 즉시 보내거라. 이명광을 불러 고칠 곳을 지시하고 준 대로 고치게 하면 될 것이다. 이정이에게는 심부름 온 사람이 바쁘다고 재촉하여 편지를 쓰지 못했노라고 전하거라. 나머지는 자세히 쓰지 못한다.

추신―――이정에게는 부득이한 일이 있어 급하게 편지 한 통을 썼으니 아울러 보내도 괜찮다.

*인산獜山: 평안북도 의주 인산.
*이명광李明光: 교서관에서 문서를 베끼는 관직의 서리.

書 - 379

5월 22일

　준에게 다시 부친다.
　요즘 비로소 무더위가 한창인데 관직 생활은 어떠하냐? 아이들은 다 잘 있느냐? 여기도 여전하고 집안도 다 편안하다.
　비 온 것이 가뭄을 해소하기엔 부족하고, 보리와 밀도 아직은 영글지 않았지만 모두 충실하지 못할 듯하다고 한다. 세상 돌아가는 정세는 요즈음 어떠하냐? 비록 멀리 외방에 있다고 하나, 마음은 항상 편안하지 못하구나. 전에 인산 사람이 돌아간다는 말을 듣고 급히 짧은 편지를 써서 오천으로 보냈고, 또 현의 약 팔러 다닌 사람이 바쁘게 가야 한다고 아뢰기에 다시 짧은 편지를 부쳤다. 지금 들어보니, 인산 사람은 아직까지 머물고 있다가 내일 출발한다고 한다. 또 이렇게 간략한 편지를 써서 보내니 근래에 보낸 3통 편지는 모두 인편이 바쁘다고 재촉하는 바람에 다 적지 못한 데다 여러 공들께 답장도 못 했으니 무척 아쉽구나. 또 약을 팔러 다니는 사람이 돌아가는 편에 『성학십도』 가운데 먼저 인쇄한 6장을 보냈는데 잘 전해졌느냐? 궁금하고 걱정되니 나중에 편지로 알려주면 좋겠다.
　어제 의령 사람이 와서, 장모님은 강녕하시다고 하니 매우 기뻤다. 예중이는 무사히 부임하였느냐? 네가 객관으로 간 뒤에, 만일 근처에 마땅한 곳이나 빈 곳이 없거든, 내려와서 편할 때를 기다리는 것만 못 할 것이다. 내 생각이 이러하다는 것을 미리 말할 뿐이다.

　추신———전에 보낸 문안편지는 받았다.

書 - 380

5월 26일

준에게 답장을 부친다.
관아의 노비가 와서 전해준 이달 20일 자 네 편지를 받았다. 모두 잘 지낸다니 기쁘다. 여기 대소 집안들은 다 여전하고 역병의 기운도 이제는 싹 사라졌다. 이달 14일 인산 사람이 오천을 거쳐 상경해야 한다기에 편지를 써서 보냈고, 20일에는 현 사람이 약을 거래하러 상경한다기에 편지 한 통을 부쳤다. 22일이 되어서도 인산 사람이 여태 출발하지 않았다가 이제 출발했다는 말을 들었다. 이 편지가 오랫동안 막혀 있었던 까닭이니 매우 아쉽구나.

네가 거주하는 집 주인이 너를 욕보인 것이 많았고, 지금 계속 동네 사람들도 그런다고 들었다. 이것은 분명히 내가 그곳에 있을 때 저들에게 도에 어긋난 것이 있어서였는지, 저들이 오랫동안 분노를 쌓았다가 네게 드러내는 것일 테니, 매우 부끄러운 일이다. 그러나 지금은 이미 어떻게 해 볼 수 없구나.

그러나 네가 빠른시일에 용궁 집으로 이사하기로 했다니 매우 잘한 일이다. 예중이 또한 무사히 내려갔다니 기쁘구나.

안도는 공부를 덮고 있는 것이 너무 심하니, 목마를 때에야 샘 파는 일이 생기겠구나. 개비*의 일은 천성이 저와 같다면 어디에선 들 그렇지 않겠느냐? 그렇지 않다면 차라리 내려보내는 것만 못 할 것이다.

영천에서 올라간 것이 오래되었으니, 계본은 지금쯤 올려져 정 사간이 받아 보았을 것이니 반가운 일이다.

서울의 가뭄이 우려되는구나. 이곳에는 비가 내려 흡족하지는 않았으나 몹시 가문 상태까지는 아니다. 보리와 밀도 황모*가 조금 있을 뿐 심하지 않아 가망이 있을 듯하구나. 학년이는 병으로 고생한다고 하니 가련하기도 하고 걱정되기도 한다. 나머지는 이전의 여러 통 편지에 다 적었으니 이만 줄인다.

추신———서쪽 댁의 시제는 28일에 지낼 계획이기 때문에 나도 내일 일찍 들어가 보려고 한다. 어제 의령의 하인 편에 보낸 네 외숙부의 편지를 받았는데 평안히 어머님을 잘 모시고 있다고 하더라.
『성학십도』 중에 먼저 보내온 6장은, 현 사람 중에 약을 거래하는 사람 편에 보냈는데 잘 도착했느냐? 그 그림을 다시 상세히 살펴보니, 모양이 넓고 길어서 병풍을 만들기에는 괜찮으나 첩으로 만들어 폈다 접었다 하기에는 너무 불편하니 아쉽구나. 이러한 내용을 전날 김이정에게 편지로 대략 말했고, 상세하게는 다 말하지 못했다. 지금도 사람이 바쁘다고 재촉하여 대략 적는다.
지금 판각을 마쳤기 때문에 고치기는 어려우니, 우선 인쇄하여 반포하지는 말고 다시 기 승지 등에게 편지를 보내 서로 의논한 뒤에 처리하자고 이정에게 말하고 하는 것이 좋을 것이다.

*개비介非: 준의 노비 이름
*황모黃耗: 여러가지 병해.

書 - 381

6월 7일

　아들 준에게 답한다.
　붓실이가 와서 전해준 지난달 25일에 쓴 네 편지를 받았다. 이어 28일자 편지를 보고 네가 예전처럼 관직 생활을 잘하고 있다는 자세한 내용을 알았다. 기쁘구나. 천복이와 여종 아이는 무사히 내려왔고 네가 거처를 옮긴 것은 아주 잘한 일이다. 그 집에 있을 때 여종을 때린 일을 김언순이가 왔을 때 말해서 대개 알고 있었는데, 지금 네 편지를 보고 그 자세한 내용을 알았다. 혹시 패악이 심할 때 주인과 이웃집에서 앞뒤로 잘 처리할 수 없을까 봐 걱정되니 경계하고 경계하거라. 법조에는 올리지 않은 것이 좋겠다. 이생은 이미 와 있었기 때문에 어쩔 수 없이 머무르게 했다만 걱정스러운 것은, 다른 사람들도 따라서 많이 오게 되면 더욱 난처해질까 걱정이다.
　이국필은 다른 곳으로 갔다니 다행이다. 마을의 역병이 싹 가셨고, 비도 때에 맞게 내렸을 뿐 아니라, 황모도 그 비에 씻겨 나갔다. 크게 손실된 것은 없는 듯하나 아직 알 수는 없는 일이다.
　특히 정자중이 영천을 다스리게 되었다니 기쁜 일이다. 그러나 근래에 들으니 그의 노모가 병이 위중하여 서울로 사람을 보냈다고 한다. 이어서 나아지셨다는 말도 들리지만, 그 말이 맞는지 모르니 지극히 걱정되고 마음이 졸인다. 소식을 알려 주러 서울에 들어간 사람이 그 출발 전후로는 상태가 어떠한지 모르겠으니 더 염려되는구나. 사람 일이란 이처럼 믿을 수 없으니 어찌할꼬?
　신호의 편지와 요구하는 뜻은 알겠다만, 이런 일들은 너무 늦어서 내가 감당할 수 있는 것이 아니고, 형세로 보아 분명히 그 사람보다 더 많은 사람이 있는데, 이로 인하여 비방을 부를 것이니 어찌해야 면할 수 있겠느냐?

권이상*의 행장은 이미 초안은 썼으나 중초*를 마치지 못했다. 거듭 생각해보니, 많은 말들이 오가면서 내가 곤란을 겪고 있는 이때, 이 행장으로 시호를 청하고 그 행장의 내용이 널리 퍼뜨려질 것이니, 어찌 이것을 보고 화내는 자들이 없겠느냐? 그래서 우선은 보내지 않으려고 하는 것이니 이런 내용을 권 직장 형제*에게 말해 주면 좋겠다.

가을이 되면 선산의 표석을 바꾸고 나무들을 정리해야 한다. 그 묘갈명은 기 승지에게 청하였고 행장과 편지는 이미 초를 잡아 놓았다. 이 사람이 혼자 가지고 가다가 혹시라도 이슬에 젖을까 봐 염려되어 내일쯤 경차관 서엄*이 분명히 찾아올 것이니 그가 가는 편에 부치려고 한다. 그가 올라오기를 기다렸다가 전해주거든 잘 받들어 올리면 될 것이다. 나머지는 이만 줄인다.

추신——— 보내준 명주 두건과 관자는 다 도착하였다.

*권이상權貳相: 우찬성 권벌權橃(1478~1548).
*중초中草: 실록이나 일기, 문집 등을 정서正書하기 전에 마지막으로 수정된 원고.
*권직장權直長형제: 권벌權橃의 아들 권동보權東輔(1517~1591)형제를 말함.
*서엄徐崦: 퇴계의 문인, 생몰: (1529~1573)

書 - 382

6월 10일

준에게 부치는 편지

학 생원이 내려와서 전해준 3일 자 편지를 받았다. 무사히 이사했다니 기쁘다. 다만 영천 군수*는 갑자기 상을 당했으니 세간에 어찌 이런 일이 있단 말이냐? 서울에 있다가 허겁지겁 외방으로 나가면서 이미 말할 수도 없었는데, 어찌 끝내 이런 지경에 이를 줄 알았겠느냐? 그러나 와서 볼 수 있었다고 하니 그나마 다행한 일이다.

여기는 모두 여전히 잘 지낸다. 나는 도산에 있고, 서 경차관을 만나려고 기다리던 차에 현에서 그의 행차가 12일에 여기 온다고 알려왔다. 내가 기일이라서 손님을 맞을 수 없기에 경차관을 만나지 못한다는 내용으로 현 사람을 시켜 사양하는 편지를 보냈다. 그 사람이 바빠서 너희 집에 부칠 편지는 보내지 못했는데, 이제 기 승지에게 선영의 묘갈명을 청하는 편지를 보내게 되면 서군을 만나 부탁할 생각이다. 그러니 지금 여기 오지 못하더라고 부쳐서 가지고 가게 할 것이다. 너는 승지가 수직하는 날을 살펴보다가 가서 올리도록 해라. 올리면서, '진실로 승정원에서 이런 일을 할 겨를이 없다는 것은 알지만, 마음이 너무 긴박하여 지체했다가 후일을 기다릴 수 없습니다. 겨울 되기 전에 응당 돌을 들여와야 하니 청컨대 서서히 휴가일을 살펴주셔서 아랫사람의 정에 부응해 주시기를 바랍니다.'라고 말하면서 드려라. 송 판서 우 정자 김 별좌에게 보내는 편지도 조심해서 전해드려라. 나머지는 이만 줄인다.

추신─── 내일 아침에, 기일이라서 계상에 간다.

*영천군수榮川郡守: 정유일鄭惟一(1533~1576), 퇴계문인. 자는 자중子中, 호는 문봉文峰.

書 - 383

                                                              6월 15일

  준에게 부친다.

  흙비가 내렸다. 관직 생활은 어떠하냐? 여기도 모두 편안하다. 서엄 경 차관은 안동에서 그대로 머물며 아직은 오지 않을 형세다. 그래서 진작에 써 놓은 여러 편지와 기 승지에게 청할 선영의 묘갈명 부탁 편지는 안동으로 보내어 부탁하도록 전달시킬 것이다. 서군이 이제야 방문하였으므로 계속해서 여러 곳의 편지들을 써서 또 부쳤다. 이제 이러한 뜻을 알았을 테니 각각 전하되, 실수 없이 해야 할 것이다.

  손님이 도착하여 이만 줄인다.

추신———여러 곳에 전하는 편지는 편의에 따라 조심해서 전하고 여러 사람이 보지 않게 하는 게 좋을 것이다.

書 - 384

6월 26일

준에게 답한다.

현 사람이 가지고 온 편지와 또 영천 사람 편에 보낸 편지도 받아, 근래의 네 소식을 잘 알게 되었다. 김 지사*를 삭출*하는 일은 결론이 어찌 되었느냐? 그 사람이 나를 소인으로 칭했다는데, 온 조정이 이와 같으니 괴이하고 놀랍구나. 매번 한 가지 일이 있을 때마다 내 이름이 사람들의 입에 오르내리니 끝내 어찌해야 할지를 모르겠다. 그러나 또한 책임질 뿐이다.

여기도 모두 편안하다만, 이달 열흘 전까지 비가 적당히 내리다가 그 뒤로도 계속 비가 내리니 물이 많이 불어났다. 날이 들면 보리를 거두려고 했더니 거두지도 않았는데, 큰 비가 여러 날 멈추지 않는구나. 아마도 물이 넘쳐서 지난해처럼 피해가 있을까 염려된다. 백성들의 마음에 큰 근심이 되고 있으나 어찌하겠는가? 굉 조카는 상경하기로 마음먹었다고 13일에 기제사 지내러 와서 말하는구나. 내 생각에는 지금은 그 시기가 아니니 우선 가지 말고 기다렸다가 나중 상황을 보고 움직이라고 했더니, 조금 의혹이 풀려서 가지 않겠다고 하면서 돌아갔다.

대상 후에 나는 아직 초립이 준비되지 않아 삿갓을 착용할 계획이다. 안도가 연이어 거접*에 갔다고 하니 기쁜 일이다. 나는 이함형 때문에 지금 산사에 있는데, 박군의 공부가 진전이 없어 걱정이구나. 또 아경이는 이곳에 오지 않으려고 하는데 억지로 데려오려니 여러 날을 울었다. 만일 무슨 일로 들어오게 하면 힘들어하고 오지 않는다. 근래에 감사로 인하여 들어와야 하는 데도 고집 피우며 들어오지 않으려고 하는지가 벌써 4, 5일 되었다. 어찌 이렇게 특이한 성격의 아이가 있단 말인가? 가르치는 말은 종종 이해하고 끝내 모르는 데는 있지 않으나, 윗사람의 지도를 듣지 않는 것이 이와 같으니 심히 걱정과 괴로움이 앞서는구나. 서 경차관이 떠나는 편에 기 승지 등 여러 사람에게 보내는 편지를 부쳐 보냈는데, 보고 나서 전해 올렸느냐? 기 승지는 뭐라고 말하더냐? 아마도 그가 한가롭지 않다고 핑계 대며 허락하지 않았을 것 같아 염려되는구나. 지금 이함형의 하인이 올라간다고 하여 이편에 여러 편지를 부치니 돌아오는 편에 답도 받아 보내면 좋을 것이다.

추신———최 별좌의 편지에 지금껏 답장도 보내지 못했는데, 기별을 보내오니 고맙구나. 천복이가 오는 것이 좋다는 것은 전의 편지에 알려 보냈으니 이미 보았을 것으로 생각된다.

*지사知事: 지의금부사知義禁府事 김개金鎧(1504~1569).
*삭출削黜: 벼슬을 빼앗고 내쫓음.
*거접居接: 사찰 등을 빌려 동학들이 모여 공부하고 글을 짓던 일.

書 - 385

윤6월 3일

준에게 답하는 편지

오가네 하인이 돌아와서 전해준 편지를 받고, 네가 무탈하게 관직 생활에 임한다는 것을 알았다. 다만 손부의 모자간이 다 평안하지 못해 매우 마음에 걸린다. 위 관련 증세는 잘 다스리면 나을 수 있으니 의약을 소홀히 하지 않는 것이 좋다. 나는 별도로 아픈 데는 없고 산사에서 지낸다. 다만 두 달을 이어 내리는 장마에 농가는 많은 피해를 입고 있다. 보리와 밀을 수확할 수 없어 수확량이 극히 감소하여 호내의 공채는 불가피하게 포부*하게 될 형편이다. 밭은 모두 명아주로 뒤덮여 모두 지난해의 재앙보다 심할 것이라고 걱정들 하니 답답한 일이다. 지금 장마는 그나마 논과 밭이 크게 훼손되지 않았다는 것이 다행이다. 그러나 4, 5월의 날씨가 순조롭고 좋게 해 준다고 해도 결국은 허실하게 될 것이니 어찌해야 할꼬? 서울은 비 온 뒤에 날씨가 어떤지 모르겠다.

영천의 일은 앞의 편지에서 이미 말하였는데, 누가 수령이 되었는지 모르겠구나. 권 이상의 행장에 관하여 진경*의 형제들은 어떻게 말하더냐? 좌상 선공*의 묘갈명은 최근에 지어놓았다. 다만 영상이 부탁한 이판서의 비명은 한 번 그 시작만 해놓은 뒤로 극히 난해한 부분이 있어서 감히 찬술하지 못하고 있다. 지금 만약 좌상의 부탁에 응한다면, 한번 따르든 말든 간에 분명히 큰 책망은 있을 것이니 우선은 덮어두고 서서히 상황을 보아 처리하겠다. 김 지사의 일은 조정에서 부득이하게 이같이 처리하였으니, 이후에는 진정시키는 것을 우선해야 할 텐데 혹시 여러 신료들은 어떻게 하는 분위기더냐?

비록 물러나 먼 외방에 있으나 몸은 관직에 있을 때와 다르지 아니하니 조심스러운 마음일 뿐이다. 이조판서는 끝내 나오지 않느냐? 서엄 공 편에 보낸 여러 편지는 받들어 전했느냐? 기 승지는 뭐라고 말하더냐?

나머지는 며칠 전에 이함형 네 하인이 가지고 간 편지에 자세히 말했다. 지금 동래 황 부사의 행차가 도착한다고 하니 이만 줄인다.

*포부逋負: 조세租稅를 포탈하여 내지 않는 것.
*진경震卿: 권벌의 아들, 권동보權東輔(1517~1591)의 자.
*선공先公: 좌의정 권철權轍의 선공 권적權勣(1470~1531).

書 - 386

윤6월 15일

준에게 답한다.

안기 사람이 와서 전해 준 이달 1일 자 네 편지를 받고, 네가 무탈하게 잘 있다는 것을 알았다. 다만 손부의 병세가 생각보다 가벼운 증세가 아니라서, 한 달을 넘기고 있으니 걱정이 끝이 없구나. 전에 덕원에 있을 때의 본 증세와 지금도 다른 증상은 아닌 듯 하지만, 어찌 꼭 그렇다고 확신할 수 있겠느냐? 독성이 없는 약으로 치료해야 하니 소홀히 해서는 안 된다. 그러나 안도의 편지에 '엊그제부터 조금씩 나아지는 상태다.'라고 하니 그사이에 어떠한지 모르겠구나. 창양이는 또 어떠하냐?

여기는 여전하나, 하인이 병이 들어 심하게 앓고 있으니 생사를 알 수 없는 자가 하나가 아니구나. 자세한 것은 별지에 적었다만, 걱정들을 이루 다 말할 수 없구나.

권 첨정*이 파직을 당했다니 한탄할 일이다. 모르지만 외방으로 가는 거취는 어디로 정해졌느냐? 기 승지는 금중*의 많은 일도 따지지 않고 간절한 것을 부응하여 주니 기쁘고 감사한 마음이 만겹이구나. 영천의 신임 사또는 무사히 부임하였느냐?

추부*와 연정에 답장을 보내니 전해주면 좋겠다. 정 수찬, 우 정자의 편지도 모두 받았고 위로가 되었다. 회령 부사가 계문한 것은 결국 어찌 되었느냐?

그곳 강수량은 이달 들어서 어떠하냐? 여기는 장마가 길었고, 3, 40여 일 동안 물이 차 있어서 보리와 밀은 크게 손실되었다. 논의 벼는 대개가 점차 썩고 있고, 조를 심은 밭도 가운데 저습한 곳은 모두 죽었다. 대부분 땅을 갈아엎어 기장도 알곡이 맺지 않았으니 백성들이 살아가기가 매우 어렵게 되었다. 흉년이 크게 든 해가 될 것이니 탄식만 할 뿐 어찌하겠느냐?. 박려는 이번 달 안에 상경한다고 하고, 순도는 훈지*를 따라가 경상도 향시에 응시할 것이다.

근래에 사또가 경내의 유생을 모아놓고 출제하여 제술하게 했는데, 순도의 시가 2등을 했다. 또 여기에서도 시제를 청하여, [천진문두견]이라는 제목을 내었더니, 노미와 모두가 지어 보냈다. 김언우*네 형제와 금협지가 가지고 온, 같은 방법으로 두 가지를 짓게 한 것 중에 노미가 좀더 뛰어나고 순도는 한 편을 완성하였으니 장래가 있을 듯하여 기뻤다. 그러나 언우의 생각은 어린아이들끼리 여럿이 경쟁하다가 혹여 마음에 상처를 입을까 염려되는지 이번에는 보내지 않으려고 했다 한다. 내 생각도 같다. 언우도 보내는 길을 그치게 하려고 한다는데 네 생각은 어떠하냐? 아직 결정하지는 못했다. 나머지는 이만 줄인다

추신———담제는 팔월 상정*에 지내느냐, 아니면 별도로 날을 잡아서 하느냐? 또 부묘*는 어느 날에 하는지 나중에 편지로 알려주면 좋겠다. 돈서에게서 문안편지가 왔는데, 그가 열심히 공부하고 있다는 소식을 들으니 매우 가상하구나.

*권첨정權僉正: 손자 안도의 장인 권소權紹
*금중禁中: 임금과 소통하는 대궐 안.
*추부樞府: 중추원을 고친 이름.
*훈지燻之: 금응훈琴應壎의 자. 순도의 외숙.
*김언우金彦遇: 김부필(1516~1577)의 자, 퇴계의 제자.
*상정上丁: 달마다 음력으로 上旬에 드는 丁日.
*부묘祔廟: 임금이 죽고 삼년상이 지난뒤에 그 신주를 종묘에 모심.

書 - 387

윤6월 27일

준에게 답한다.

감사*가 도계에 도착하여 전달한 여러 편지와 이함형의 하인 편에 보낸 편지들을 전해 받았다. 너희 부자가 무탈하고 손부의 병세도 조금씩 나아진다는 것을 모두 알게 되니 위로되고 마음이 놓인다. 여기는 모두 여전하고 단심이는 설사병이 걸렸다가 지금은 나았다. 다만 하인들이 걸린 병은 괴이한 점이 있다. 여종 은대*가 심장 쪽과 배를 앓다가 지금은 비록 나았으나 귀가 안 들린다고 하고 말을 못 하니 마치 실성한 사람 같고 그 끝이 어떨지 모르겠구나. 연동이는 겨우 살아나 일어났고, 하인 박천이도 그 병이 생겨서 한참 고통스러워한 지가 벌써 5, 6일이 지났다. 또 어린 종들은 오랫동안 앓다가 이제 겨우 일어났다. 운동이는 봉화 사람의 여종과 친한데 낮밤을 불구하고 분주하게 들락거리길래 내가 비록 싫어하는 내색은 했어도 그대로 두고 다스리지는 않았다. 그런데 이 달 초에 나간 뒤로 갑자기 돌아오지 않으니 아마도 그 여종과 같이 도망간 듯하구나.

그러나 지금 들으니, 그 여종은 달아나지 않고 그대로 있다고 한다. 그곳에서 닭이 울기 전에 돌아갔다고 하고 이곳에 오지 않는 것을 보면 이는 분명히 호랑이에게 잡아 먹힌 것이거나, 그렇지 않다면 제 서방한테 살해되었을지도 모르지만 모두 알 수가 없다. 노비들이 한가한 틈이 없으니 아직까지 그 이유를 캐묻지 못했다.

장맛비는 이달 9일에나 되어 맑게 개었다. 백성들이 이제야 막 남은 벼가 살아날 수 있으니 좋다고 하던 때, 22일부터 비가 다시 내리기 시작하여 지금까지 5, 6일을 밤낮으로 그치지 않고 있다. 그나마 살아남았던 조도 다 죽었고, 이삭이 팬 벼도 영글지 못하거나 이삭이 패지 않은 것은 썩어버려서 농사에 큰 피해가 되었으니 어찌해야 할지 모르겠구나.

홍 판서는 출사하면서 마음을 비우고 일을 수행하여, 별달리 거리낄 흔적이 없지 않더냐? 우상*이 사직서를 올린 것은 끝내 어찌 되었느냐? 시국의 정세를 들어보면, 마무리 짓지 못한 것을 안정이라고 여기는 듯하니 염려스럽다.

박군은 단양에서 배 한 척에 실을 물건을 고르는 일로 동행하는 사람을 데리고 갔다. 비를 무릅쓰고 출발하는 것이 지극히 편치 못하기에 출발을 뒤로 미루도록 권했지만 듣지 않고 갔으니 염려된다.

기 승지는 거리낌 없이 허락했을 뿐만이 아니라, 지금 초본을 만들어 가까운 시일에 사본하여 보내겠다고 그 편지에 말했으니 너무나 큰 기쁨과 감동에 견줄 것이 없구나. 이번에 감사가 왔을 때 받은, 기 승지의 편지에 답장을 써서 봉하여 보낸다. 조심하여 꼭 은밀히 본댁으로 찾아가 드리고, 만일 손님을 맞고 있거든 집안에서 살피다가 적절할 때 들어가 아뢰고 전달하는 것이 좋을 것이다.

안동에서 온 편지들은 받고 나서 진작에 답을 보냈다. 너는 도목정사에서 승진했느냐? 승진했다면 곧바로 내려 오지 못할 텐데, 어찌해야 할지 모르겠구나.

근래에 빈 자리가 없으니 설령 있다고 해도 지극히 궁핍하고 손을 쓸 수가 없을 테니 단지 내 걱정만 더할 뿐이다. 아마도 하지 않는 것만 못할 것이다. 만일에 혹시라도 대감을 위한다면 너는 지탱하기 어려울 것이니, 미리 구경서에게 내 뜻을 말하여 의망하지 말 것을 요청하는 것이 좋을 것이다.

추신——순도가 두 번 현에 들어가 제술한 후에 시 한 편을 지어 보낸다고 하니 이렇게 열심히 공부하는 것을 보면 가망이 있으나, 그전처럼 게으른 점은 염려된다. 본도의 감사*와 밀양의 도회는, 이처럼 우중에 출행하는 길이 너무 멀고, 빗줄기가 억세니 언우와 의논하여 모두 응시하지 않도록 하려는 생각이 든다. 어제 들으니, 너를 전생주부*로 삼는다고 하는데 믿을만한 말이냐? 박군은 강물에 막혀 출발하지 못하고, 내일 출발하려고 하기에 들은 것들을 추가로 적었다. 윤달 그믐에.

*감사監司: 신임 경상감사 이양원(1526~1592), 자는 白春, 호는 鷺渚, 중년에 퇴계 문하에 출입함.
*은대銀臺: 본문에는 銀으로 나와 있으나 안도에게 보낸 편지 등으로 볼 때 은대와 동일인 여종.
*우상右相: 의정부 우의정 홍섬洪暹(1504~1585).
*구경서具景瑞: 구봉령具鳳齡(1526~1586)의 자, 호는 백담栢潭, 퇴계의 문인.
*감시監試: 생원과 진사를 뽑던 과거시험.
*전생주부典牲主簿: 전생서의 종 6품 직.

書 - 388

7월 22일

준에게 부친다.

  13일 자 현 사람 편에 보낸 편지는 이미 봤을 것이다. 그 편지에, 내달 나라에 큰 제사가 두 번이나 있으니 그 제사가 지나거든 내려오고, 연수 일행도 다음 달 초하루 뒤로 물려서 보낸다고 했다. 다만 네가 20일 이후에 내려오려는 계획은, 식량 등이 산재해 있어 쓸 것을 저장해 두지 않았으니 오래 머물기에는 매우 곤궁할 것이다. 그러므로 이번 28일에 하인들을 출발시켜 보내면 5일에 서울에 들어갈 수 있을 것이다. 너는 서울에 머물다가 만약 어려움이 없다면 제사가 지난 후에 바로 내려오고, 어려움이 생기면 담제가 지난 후에 출발해서 내려오면 좋을 것이다. 충주에서 맞이하여 수행하는 것은 언제 출발시켜 보내는 것으로 정하면 되겠느냐? 반드시 속히 알려주어서 서로 어긋나는 폐단이 없게 해야 할 것이다.
  여기는 모두 별일이 없다. 나머지는 앞의 편지에 자세히 적었으니 이만 줄인다

추신———이함형의 하인이 가기에 이 편지를 부치니, 반드시 이 사람을 빨리 돌려보내고, 이 사람 편에 맞이하여 수행하는 일을 통지해 주었으면 좋겠다.

書 - 389

8월 1일

준에게 답하는 편지.

근래 이함형의 하인이 서울 가는 편에 편지를 부쳤으니 이미 보았을 것이다. 이어서 17일에 보낸 네 편지를 받았고 공무 볼일로 내려오려 한다는 것을 알았다. 그래서 연수는 보내지 않았다.

다만 감사가 아래 지역을 순시하면서 추석이 지나면 진주에 있다고 들었는데 그 뒤의 행선지는 어디인지 모르겠다. 만약 남해로 들어간다면 만나러 가기에는 너무 머니 돌아올 때 부득이 의령에서 뵙는 것이 나을 것 같구나. 이곳으로 오면 오래 머물기 어려운 상황이고 매우 불편할 듯하다만, 이미 세운 계획을 다시 바꾸기도 어렵다. 그렇게 되면 혹시라도 다른 사람이 여기 오려고 한다면 양쪽에게 다 잘못되는 폐단이 있을 테니 어찌해야 할지 모르겠구나.

박군은 뱃길로 잘 갔다고 하니 기쁘다. 하인들이 지금은 다 나았으나 운동이는 끝내 생사를 알 수가 없다. 그러나 흔적을 남기지도 않았으니 봉화 사람과 따져볼 수도 없다. 이곳은 모두 잘 있다. 보리는 거의 다 먹어가고 새 곡식은 아직 나오지 않았는데 이제 막 홍수를 수습하고 있으니, 대체로 농사는 크게 잘못되었구나. 어찌할꼬.

기 참의에게 명문은 받아 보냈느냐? 여종 가외는 지금 올 수 있다더니 아직 오지 않고 있으니 어찌 된 일이냐? 순도는 아직은 가지 않았을 것이다. 가서 본 시험이 어찌되었는지 아직은 방목* 소식을 듣지 못했다.

박 대제학*이 이조판서를 사직한 것은 결과가 어찌 되었느냐? 사람들이 모두 사퇴를 하게 되면 나라 꼴이 어떠하겠는가? 깊이 우려된다. 권

좌상의 행장은 끝내 보내지 않을 수 없기에 보낸다. 그러나 그 문구 선택에 대한 잘잘못의 판단은, 관련된 것이 극히 중요한 부분이 있어서 충분히 헤아렸어도 중론에 부합될지 모르겠구나. 그것이 깊이 우려되는 점이다. 꼭 진경이에게 알려서 시호를 급히 청하게 하고, 가볍게 내놓지 말고 시의를 잘 살펴서 의심 점이 없다고 판단되면 내놓는 것이 좋을 것이다.

그 밖에 좌상 외 네 건의 묘갈명도 표시해 놓은 것을 잘 보고 구분하여 각자 드리면 될 것이다.

충주 이 교리*의 명문도 이미 지어 놓았는데, 다만 지난겨울에 이정이 말하기를, '그 처의 조부인 대사성 김제는 이미 현량과에 급제하여 벼슬을 환급받았습니다.'라고 했다. 노 감사가 보여준 이 교리의 일에, 실록에는 현량과 급제자에게 벼슬을 환급한 기록이 없으니 명문에 이 일을 기록해서는 안 되기 때문에 우선 사본해서 보내는 것을 멈췄다. 전에 안도에게 보낸 편지에, 유이신에게 그 까닭을 물어서 알려달라고 했으니 그 소식을 기다린 뒤에 사본하여 보낼 생각이다.

영상이 부탁한 이 판서의 비문은 지어 보낼 수 없으니 분명히 영상에게 책망을 받게 될 것이니 미안한 일이다. 그러나 지금 묘갈명을 짓는 것은, 늙고 병들어 정력이 없고 심기를 수고롭게 하고 손상되게 하여 한가하게 보양하는데 몹시 해가 된다.

어찌 또 비난의 단초를 스스로 열고 비문을 지어서 곤란한 처지를 가중되게 할 필요가 있겠느냐? 보내준 두 용도의 붓은 잘 받아 쓰겠다. 나머지는 이만 줄인다.

추신―――행장과 묘갈명은 명복이 편에 부쳤는데, 비에 젖을까 봐 각별히 조심하라고 일러두었다. 겸중*이 편에 보낸 돈서*의 답장을 받으니 깊이 위로되는구나. 오랫동안 객지에서 혼자 지내는 어려움이 바로 이 같은 것이니 부디 뜻한 바를 힘써 이루어 여러 사람의 기대에 부응하라고 했다.

*간식艱食: 홍수가 처음 평정되어 백성이 농사하기가 매우 어려웠음
*방목榜目: 과거시험 합격자를 적은 명부.
*박 대제학朴大提學: 박순朴淳(1523~1589). 자는 화숙和叔, 호는 사암思菴.
*이교리李校理: 홍문관 교리 이연경李延慶(1484~1548), 퇴계가 묘갈문을 지었음.
*겸중謙仲: 오수영吳守盈(1521~1606)의 자, 호는 춘당春塘. 퇴계문인.
*돈서惇敍: 김부륜金富倫(1531~1598)의 자, 호는 雪月堂. 퇴계의 문인.

書 - 390

8월 2~4일

아들 준에게 답한다.

요즘 들어 오래 소식을 듣지 못하여 몹시 걱정하던 차였다. 송 판관 편에 보낸 7월 2일 자 편지와 또 언향이가 가지고 온 편지는 완이 곧바로 전해주지 않아 어제서야 막 받았다. 너도 무탈하고 손부 모자도 모두 회복되었다니 매우 기쁘구나. 여기 대소가의 가족들도 모두 안녕하시다. 하인들의 병은 비록 심하게 앓았으나 모두 죽음을 면하여 일어나 다니고 있다. 종 운동이가 죽음을 피했기를 바라지만 아직도 확실하게 알 수는 없으니 한편 밉기도 하지만 또 한편 괴이한 일이구나. 박군은 뱃길에 어떻게 하고 내려갔느냐? 걱정이 끝이 없구나. 여종 가외 하나가 여러 날 와병에 있다지만 그래도 길을 멈추는 것보다야 낫지 않았겠느냐? 이제는 조금 나아졌다 하니 다행이다.

다름 아니라, 네가 오는 것이 너만 빨리 오려고 하는 것이 아니라, 내 생각도 너와 같다. 고을을 얻는 일은 그냥 치지도외 할 뿐이므로 하인 두 명을 보내는 것으로 정하마. 다시 생각해 보니, 네가 만일 다른 관직을 맡고 있다면 이처럼 내려와도 무방할 테지만 이제 전생서에 배치되면, 내달 초하루에 나라의 큰 제사를 두 번이나 치러야 한다. 초하루, 20일까지 간격으로 전생서의 책임자가 된 몸으로 임무를 두고 물러 나오면 마음이 편치 못할 뿐만 아니라 물의를 일으킬까 두렵구나. 내 생각이 진작 이와 같고, 네가 이렇게 하면 안 될 것이니 어쩔 수 없이 참고 기다리다가 부제가 지난 뒤에 적당할 때 내려오거라. 그렇게 해야 정리와 예의가 지극히 당연할 것이므로 우선 하인들 보내려던 것을 멈추고 다음 달까지 기다렸다가 재촉하여 보낼 생각이다.

굳이 출발하려다가 다시 머물렀다는 것을 알고 답답한 마음을 놓을 수 없었다. 그러나 이제 책임자가 되었으니 비록 미관일지라도 자기 맘대로 행할 수는 없기 때문이다. 그 사이에 아마도 윤대*에 참석한 적도 있을 것이니 반드시 미리 계획하여 대비하는 것이 좋을 것이다.

벼농사는 포기하려고 했으나 다시 살아날 가망이 있고, 밭농사는 심하게 망가져서 대부분 갈아엎었으니 걱정이 크다. 순도는 과거 보는 장소가 멀고 비가 많이 와서, 김해*가 가지 않는 것을 계기로 지장 없이 멈추게 되었다. 아경이는 요즘에야 첫권을 마쳤는데 앞에 읽은 것은 다 잊어버리고 다음 권을 읽으려 하니 앞에 한 공부가 아깝구나. 지금 다시 읽혀서 『통감』 「주기」까지는 이를것이다.

덕원*은 파직을 당한 것도 재앙인데, 게다가 며느리 상사까지 당했으니 통탄스럽구나. 묘갈문은 진작에 받아왔느냐? 네가 올 때는 받아와야 한다. 인편에 전달하면 아마도 헛된 일이 생길지 모르기 때문이다.

우상은 비록 다시 출사했지만 홍 판서는 끝내 사직했고, 그 외 오, 유, 송이 일시에 사임하러 들어갔다니 이는 무슨 뜻인가. 몹시 불편한 일이다.

이판이 되어 사직 윤허를 청하는 자는 누구더냐? 지금은 어떤 사람이 이판이 되었느냐? 정 도사에게 전할 답장을 보낸다. 유 전적의 편지에도 나중에 마땅히 답장하겠다.

추신———너희 읍에서 같이 만나 말을 인수했는데, 영천에서 종자마로 추착*했다 한다. 내가 아직은 신임 관리를 만나보지 못하여, 무어라 청하지는 못했으나 매우 걱정했다. 이에 어리다 하여 거절당했다 하니 무엇이 그보다 다행한 일이겠느냐?

*윤대輪對: 각 사의 낭관郎官이 매월 세 차례씩 윤번으로 임금을 뵙고 직무에 관하여 아뢰던 일.
*김해金垓: 퇴계문인 김부의의 아들. 생몰:1555~1593, 자는 달원達遠, 호는 근시재近始齋.
*덕원德原: 덕원 부사였던 안도의 장인 권소權紹.
*추착推捉: 종자마로 쓰기 위해서 관에서 잡아놓은 것.

書 - 391

8월 5일

준에게 다시 부친다.

동촌 사람 편에 보낸 지난달 23일 자 편지를 받고, 모두 별 탈 없이 지낸다는 것을 알았다. 위로되는구나. 이곳도 무탈하다만 조카 녕이 학질에 걸려 밤중에 4, 5차례나 매우 고통스러워했다니 증세가 가볍지 않고, 상 중이라 기가 허해졌을 테니 심히 염려된다.

네가 진퇴를 아직 정하지 못했기에 하인들을 보냈다. 진퇴가 많은 것도 지금 이 편지를 보고 네가 알려준 대로 보냈을 뿐이다.

영천에서 보낸 두 통의 편지도 모두 받았다. 이 답장은 명복이 가는 길에 부치려 했으나 큰 물길에 막혀 출발이 미뤄졌다가, 지금에야 하인들과 동행하게 되어 그 편지는 동행하는 편에 부친다.

묘갈문을 동봉하려다 혹시 가지고 가다가 비에 젖을까 봐 염려되어 오겸중*이 가는 길에 부쳤다. 찾아 받아서 각각 나누어 드리면 될 것이다. 여종 가외는 병이 많아 도리어 행차에 걱정거리가 되니 내려보내는 것만 못 할 듯한데, 어떻게 내려보냈느냐? 근심스럽구나. 묘갈문은 속히 지어주는 은혜를 입었으니 얼마나 다행이냐? 박 대제학이 사직한 일은 결과가 어찌 되었느냐? 국사가 여기에 이르러 매우 두렵지만 어찌하겠느냐? 나머지는 앞에 보낸 편지에 모두 적어 놓았다.

추신──── 오늘 저녁 현소에 들어왔고, 내일 제복례*를 행할 계획이다.

재추신──── 안도에게 별도의 편지는 하지 않았다. 「역동서원기」는 지난해에 가지고 가서 올 때 깜빡하고 가져오지 못했다. 조사경이 그러는데, '서울에 갔을 때 그 기문을 안도에게 보여주었다.'고 하는구나. 꼭 찾아서 가지고 오도록 해라. 경상 좌우도의 방목이 왔는데, 종도가 생원에 합격하였다. 민응기는 생원과 진사시 둘 다 합격했고 진사시에서는 1등을 했다. 금응훈도 둘 다 합격했고 민흥업, 곽수인도 모두 합격했으니 매우 기쁘다. 다만 권낙은 합격했는데 구찬록이 떨어졌으니 이상하구나. 서울로 시험 보러 간 사람들의 당락이 어떠한지 궁금하다.

*오겸중吳謙仲: 오수영吳守盈(1521~1606)의 자. 호는 춘당春塘. 퇴계 문인.
*제복례除服禮: 상복을 벗는 예식.

書 - 392

8월 19일.

준에게 답한다.

오천 사람 편에 보낸 11일 자 편지와 또 정회를 만나서, '너와 박군이 17일에 출발하여 내려올 계획'이라는 것을 알았다. 그래서 일단 말을 딸려서 김천*으로 보냈다만 배행하던 사람을 보내버리게 되면 과연 어떻게 하려는지 모르겠구나. 만일 남쪽 지방으로 가게 된다면 멀어서 급하고 분주할 것이다. 배로 가지 않고 육지 길로 간다면 말이 부족한 단점이 우려된다. 올 때는 어떻게 오려고 하는지 염려가 놓이질 않는구나. 이곳은 모두 별일 없이 잘 지낸다. 나머지는 여기서 줄인다.

*김천金遷: 충북 가금면 창동리에 있던 금천나루

書 - 393

10월 5일

준에게 부친다.

지루하게 내리는 빗길이 좋지 않았을 텐데 어떻게 서울에 도착했느냐? 심히 염려되었다. 계근이가 그저께 올라갔다. 어제저녁 봉화의 아전이 와서 알리기를, '지난 27일 정목*에, 네가 봉화 현감에 제수되었다는 소식을 전직 관료의 자제들이 서울에서 전해 왔다.'고 하는데, 정목을 보지 못해서 믿을 수 있는지는 모르겠다. 설사 거짓이 아니라도 직임을 바꾸는 일은 부득이 한데서 나온 것인데, 어떤 관직에 해당할지는 모르겠구나. 전에 말한 두 곳 중에 해안지방은 특히 사람들의 침해가 심하고 길이 멀어서 차선의 계제보다는 못할 듯하다. 그러나 그 전에 이미 환직 되었다면 이 말은 할 필요가 없을 테니 어떠하냐?

만약 환직 후라면 봉화의 딸린 말은 이미 거느릴 수 없고, 바뀐 관청의 딸린 말은 그사이 머물며 기다릴 수 없는 일이니 사정이 지극히 어렵게 되었구나. 어떻게 잘 처리했느냐? 여기서 그리 멀지 않은 곳에 만일 관직을 얻게 된다면 바로 부임을 하고, 그 후에 천천히 만나러 와서 관속을 데리고 가는 것이 적당할 것이다. 그러나 지금은 멀리까지 헤아려 볼 수는 없다. 매사에 일을 잘 아는 사람과 상의하여 십분 잘 처리하는 것이 좋겠다. 성주 목사*가 거의 도착할 때가 되어 바빠서 다 쓰지 못하겠다. 안도에게는 편지를 보내지 못하니 말해 주거라.

*정목政目: 벼슬아치의 임명과 해임의 내용을 적은 서류.
*성주목사星州牧使: 김극일金克一 (1522~1585) 자는 백순伯純, 호는 약봉藥峯, 퇴계 문인.

書 - 394

10월 26일.

준에게 답을 부친다.

오늘 오천의 여러 사람이 보낸 편지 가운데 9일 자와 16일 자 편지 두 통과 방목을 받았다. 그걸 보고 나서야 네가 다른 곳으로 바뀌지 않은 사실과 안도가 합격한 소식을 알게 되었다.

네가 그 고을에 부임하게 된 것은 특히 다행스럽지 못한 것이니, 바꾸는 것이 좋긴 하겠지만 처리하기가 어려울 것이다. 만약 진보로 바꾼다면 바꾼 자도 그리 원망하지 않고, 너도 큰 어려움에서 면할 형편이지만 네가 먼저 바꿀 생각을 하지 않았는데 다른 사람이 어찌 바꾸려 하겠느냐? 크게 잘못되었으나 이제는 어찌할 수 없는 노릇이다. 부임하면 매사를 상세하게 살펴 처리하고 나중에 오는 행차도 조심해야 할 것이다.

안도가 합격한 것은 기쁜 일이다. 전시*는 어떻게 할 것인지 모르겠구나. 열도의 합격도 기쁘나, 마을 친구들이 모두 떨어졌으니 여한이 어떠하겠느냐? 심부름 온 사람이 바쁘다고 해서 이만 줄인다.

*전시殿試: 복시에 합격한 사람이 임금 앞에서 보던 과거.

書 - 395

10월 26일

　아들 준에게 부친다.
　전에 받은 두 통의 편지는 이미 관아의 사람 편에 답을 부쳤다. 초이튿날 관직에 부임하고, 집에 오는 것은 제사가 지나거든 오는 것이 지당하다. 지금 천령이 편에 보낸 편지를 보고, 부임하러 출발하는 것을 25일 이후로 미루고 바로 여기에 와서 제사를 지내고 나서 부임하려고 하는 것을 알았다. 이렇게 하면 제반 직무 파악이 늦어질 뿐만 아니라, 임금의 명을 받고 부임하는 몸으로 곧바로 부임하지 않고 집에 먼저 들리는 것은 의리에도 맞지 않고 사람들이 알까봐 편치 않으니 어찌옳다고 하겠느냐? 초나흗날이면 그곳에 바로 부임할 수 있고, 직임을 맡은 후에 6일에 여기로 와서 제사를 지내도 무방할 것이다.
　임소에 가는 것이 지극히 중요한 일이고, 부임한 뒤에는 마땅히 처리해야 할 공무가 반드시 있기 때문이다. 5일에는 미리 재계하기에는 비록 미흡하지만, 잠시 머물면서 조치하고 6일에 오면 될 것이다. 만약에 특별히 긴급할 일이 없으면 5일에 이곳에 오는 것도 괜찮다. 그렇지 않고 먼저 이곳에 와서 삼사일 머물다가 부임한다면, 그간의 일은 대부분 온당치 않은 처사로 귀결될 것이니 다시 살펴서 처리하거라. 5일 동짓날에 미처 오지 못하는 것은 부득이한 공무에서 유발된 것이니 어찌 따질 수 있겠느냐? 다만 혹시라도 4일까지 부임하지 못할까 봐 그게 염려될 뿐이다. 이만 줄인다.

書 - 396

11월 15일

아들 준에게 답한다.

편지를 받고, 무사히 잘 지내는 소식과 영천에도 다녀왔다는 것을 알았다. 이곳은 여전히 잘 지내고 있다만, 혜*의 병세가 더하다 덜하다 하여 어떤 때는 매우 긴급했다고 하니 심히 염려된다. 그러나 서울에서 약을 구해 와서 어느 정도 그것으로 치료할 수 있을 듯하다. 금응빈은 끝내 일어나지 못했으니 참혹하구나. 장례를 다음 달로 미루는 것이 형편상 불가하니 네 행차 날도 정하는 것이 좋겠다. 다만 여기 온 편지에는 20일이라고 했는데 언문 편지에는 25일이라고 한 것을 보니, 여기 온 편지는 '5'라는 글자가 빠진 듯하다.

영천에 큰 옥사가 일어났다고 며칠 전 권응생이 와서 말하기에 들어보니, 두 가문에 관련된 것인데 무엇이 이보다 더 부끄러운 일이겠느냐? 집안을 건사해야 할 사람은 도망가고 종들도 다 흩어졌으니 그 처와 노모가 거의 굶어 죽을 지경에 이르렀다고 한다. 어찌 이러한 일이 있단 말인가? 권윤변도 잡혀 힐문 당하는 수모를 겪었다고 하는데 하물며 정 사인의 마음은 어떠했겠느냐?

박군은 말에서 떨어져 비록 다치지는 않았으나 한심한 일이다.

특히 관직 생활은 어떠하냐? 환자하는 국곡은 진실로 재촉하여 납부받지 않으면 안 된다. 그러나 환곡은 또한 가려서 최납* 받지 않을 수 없으니 만약 엄한 독촉이 너무 지나치면 가려야 할 것도 매우 가혹해질 수 있다. 그렇게 되면 이런 흉년에 백성들이 고통을 감당하지 못하여 반드시 크게 원망할 일이 생길 것이니, 잘 헤아려 중도에 맞게 시행하여야 한다. 국곡뿐 아니라, 관에서 납부받는 것도 그러하다.

대체로 사람 마음이 한쪽에 치우치게 되면, 그 사이 자신도 모르는 잘못이 생기게 된다. 지금 네가 다스리는 관아는 지극히 궁핍한 고을이니 네가 잘 보완하여 다스리겠다는 것을 마음으로 삼으면, 네 마음에서 소중한 것은, 잘 다스리는 것에 두게 될 것이다. 잘못된 병통은 여기에서 생긴다는 것을 어찌 모르느냐?

접때 건 조카가 문촌에서 돌아와 그 잔치에 모였던 사람들이, '잘 다스려야 하는 것'을 두고 모두 너를 책망했다고 한다. 이것은 곧 머지않을 후일에 큰 원망이 생길 수 있는 근원이 될 것이니 깊이 경계하거라. 또 '환자 재촉은 느슨하게 하면서 사방에서 농사일만 사납게 몰아붙인다.'라는 소리가 들린다. 어찌하여 엄한 지시와 관리를 촉구하지 않고, 오래된 지시를 따르지 않으면 그것을 택하여 더 심하게 죄로 따지는 것이냐?

꿩을 보내왔다고 하는데, 이런 물건도 받을 때는 마땅한지를 꼭 봐야 할 것이다. 만약 납부받은 말린 꿩 가운데 여분을 보낸 것이라면, 이것도 소위 '마땅하지 않은 것'에 해당한다.

*혜憲: 넷째 형 해瀣의 아들. 자는 여회汝晦(1543~1578)
*최납催納: 재촉하여 납부함.

書 - 397

11월 19일

준에게 부치는 편지

요즘은 관직 일이 어떠하냐? 일전에 보낸 편지는 찬찬히 살펴보았느냐? 이곳은 여전히 잘 지내고 있다. 다만 혜의 병이 나아지지 않아 매우 염려스러울 뿐이다. 안도에게서 편지가 온 지 벌써 여러 날이 지났으나 천근이가 갈 때 부친다는 것을 깜빡 잊었다가 이제 보낸다. 젖을 줄 수 있는 여종을 간절히 바란다고 했지만, 여종이 길을 나서기가 쉽지 않으니 어찌할꼬? 네가 올 날이 머지않기에 이만 줄인다.

추신―――그 살인사건은 회송하게 하는 것이 어떠냐? 시친*이 옥에 있을 때의 보살핌은 소홀히 하지 마라. 또 내 생각에는 시친을 가두지 않을 수는 없으나, 가추* 등의 도구를 채워서는 안 될 것이다. 오직 감옥을 견고히 해서 도망가지 못하게 하는 것이면 될 텐데, 어떻게 처리하고 있는지 모르겠구나.

*시친屍親: 피살자의 친척
*가추枷杻: 죄인의 목에 씌우던 나무칼과 손목에 채우던 수갑 등을 아울러 이르던 말.

書 - 398

11월 21일

답장

계근이 편에 보낸 편지를 받고, 내용을 모두 잘 알았다. 매사를 날마다 반복해서 하루 하루를 조심하는 것이 좋을 것이다.

정 사간*의 답장도 보았는데 그 일이 매우 어려울 듯하였다. 나성*의 여러 사람이 뜻을 명확히 밝히려고 하나 계책이 될 수 있을지 몰라 염려되고 두렵기만 하구나. 나머지는 네가 올 날이 머지않았으니 이만 줄인다.

*정사간鄭司諫: 사간 정유일鄭惟一(1533~1576).
*나성奈城: 지금의 경상북도 봉화.

書 - 399

12월 2일

　봉화로 답한다.
　연수 편에 보낸 두 통의 편지를 받고 소식을 잘 알았다. 이곳은 다 여전히 잘 지낸다. 환곡을 미납한 사람이 적지 않다니 참으로 염려되는구나. 이런 큰 흉년에는 반드시 밧자*를 면하려고 살과 뼈를 손상시켜 자해에 이른다고 하니, 잔인하고 포악하게 차마 해서는 안 될 일을 어찌 방자하게 한단 말인가? 밧자를 중지할 수는 없겠으나, 사례별로 수납하고 바치게 해야지 한꺼번에 모두 바치라며 각박하게 독려하지는 말거라. 예안에서도 아직 사백여 섬이 납부되지 못했다고 전해 들었다. 경차관이 의령에 먼저 내려가서 했던 말이 생각대로 역시 헛된 전갈이었으니, 의령은 어려움을 당할 일이 없을 것이다. 반가운 일이다.
　적의 혼례는 금락*이 언문으로 답하기를, '내 딸이 어려 아직 교육시키지 못해서 대 가문에 들어가게 할 수 없다'라고 하였구나. 이는 어렵게 여기고 그 집안에서는 결정하지 않겠다는 것을 알 수 있다.
　배 습독*이 저번에 주 조카의 하인을 보내서 혼사 가부를 묻기에, 나는 한 곳을 정하여 혼례를 치를 것이라고 답했다. 다만 16일에 하려고 하면 너무 빠르니 날짜를 조금 뒤로 정하자고 했더니, 다시 통지하겠다고 하고는 아직 소식이 없구나. 만약 며칠 내로 소식이 오지 않으면 내가 사람을 보내어 늦다는 것인지 빠르다는 것인지, 정한 날짜가 있는지를 알아 오게 하려고 한다. 매사가 지극히 어려우니 모두 빌려 써서 처리하려고 하지만, 없는 것을 걱정만 하게 될 뿐이다.
　이말이 매번 군관 자리를 얻는 일로 와서 시끄럽게 하니 몹시 귀찮은 일이구나.

    지금 적(寂)에게도 그러한 편지와 답장에서 말은 했다고 하는데 내가 할 수 있는 형편이 아니라서 안타깝구나. 그러나 승지 이동래에게 써 놓은 편지를 보낸다면 아마 가능할 것이다. 권창녕*이 다녀갈 것인지 아닌지를 듣게 되거든, 붓실이 오는 편에 알려 두거라. 의령의 타작은 고작 십여 섬뿐이라고 하고, 또 하인들이 날라다 줄 수 없다고 미리 알려 왔다 하니 소행이 어찌 이리 심하단 말이냐? 아침에 추워서 붓이 얼어 이만 줄인다.

*밧자〔奉上〕: 바치다, 납부하다의 이두식 표현.
*금력琴櫟: 퇴계의 동서 이원승의 사위.
*배습독裵習讀: 의서습독관醫書習讀官 배천석裵天錫(1511~1573), 퇴계 문인 배삼익의 부.
*권창령權昌寧: 권동보(權東輔, 1518~1592)의 자, 호는 청암청암. 충재 권벌의 아들. 퇴계 문인.

書 - 400

12월 4일

준에게 부친다.

어제저녁 찰방 댁의 매를 양평*근처에 풀어놓아 숲에서 꿩을 챘는데, 지나가던 사람이 매를 잡아갔다고 한다. 망보던 매 임자인 노비가 하지 말라고 소리쳤는데도 오히려 듣지 않고 겨드랑에 끼고 달아났다는구나. 그 노비가 달려가 잡고서, '이것은 봉화 관아의 매로, 본댁으로 보내는 것이다.'라며 따졌더니, 매를 언 바닥에 던져버려 긴꼬리 두 개가 빠지고 상처를 입은 매는 죽어 버렸단다. 그 사람은 심문했더니 후지골의 망정 댁 노비로 그 상전이 머리 장식을 빌리는 일로 네 집에 심부름꾼을 보내어 오는 길이었단다. 내가 처음에는 그 일을 몰랐으나 오늘 아침에 그 사람이 이미 오천으로 돌아간 뒤에야 비로소 알게 되었다.

비록 임자 없는 매를 잡았다 하더라도 이같이 해서는 안 되는 것이다. 하물며 매 임자가 쫓아가 붙들어서 굳세게 관청의 매라고 했으니, 공공연히 빼앗고 싶었겠지만 빼앗을 수 있었겠느냐? 그렇다고 해서 바닥에 팽개쳐 죽게 하였으니 그 횡포를 이루 말로 표현할 수가 없구나.

네가 이 읍에 있으니 알겠지만, 그런 노비 족속들과 친한 노비들이 세도가를 빙자하여 이같이 잘못을 저지르는 자들이 분명히 많을 것이다. 일이 일어나는 대로 다스리지 않을 수 없다. 반드시 즉각 잡아들여 인정에 매이지 말고 분명하게 형량을 취해서 죄를 논하고 징치해야 온당할 것이다.

*양평羊坪: 안동시 도산면 토계리 양평마을.

書 - 401

12월 6일

답서

사간의 답장 내용과 영천 등의 제반 소식을 상세히 모르던 때에, 네 편지와 사간의 답장을 받고 이제 잘 알게 되었다. 그러나 영천의 옥사는 더욱 벗어날 길이 없을 듯하다.

적의 혼례가 임박했고 군색함이 많으나 굳이 말할 필요는 없을 것이다. 그러나 적이 비석 돌 운반을 감독하는 일로 연속 3일을 비바람 무릅쓰고 밤낮 분주하더니 풍한을 만나 매일 밤 힘들어한다. 밤이면 땀을 내고 쉬었는데도 여러 날 이렇게 힘들어 할 것 같아 심히 걱정되는구나.

내일 오천에 가는 것은 부득이한 일이다. 또 환곡을 걷는 일에 너무 엄하게 하지 않은 것이 좋을 듯하다. '지나치게 법을 남용한다'는 말이 비안*의 아랫것들 사이에서 나온다고 들리니, 비록 진짜인지 거짓인지는 모르겠지만 경계할 만한 일이다.

마침 정 회인*과 비경이 와서 마주하고 앉아 있다.

*비안比安: 경상북도 의성군 안계면.
*정회인鄭懷仁: 회인(충북 보은)현감을 지낸 정씨,
*비경芾卿: 정양좌鄭良佐(1524~ ?)의 자.

書 - 402

12월 15일

　편지를 부친다.
　큰 눈이 이렇게 내리는데도 사행이 시기보다 앞당겨 도착했다는데, 매사 어찌 대처하고 있느냐? 아마도 갑자기 조처하기 어려운 일이 있을 테니 깊이 염려를 놓을 수가 없구나. 어제 감사*로부터 편지를 받았다. 마땅히 들러 만나고 싶다는 내용이다. 겨울 추위 때문에 내가 나가서 맞을 수 없다는 뜻을, 가는 편에 금난수에게 미리 알리라고 했는데 오히려 이같이 말씀하신다니 이상하구나. 이 고을 근방에 만약 도 사람에게 시키러 갈 사람이 있다면, 담증과 한기가 허한 증세 등으로 방문을 사절하는 답장을 보내야겠다. 그러나 듣지 않고 억지로 오겠다면 24일 네 읍을 거쳐 여기에 당도할 것이고, 그날이 국기일이라 더욱 불편할 텐데 어찌할꼬? 그 고을로 갈 사람이 만약에 없다면 이런 뜻을 알릴 수가 없구나. 게다가 네 고을의 폐단을 없애려는 일도 있으니 우선은 23일까지 기다렸다가, 네 관아에 들어온 후에 편지를 드릴 생각이다. 병 때문에 굳게 사양하는 데도 듣지 않고 오겠다면 병을 무릅쓰고라도 나가 만날 생각이다.
　적의 혼례는 내일 어김없이 치르기 때문에, 말이 와도 20일에는 돌려보낼 생각이다. 천근이 일행이 지금까지 오지 않으니 아마 눈길에 막혀서 그럴 것이다.
　최흥원*이 비단 폭에 쓴 글씨와 박자열*의 병풍 글씨는 각각 편지와 동봉해서 보내되, 박의 편지는 그의 집으로 보내고, 최의 편지는 인편으로 서울에 보내주면 될 것이다.

*감사監司: 경상도 관찰사 이양원李陽元(1526~1592) 퇴계의 문인.
*최흥원: 자는 복초復初, 호는 송천松泉, 생몰: 1529~1603
*박자열朴子悅: 박승간朴承侃(1508~?)의 자.

書 - 403

12월 16일

답장

복년이는 아직 도착하지 않았고, 진동이가 편지를 받아왔기 때문에 피차간에는 각자 알려 보낸 말을 알지 못한다. 사행은 매번 기간을 촉박하게 하니 각 관청이 어떻게 헤아릴 수 있겠느냐? 그중에서도 네 관아는 사정이 더욱 난처할 것이니 어찌하려느냐? 다만 그 관아에서 선문*을 등사하여 보내면 23일에 봉화와 영천에 들어오게 되더라도 아전의 보고와 어긋나는 일이 있겠느냐? 네 관아는 어찌하여 선문을 보지 않고 단지 영천의 통보만 들으려 했느냐? 다시 영천에 달려가 묻는 것이 나을 것이다. 현의 고목*을 대략 적어서 보내니 잘 알아서 처리하거라.

적의 행차는 지금 출발하려고 한다. 다름이 아니라, 어제 늦게 주가 와서 저쪽 집안 분위기를 말해 주었는데, 억동이만 달랑 위요*보낸 것을 몹시 탐탁지 않게 여기는 듯했다고 한다. 또 들리는 말로는, 저쪽 집안에서는 처음부터 예안이 위요해 오는 줄 알았다고 하니 이것은 분명히 아마도 네가 오는 것을 잘못하여 '예안'이라고 말한 듯하다. 저쪽의 기대가 이와 같으니 억동이만 혼자 보낸 것이 매우 미안하구나.

그러나 이미 늦게 알았으니 다른 자제에게는 위요를 시킬 겨를이 없어서, 부득이하게 박군을 위요 삼아 급히 보냈다. 그사이에 데리고 갈 사람 역시 준비하기가 어려워 연수를 데리고 갔다가 내일 돌아오니, 의령에 행차가 닿을 듯하구나. 네가 위요하지 못했으니 일이 마침 어긋나 아쉬운들 어찌하겠느냐? 의대* 등의 물건은 이미 받았다. 창령*이 듣지 않고 억지로 오니 마음에 편치 않구나. 현의 집에 불낸 일은 창령이가 말하였다. 만약 불을 끄지 못했다면 그 재앙을 이루 다 말할 수 있겠느냐? 놀라기도 하고 다행스럽기도 하다. 어제 편지에 잊고 말하지 못하였다.

  언필이는 무사하게 내려왔고, 손자 아이들도 모두 잘 있다고 하니 기쁜 일이다. 다만 편지는 천근이가 다 가지고 가서, 모든 일을 자세히 알지는 못한다. 또 천근이가 병을 얻어 왔다는 소리가 들리니 안타깝구나. 네가 도에 부칠 편지는 이 관아의 아전이 이미 받아갔다. 나머지는 어제 보낸 편지에 다 적었다. 이만 줄인다.

추신―――최 경차관이 이미 왔는데 그 옥사가 참혹하였다.

*선문先文: 관리 출장의 도착일을 미리 알리는 공문.
*고목告目: 각사各司의 서리나 지방관아의 향리가 상관에게 공적인 일을 알리거나 문안할 때 올리는 간단한 양식.
*위요圍繞: 혼인 때에 가족 중에서 신랑이나 신부를 데리고 가는 사람.
*의대衣帶: 결혼식에 갖추어 입을 의상.

書 - 404

12월 17일

답장

복련이 편에 보낸 편지를 어제저녁에 받고 소식을 잘 알았다. 감사가 순시하러 오는 것이지 나를 만나러 오는 것이 아니었다고 한다. 그러나 일 년에 세 번씩이나 오는 것은 나 때문이 아니라고는 할 수 없으니, 우리 고을의 경우에는 실로 지탱하기 어려운 일이다. 역졸이나 장호*들 또한 원망하고 헐뜯으며 지극히 불편하다고 말들 한다. 애초에 혐의를 피하려고, 오겠다는 길을 미리 사양하지 않았으나, 지금 찬찬히 생각해보니, 자잘하게 피혐 했던 것을 다 셀 필요도 없다.

오늘 새벽에 편지를 써서 현의 전령에게 보내어 예천 등에 가서 드리도록 했다. 감사가 순시하면서 예를 받드는 일을 하지 말라고 한 것이 아니라, 다만 내가 담증에 걸려 올해에만도 두 번이나 발병한 데다가 최근에는 추위로 인하여 등에 한기가 드는 병이 있어 나가서 받들지 못한다는 내용으로 힘써 사절하였다. 그러나 감사가 어찌 답할지는 모르겠구나. 답이 오면 네게 인편으로 알려 줄 것이나, 네 고을의 제반 업무가 미리 준비되지 않은 것이 더 염려된다.

붓 3개, 먹 세 개를 보낸다. 피울 향은 서당에 있으니 만약 감사가 오는 때가 정해지면 찾아서 보내겠다. 서울에서 온 편지를 보니, 하인 천근이의 병이 위중한 듯한데 염려스럽구나. 적은 어제 이미 갔는데 따라간 사람들은 아직 돌아오지 않았으니 어째서인지 혹시 아느냐?

*장호匠戶: 수공업에 종사하던 장인이 사는 집이나 공방.
*피혐避嫌: 의심을 받을 만한 일을 하지 않음.

書 - 405

　　　　　　　　　　　　　　　　　　12월 19일

　다시 답한다.

　봉천이가 와서 전해 준 네 편지를 보고, 소식을 잘 알았다. 적은 당연히 오늘 돌아와야 하는데 때가 되도록 도착하지 않으니, 그 애의 성정을 참 알 수가 없구나.

　감사의 답장이 제 때에 오지 않으니 그 가부를 진작 알 수가 없다. 대접하는 일은 공적으로나 사적으로나 지장이 많은데 말할 수는 없구나.

　부용향 6병, 향꽂이 하나, 홍시 14개를 보낸다. 아이들의 얼굴이 너무 가라앉았으니 웃는 얼굴로 바꾸는 데 쓰거라.

　추신——— 관아의 모든 공무와 송사에 관해서는 내용을 자세히 파악하여 기억하고 있다가, 감사의 갑작스런 질문에도 대답할 수 있도록 준비하여라. 만일 내 병세에 관하여 묻거든, 단지 담증이 거듭 일어나고 등에 한기로 허하여 늘 편치 않다고 대답하면 된다.

書 - 406

12월 20일

봉화로 답한다.

기래와 침이 많고 기운이 허할 뿐 다른 질환은 없다. 감사가 길을 바꾼 것이 미안하기는 하구나. 여름 순시 때에 이미 겨울 순시에는 받들기 어렵다는 것을 말씀드렸고, 또 감사도 편히 생각하는 듯하다. 그러나 우선 시험 삼아 꼭 오려는 뜻인지 가부를 물어보는 것은 어떠하겠느냐?

다름 아니라, 네가 명을 받들어 마땅히 안동으로 가도 상관없다면, 어찌 달려가지 않고 괴이하게 아전에서 의견을 기다린단 말이냐? 아직 안동에 이르지 않았다면 반드시 의성까지 쫓아가서 안동보다 빨리 의견을 여쭈어야 할 것이다. 깊은 밤이라 이만 줄인다.

書 - 407

12월 23일

봉화 관아로 답한다.

안동으로 보냈던 편지 심부름꾼이 돌아와서 이르기를, '어찌하여 감사가 가까이 지나가는데 수령이 나와서 명을 받들지 않았느냐?'고 했단다. 매우 미안한 일이다. 그러나 나가서 맞이하겠다는 뜻을 감사가 허락하지 않은 것은 알 수가 없구나. 그 의미를 보건대, 봄에 순시를 나서면서 다시 오려는 것 때문이 아닐까 싶다.

석년의 답장이 오거든, 편지 가지고 왔던 사람이 돌아갈 때 보내고, 보낼 사람이 없으면 네가 올 때 가지고 와도 된다.

수행원 등의 일은 한 명은 죽고 한 명은 제외되었으니 제외된 것은 병인과 정묘년의 세밑에 칭탈*한 뒤로 여러 해에 나오지 않았기 때문이다. 무슨 까닭으로 이처럼 나왔는지 모르겠구나. 이미 순이를 현소로 들여보내 색리에게 물어보게 하였다. 노제*가 확실하다면, 소지에 하나하나 열거하여 올려 감사에게 첩정*을 올리게 한 다음 병조에서 점이*하면 별일은 없을 것이다.

일전에 금응림 집 노비의 일은 어떻게 결말이 났느냐? 대체로 금지된 지역 내에 사는 노비들은 관아를 출입하지 못하게 하고, 또한 다른 사람과 알력을 다투고 싸우는 일은 항상 염두에 두어야 한다. 모든 일은 조심하는 것 만이 최선이다.

*노제老除: 늙은 노비를 일에서 면제시킴.
*칭탈稱頉: 사고가 있다고 말함.
*첩정牒呈: 하부 관청에서 상부 관청에 올리는 공문서.

*점이粘移: 公文에 증빙 서류나 원래의 공문을 첨부하여 관계 기관에 移牒하는 것.
*금응림琴應林: 자는 子成, (1527~?)

書 - 408

12월 24일

편지를 부친다.

지금 영명*의 명을 받고 일상의 복무규정에 벗어난 일로 나갔다고 하니 무슨 까닭인지 모르기에 염려된다. 영명을 한 뒤에는 곧바로 말암으로 가서 제사를 지내고 임지로 돌아가거라. 여기는 설 때나 오면 될 것이다. 바빠서 이만 줄인다.

*영명迎命: 외관外官이 임지任地에서 어명을 맞이하는 일. 봉명 사신奉命使臣을 맞던 예를 말함.
*말암末巖: 경북 영주시 말암면. 준 모친의 묘가 있고 초기 외가가 있던 곳.

경오년
(1570년, 70세)

書 - 409

1월 11일

봉화로 답한다.

계근이가 와서 전해 준 네 편지를 받고 소식을 잘 알았다. 다만 편지에 무사하다고는 했지만 감기에 걸린 듯하다고 했는데, 지금은 어떠한지 모르겠구나. 나는 근래 다른 아픈 곳은 없으나, 오로지 접대하는 일이 많아서 매우 힘들다.

경차관*이 지나는 행보가 초아흐레로 미뤄져서, 예천 군수와 용궁*이 모두 찾아와 만나고 현에서 묵고 갔다. 용궁은 수사*가 먼저 현에 도착했다고 알려와서 돌아가는 바람에 너를 만나보지 못하고 간 것이 아쉬울 뿐이다.

권계숙이 숙천*부사로 환임되었다는 것은 '계숙'이 아니고 문신 '권순'이었다. 처음에는 굉이 보낸 정초*를 찾아보고 '순'자로 쓰여 있어서 오히려 의아했는데, 같이 있던 예천 군수와 용궁 현감에게 물어보니, 두 관청의 본 정초에도 모두 '권순'으로 되어 있다고 한다. 그제야 영천에서 온 정초의 글자가 오기였다는 것을 알았다. 기쁜 일이다. 정초는 모두 보내니 살펴보도록 해라.

박 부장 어머니의 병이 위독하다는 편지가 어제 려*에게 도착했으나 려의 행차 계획이 염려되는구나.

흥해* 군수는 13일에 출발하여 방문하겠다는 통지문이 현에 도착했다만, 수사의 해변 쪽 순시가 곧 내려온다고 하니 그가 올 것인지를 확신할 수는 없다.

너는 안동에 가서 알현하는 일은 언제 하려느냐? 경차관은 안동에서 상주로 갔다가 의령으로 내려간다고 한다.

  영천의 옥사 관련해서는 최 공이 언문 편지로 사실을 말한다고 하니 관련된 사람을 추고 할 필요 없이 즉시 계본*을 만든다고 예중이가 말하는구나. 또 의령의 일도 범인이 이미 도망하였으니 그 일은 긴요하지 않다고 말했으나, 관련된 사람이 체포되었다고 하니 염려된다. 나머지는 이만 줄인다.

*경차관敬差官: 지방으로 파견되었던 임시 관원으로, 주로 전곡田穀의 손실과 민정을 담당했다.
*용궁龍宮: 용궁 현감(당시 현감은 신섬申暹)을 말함.
*수사水使: 각도의 수군을 통솔하고 지휘하는 임무를 맡은 정삼품 무관 벼슬.
*숙천肅川: 평안남도 평원군의 옛지명.
*정초政草: 도목 정사의 초안.
*계본啓本: 조선 시대에 임금에게 제출한 문서.
*박려朴欐: 준의 사위, 생몰: 1551~1592
*흥해興海: 경북 포항시 흥해읍

書 - 410

1월 13일

아들 준에게 답한다.

　인편이 돌아올 때 가지고 온 네 편지를 받고, 안부를 잘 알았으니 위로가 되는구나. 관직을 구하려고 번잡하게 출입하는 사람들은 사정상 참 난감하다. 아주 가까운 곳에 관직을 얻으려는 것은 다른 곳에 비해 더 심하다. 너처럼 거친 재능으로 매우 궁핍한 고을을 맡았으니, 어찌 공과 사를 모두 온전하게 하겠느냐? 이것이 내가 깊이 걱정하는 점이다. '금협지의 동무들과 왕래하기 편한 것을 생각하여 도리어 다른 읍으로 바꾸었으면 좋겠다'고 하는데, 매우 괴이할 뿐만 아니라 이런 생각을 하고 있다니 나는 알 수가 없다. 모든 관직은 인정에 부합하여 국가에 죄를 짓기보다는, 차라리 인정을 절제하여 국법은 받드는 게 나은 것이다. 반드시 살펴 처리하거라.

　박군이 서울로 올라가게 되어, 조처할 일이 있어서 지금 영천으로 가고 있다고 한다. 일전에 봉화에서 보냈다는 물건은 누가 가지고 오느냐?

　감 한 접을 돌려보내니 관청에서 필요한 곳에 충당하거라. 나머지는 계근이에게 일러두었다.

추신―――박경부의 병풍 글씨는 진작에 써 놓았다. 사람이 오거든 내주마.

書 - 411

1월 14일

봉화에 답장.

보내준 편지를 받고 네 소식을 모두 잘 알았다. 박 부장이 상을 당했다니 너무 놀랍고 애달프구나. 박군의 출발이 임박하여 채비를 갖추기가 어려우니 심히 염려되고 염려된다. 내일 그곳으로 향한다고 하니, 곧바로 영천에 가서 며칠 묵었다가 출발할 것이다. 동행이 없이 혼자 출발하니 더욱 걱정되는구나. 마침 분천 찰방*이 도착하여 대화해야 하니 이만 줄인다.

*분천찰방汾川察訪: 평능도平陵道 찰방을 지낸 이문량李文樑(1498~1581). 농암 이현보의 아들.

書 - 412

1월 21일

봉화로 답한다.

네 편지, 조보 등과 함께 여러 편지가 와서, 소식을 잘 알 수 있었다. 조보와 정이 보낸 편지 등 두 건을 돌려보낸다. 김 참의, 정 정랑*과 함께 중추부에 보내는 답장도 전달해주기를 바란다. 안도가 또 딸을 낳았다니 아쉽기는 하나, 어미가 병이 들어 심히 우려되는구나. 안도 편지는 이곳 관아의 아전이 가지고 왔는데, '창양이는 소생하여 회복했다.'라고 전해주니 이는 반가운 소식이다. 박군의 행차는 신경이 쓰이고 마음이 놓이질 않는다. 수곡의 묘소 돌 공사는 석공이 오늘 온다고 하니 도착하면 일을 시작할 것이다.

다름이 아니라, 네 식구들이 관사에 입주하는 날은 언제로 할 것이냐? 집안사람 전부 다 아직도 모른다고 하는구나. 또 하인들은 데리고 갈지, 아니면 여기 머물게 할지, 토지 작농을 분배해 주는 일 등을 모두 어떻게 할지 모르겠다고 한다. 정말 그러하냐? 가까운 곳이라 올만 한데도 오랫동안 오지 않으니, 사람들이 물어보는 것이니 그렇지 않다면 괴이할 것도 없다. 농사철이 다가오는데 오고 가는 시기를 알지 못한다면 어찌 때를 놓치는 잘못이 없겠느냐?

추신——배여우가 28일에 내성*에서 돌아와 찾아온다고 한다. 김백순이 와서 임하에서 초헌을 올렸다고 하는데 이곳에 올지는 모르겠다.

*정정랑鄭正郞: 정탁鄭琢(1526~1605)의 직책, 자는 자정子精, 호는 약포藥圃, 퇴계문인.
*내성柰城: 지금의 영월寧越.

書 - 413

1월 25일

봉화로 답한다.

네 편지를 받고, 영천으로 돌아갔다는 소식들을 알았고, 행로에서 보낸 류, 배, 두 사람의 소식도 왔다. 다만 류는 며칠에 여기 도착할는지는 모르겠다. 배*는 오늘 도착할 것 같은데 때는 아직 모르겠고, 만약 지나서 온다면 28일 돌아가는 길에 들를 것이라고 한다. 성주목사*는 내일 안동에서 여기 오기로 정하였다고 한다. 바쁘기가 이와 같으니 고심을 이루 말할 수 없구나.

또 류공*의 생각으론 간절히 구혼하는 것이지만 일은 이미 고치기 어렵게 되었다. 이번에 마주 대하는 것도 매우 어려울 뿐만 아니라, 나중에라도 못마땅하게 여겨 꺼리고 원망함이 없을 수 없으니 어찌했으면 좋겠느냐?

어제 아순이 양모가 아순이 친모에게 언문 편지를 보내서, '성주 목사댁에 혼인하는 일은 뜻에 아주 와 닿지 않으니, 다시 김대 댁에 청혼하고 싶다'고 말했다고 한다. 이는 분명히 고칠 수 없는 것인데, 일에 닥쳐 우왕좌왕하는 바가 이런 식이니 더욱 편치 않구나. 너도 이런 내용을 알고 대처하거라. 『오의』는 받아 두었으니 나중에 보내주마. 이만 줄인다.

추신———관아의 행차는 춘분 전에 있는 것이 마땅한데, 지금까지 정해지지 않은 것은 어째서이냐?. 가까운 곳이니 비록 춘분이 지나더라도 꼭 해가 되는 것은 아닐지 몰라도, 내가 말하는 것은 '법에 따를 것을 말하는 것' 뿐이다.

*유공柳公: 류경심柳景深(1516~1571). 자는 태호太浩, 호는 구촌龜村.
*배삼익裵三益(1534~1588), 퇴계 문인.
*성주목사星州牧使: 柳公과 동일 인물
*김대金䃞: 개성부 우봉현감牛峯縣監을 지냈음.

書 - 414

2월 14일

봉화로 부친다.

어제 적에게서 언문 편지를 받고 영천으로 간 것을 알았다. 다름 아니라, 교 조카의 병이 심해지고 먹지를 못하여 오래도록, 그 일이 엄중하여 임시변통을 따르게 하려고 하였으나, 점차 차도가 있다고 말했기 때문에 실행하지 못했다. 엊그제 수곡에 가서 금 주부의 편지를 받았다. 교가 병들어 저렇게 먹지를 못하니, '비위가 크게 손상되어 별도로 다른 병이 생기면 후회해도 늦을 것 같다고 걱정하면서 집안사람들이 의논하여 자제를 보내서 종권*을 권해야 한다.'고 하였구나.

그러므로 형님과 함께 그러한 뜻이 마땅하다는 내용으로 답장을 썼다. 마침 네가 영천에 간다고 들었으니, 혹 가거나 올 때 들려서 그렇게 하도록 권하는 것이 좋겠다. 건어물 몇 편을 동봉했으니 가지고 가서 우리 문중의 생각을 전하면서 잘 타일렀으면 좋겠구나.

한가지 더는, 이번 일은 어쩔 수 없이 편하게 하려는 데서 나온 것이 아니다. 지난번에 가서 보고 교에게 말했더니, '다섯 손가락이 모두 아픕니다. 지금은 세 손가락은 나았고 두 손가락이 아프지만 점차로 나을 것이니 굳이 오셔서 보지 않으셔도 됩니다.'라고 대답하더구나. 먹고 마시는 것은 어떻게 하는지 말하지 않았다. 그렇다면 금공이 들은 것은 그 전부터 있던 증상인 듯하니 뭔가 다른 점이 있기 때문이다. 네가 가서 병세를 보고, 과연 차도가 있으려면 먹는 것도 점차 조금 더 먹어야 하니 우선은 소식*을 멈추도록 권하고 훗날을 위해 잘 헤아려 처신하라고 하거라. 그렇지 않으면 바로 금공이 편지에서 말한 것처럼 될 것이다. 반드시 권면해야 할 것이다.

추신———위패용 판목은 날짜가 다가오니 빨리 보내는 것이 좋겠다.

재 추신———표석을 다듬어 보니 흠과 갈라진 곳이 너무 많아 쓸 수 없을 듯하다. 오늘 다시 가서 살펴보고 여러 사람에게 쓸 수 있을지 의논해 보니 쓸 수 없다고들 한다. 부득이 돌 일을 그치고 가을까지 기다렸다가 다시 다른 돌을 구해야겠다. 이같이 운이 따르지 않으니 개탄스럽고 괴롭구나.

*종권從權: 임시변통. 이때 교는 거상 중이라 육식을 금하여 영양실조 상태였으므로 소식을 그치고 육식을 허락함.
*소식素食: 생선이나 고기반찬 따위가 없는 간소한 밥.

書 - 415

4월 5일

봉화로 답한다.
　시의적절하게 마침 비가 내리니 반가운 일이다. 다름 아니라, 개인 보관 곡식의 부정을 적발한 일은 어떻게 되었느냐? 창고 봉인은 했느냐? 아니면 봉고 하지 않고 단지 섬 수만 정해서 셌느냐? 근래에 채운경이를 만났더니, '섬 수만 정해서 셌다.'고 하니, 이렇게 된 것이 아니겠느냐? 만약 봉고를 했더라면, 성주가 조금씩이라도 나누어 주지 못하여 마을 사람들을 살리지 못했을 것이다. 어찌 곤란하지 않았겠느냐? 그 관아의 전례와 다른 관아의 예를 알아보는 것도 괜찮을 것이다.
　여종 학덕이에게 3개월밖에 안 된 갓난애를 버리고 서울로 올라가게 했다는 소리를 막 들었다. 이것은 그 갓난애를 죽게 하는 것과 다르지 않고, 차마 할 수 없는 일이다. 우선 올라가는 것을 중지하게 하고, 가을 끝 무렵까지 기다렸다가 올려보낸다면 미음을 먹일 수라도 있으니 갓난애를 살리는 것이 가능하지 않겠느냐? 꼭 올라가게 해야 한다면, 그 갓난애를 데리고 올라가게 하여 두 아이를 겸해서 먹인다면 가능할 수는 있을 것이다. 그러나 어떻게 아이를 버리게 해서 굶어 죽는 지경에 이르게 한단 말이냐? 내가 안도를 만나 의논한 것은 아니지만, 지금 그 일로 복년이가 갔으니 먼저 말하는 것뿐이다.

추신———서울 집에도 젖이 나는 여자 종이 몇 있다고 하니, 서로 구제해 줄 수 있을 것 같다고 한다.

書 - 416

4월 6일

　봉화로 답한다.
　어제 편지를 받고 네 소식을 알았다. 비 온 것이 밭에는 그런대로 충분했으나 논에는 부족하여 조금 아쉽다. 어제 비안*의 아우가 찾아왔었다. 감사가 애초에는 열흘 뒤에 안동쪽으로 순시하러 간다고 하더니, 다시 보름경에 상주에서 나온다는 소리가 들리니, 그렇다면 사직서를 올렸다는 말은 잘못되었을 것이다. 그러나 오는 길에 봉화읍을 거쳐 여기에 들르지 않을 수 없을 텐데, 일에 폐단이 많으니 어찌하겠느냐?
　구황하는 일들은 더욱 힘써서 조치해야 할 것이다. 의령의 편지는 어떤 사람이 가지고 오느냐? 이만 줄인다.

추신———알아봤더니, 이쪽 현의 성주는 개인 보관 곡식을 척간* 했을 경우, 부실한 곡식의 수가 적은 것은 내버려 뒀는데, 부당한 것은 다시 적발하게 했다고 한다.
어제 향교의 성전이 갑자기 무너졌다고 하는데, 어떻게 처리했는지 모르겠구나. 걱정된다.

*비안比安: 경북 의성군 비안면.
*척간擲奸: 잘못하고 부정한 일을 적발함.

書 - 417

4월 10일

봉화로 답한다.

 어제 편지를 받고, 다른 일들은 모두 잘 알았다. 국마*에 관해서는 당초 향소에서 전해온 말로는, '마간이 열악하여 30필을 징납할 수 없으니 민간에서 지정*하고 그 나머지를 마간에서 숫자를 채워 징납한다.'고 했던 일이다. 나도 당연하다고 여기고 있었는데, 얼마 안 되어 현 사람이 올린 단자에, '마간은 우마와 토지가 있는데, 직접 가지 않고 다른 사람이 대신했기에 이런 실수를 불러들였으니 그 죄는 마땅히 다스려야 하거늘, 도리어 민간에게 지정하여 불편하다.'고 했구나. 그 뜻이 마치 내게 허물을 돌리는 것처럼 했다. 향소에서 의논한 것에 따라 초고를 썼는데, 그 사람들 모두 징수하려고 한다는 것으로 채공이 와서 알렸던 일이다. 나는 향소의 의논을 어기고 싶지 않아 순리에 맞게 답했는데, 어찌 저들이 도리어 나를 칭탁하여 관에 고하여 명령을 내게 한단 말인가? 나중에 다시 생각해 보니, 올해 무명이 몹시 귀한데, 그 사람들에게 모두 징수하였으니 일이 생긴 것이 분명하다.

 성주께서 평안치 않아 이미 색리*를 불러서 알렸다고 한다. 마침 박, 채 공 등을 만나보니 민간에게는 반만 징수하게 할 것이라고 한다. 반만 징수하는 까닭은 그 사람의 죄가 중하나 징수하지 않을 수 없기 때문이다.

추신———성주는 또 어떻다고 말하는지 모르겠구나. 보내준 물건은 모두 도착했다. 기제사는 감사댁에서 지내려고 한다. 네가 오지 못하는 것은 사정이 그러하니 어쩌겠느냐?

*국마國馬: 나라에서 특별히 관리하여 기르는 말.
*마간馬干: 관에서 국마를 관리하던 곳.
*지정〔卜定〕: 상급 관아에서 하급 관아에 규정된 공물 외에 그 지방의 토산물을 강제로 바치게 하던 일. 이두표현.
*색리色吏: 감영이나 고을 관아에서 잡무를 맡아보는 아전.

書 - 418

4월 11일

봉화로 답한다.

심부름꾼 편에 보낸 편지를 받고, 제기 잔 여섯 구를 보냈다는 것을 알았다. 이는 진실로 문중 여러분의 뜻이었으나, 나는 우선 기다렸다가 나중에 해도 괜찮다고 했는데 이미 왔으니 여러분들 앞에 말씀드리고 사용하게 되었다. 씁쓸하기도 하고 만족스럽기도 하구나.

다름 아니라, 오늘 교지가 내려왔는데 전에처럼 사직을 윤허하지 않을 뿐만 아니라, 주제넘게 미안한 교시가 너무 많아 황공함을 어찌해야 할지 모르겠다. 바로 사직서장을 써서 돌아가는 관리에게 올리도록 부쳤다. 그 사람이 너의 읍에 들려서 가려고 한다기에 말렸는데 듣지 않을 것 같구나. 이 사람이 오면서 감사의 감영을 거쳐서 왔는데, 감사도 보름쯤에 안동에 오겠다고 하더라는데 맞는 말인지는 모르겠다. 이만 줄인다.

書 - 419

4월 13일

봉화로 답한다.

어제 편지를 받고, 네 안부를 잘 알았다. 병조의 서자*가 적에게, '봉화에는 가지 않고 곧바로 간다.'라고 말했다는데, 결국 곧바로 갔느냐? 불러들이는 교시는 외람된 것이 많고 전에 왔던 교서의 내용과 다르지 않았다. 그러나 지난해의 교시는 그래도 성상의 생각에서 나왔지만, 지금은 성상의 뜻은 거의 없고 오히려 아래 신료들이 지난날의 주장을 고수하는 듯하였다. 과장과 허세의 말단으로 전환 시킬 단서를 만들려고 하니, 어찌 성상께서 도리어 싫증이 나지 않겠는가? 더욱 황공할 따름이다.

자수의 편지에, '경연하는 자리에서 어떤 사람이 살펴서 불러들이도록 여러 차례 아뢴 자가 있었고, 옥당에서도 차자에 이 일을 언급하였습니다.'라고 했는데, 여러 공들은 어찌 내 생각을 이다지도 심하게 하지 않는단 말이냐? 말할 것도 못 된다.

감사께서 네가 있는 고을을 거치지 않고 이 현에서 하루 동안 머물렀으니 극히 불편하구나. 또 내가 감사를 만난다는 것은 여건이 어려울 듯했다만, 매번 사양하기도 곤란하였다. 오게 되었을 때 슬쩍 그 뜻을 전했으나 듣지 않고 오셨으니, 볼 생각을 할 수밖에 없었다. 감사 행차가 홍정*쪽을 거쳤는데, 영천에서 점심은 제공했느냐?

특히 오천에서 잔치하는 날은 사행이 안동에 있어서 기생과 악공이 오지 못할 텐데 어떻게 대처하겠느냐? 형편상 반드시 날짜를 뒤로 미루어야 할 것이다.

*서자書者: 각 역의 벼슬아치 밑에서 서기 따위의 잡일을 하던 사람.
*홍정洪亭: 봉화奉化 내성현奈城縣.

書 - 420

4월 18일

　봉성*에 있는 아들에게 답한다.
　편지를 받고, 아경이가 앓았던 두통이 가볍지 않은 것이지만, 점차 나아지고 있다는 것을 알았다. 놀랍고 반가우면서도 아직은 걱정이 많이 되는구나. 만약 이것이 상한증이라면 바로 낫지는 않을 듯한데, 학질의 증세는 아닌지 모르겠구나. 정기산 일회분, 인삼 강활산 2회분을 보내니, 나아지는 듯하면 정기산은 달여 복용하고 두통이 가시지 않고 남아 있거든 강활산이 적당하므로 보낸 대로 복용하면 좋을 것이다. 이곳은 여전하다.
　감사가 그 현을 경유하지 않은 것은 매우 편치 않은 일이지만 어찌하겠느냐? 보낸 물건은 손님 접대에 쓰거라. 다만 너는 그 지방을 보위하는 사람이라 감사의 명이나 허락 없이는 이곳에 오기가 항상 어려우니, 아주 가까운 곳에 있지만 떨어져 있는 것도 편치 않구나. 또 오천의 축하 잔치에도 참석하지 않을 이유가 없다. 감사도 그 상황을 파악한다면 잘못된 도리가 아니라는 것을 분명히 알 것이다. 나도 마땅히 감사에게 먼저 그런 뜻을 전달할 테니, 너는 내일 일찍 여기로 와있다가 감사의 모임 자리를 지나면서 들어가 알현할지 말지 여부는 상황을 보고 대처해라.
　모레도 일찍 오천으로 가서 감사의 명을 기다렸다가 함께 연회에 참석해도 좋을 것이다. 지나가기를 기다리고 물러나 있으면, 어찌 연회에 참석할 수 있겠느냐?
　예안으로 보낸 도울 물건도 당연한 것이다. 거창의 일을 분천이 안지가 이미 여러 날이다. 연로한 데다 재주가 짧은데 마침 극읍*을 맡아 매번 그 어려움을 감당하려고 생각하다가 결과적으로 이런 지경에 이르렀으니, 내게도 몹시 생색나지 않는 일이다. 바로 내가 많은 훼방을 당하고 있을 때, 이것도 훼방의 한 일단이니, 안타깝구나. 다만 그 탄핵 상소를 늙고 사리에 어두워져 말단 아전에게 맡기다 보니 폐단이 백성에까지 미쳤다고 한다. '탐관오리'라는 말이 없다니 이것만도 다행일 뿐이다. 나머지는 이만 줄인다

추신———어제부터 논농사를 짓는 하인들이 한가롭지 않은 데다가 손님까지 오게 되니, 아경이의 약을 전할 사람을 구하지 못해서 돌아가는 사람 편에 부쳤다. 아마도 늦어질 듯하니 안타깝구나.

*봉성鳳城: 경남 함안군 함안면 봉성동.
*극읍劇邑: 사무가 복잡한 마을.

書 - 421

4월 18일

답장

  거듭 편지를 받고 마음이 놓인다. 아경이의 증세가 학질일 것으로 생각했다가 학질이 아니라는 것을 알고 나니 심히 우려된다. 오기산 한번 복용할 것이 있기에 아침에 돌아가는 사람 편에 부쳤다. 그러나 정기산을 쓰기엔 이미 늦었으니 빨리 안동에 사람을 보내어 소시호탕을 구해서 쓰거라. 또 야간수도 쓰지 않을 수는 없으나 소홀히 쓰지 않도록 해라. 그 병이 이와 같으니 네가 출타하는 것은 매우 적절치 않고 이곳에는 오지 않은 것이 오히려 나을 듯하구나. 오천에는 어째서 가지 않았느냐?
  그 내용은 아침에 돌아가는 사람 편에 보낸 편지에 이미 자세히 말했다. 마땅히 말한 대로 처리하거라 바빠서 이만 줄인다.

추신───소시호탕은 사행하는 편에 구하여 보내려고 하니 오늘은 늦었고 내일 보낼 것이다. 달여 먹는 방법은 자세하게 관아에 지시해 놓으면 될 것이다.
대합 전복은 잘 받았다. 다시 생각해서 감사에게 청하려고 하니, 약을 살펴서 합당한 약을 보내니 증세를 보아가면서 치료하거라.

書 - 422

4월 26일

봉성으로 준에게

아경이의 병이 대략 학질이라고 생각했더니, 의례적인 증세라고 말은 했지만, 상태가 심하여 밥을 먹일 수 없다는 말이 들리니 심히 우려되는구나.

어제 유지가 또 내려와 여전히 올라오기를 재촉하므로 고민을 감당할 수가 없다. 당연히 병 때문에 못 올라간다는 내용으로 사직소를 써서 올릴 것이다. 그러나 내가 지금 다시 올라갈 리는 전혀 없으면서 일의 형세가 이와 같아 마음만 졸여진다. 그 마무리는 큰 견책이 따른 뒤에야 끝날 것이니, 어찌해야 할 것인가?

이만 그쳐야겠구나.

추신———전하의 서장은, '지금 경의 장계를 보건대, 사직의 언사가 준절하고, 기꺼이 올라오지 않으려고 하니, 매우 서운한 마음이다. 경은 이처럼 대하지 말고 빨리 역마를 타고 올라오라'는 내용이었다.

書 - 423

4월 29일

봉화로 답한다.

인편에 보낸 편지를 받고 마음이 조금 놓인다. 다만 아경의 학질이 일반적인 학질과 달라서, 연달아 아프기는 해도 밥을 먹을 수는 있다고 하나 심히 염려된다.

내가 서당에 있을 때, 측간에 자주 가게 되고 때로는 한밤중에 가기도 하는데, 측간에 가기가 힘들어 그저께 저녁 계상 집으로 들어왔다. 지금은 평상으로 회복되었다만, 이미 들어온 데다 제삿날이 가까우니 잠시 여기에 머물려 한다.

가뭄의 재해가 닥쳐서 이루 다 말할 수 없을 정도지만 어찌하겠느냐? 정 사간의 편지는 내가 보낸 편지에 답이 온 것이니 속히 답할 필요는 없으므로 우선 답하지 않았다. 보내준 두 종의 물고기는 받았다. 나머지는 이만 줄인다.

추신——□□ 그쪽에 있는 출입자를 잡는 것은 분명히 백성들에게 폐를 끼치지 않을 수 없다. 비록 폐를 끼치지 않게 한다 해도, 사람들이 알기에 합당하지 않다고 여길 텐데 하필이면 그쪽에서 잡게 하느냐?
계근이는 말은 어떻게 조치했더냐? 그 밖에도 분수에 넘는 일이 있거든 엄히 살펴 다스려야 한다. 거두어들일 수 없으면 내쫓아도 괜찮다.

書 - 424

5월 2일

아들 준에게 답한다.

편지를 받고, 아경이의 그 병증이 아직도 낫지 않았다는 것을 알았다. 몹시 걱정되는구나. 제사 물품은 이미 도착한 것이라 다시 돌려보내기도 편치 못하여 받았다. 다만 고산의 제사는 여기서 지낼 차례이니 4일 아침에 일찍 지낼 계획이다. 더운 시간을 피하려고, 내일 수곡의 제사도 아침 일찍 지낼 것이다. 네가 만약 일찍 서둘러 온다면 참예할 수도 있을 것이다.

특히, 가뭄 피해가 극심하여 비가 왔어도 온 것 같지 않으니, 추수 성과를 기대할 수 없구나. 백성들의 궁곤함이 이토록 심한데, 벼슬아치만 무슨 연유로 홀로 곤궁하지 않으랴. 제사에 쓰는 쌀을 다음 제사부터 보내지 않는 것이 옳을 것이다. 의리상 편치 않으니, 비록 선조를 받드는 일이라 하더라도 억지로 할 수 없기 때문이다.

나머지는 이만 줄인다.

추신———최 경차관이 임금께 올리는 문서를 처결하고 나서 나를 만나러 온다고 하더니, 정 사간만 만나고 그대로 상경했다고 들었다. 분명히 네 고을을 거쳐서 갈 것이다.

書 - 425

5월 14일

　연이어 온 두 통의 편지를 받고 지금에야 아경이의 학질이 나았다는 것을 알았다. 매우 기쁘구나. 나는 도산 서실에 편히 있고 안도와 아이들이 어제 모두 왔다. 안도는 「역학계몽」을 읽고 있고, 아순 등은 앞에 읽었던 『소학』을 다시 익히고 있다.

　적의 처가 죽은 지 두 번째 기일이 다가오는데, 네 고을이 가난한 데다가 이런 흉년을 만나서도 일이 있을 때마다 이러는구나. 비록 네가 마음을 다하고자 해도 예를 끝내 받쳐주지 못하니 어찌하겠는가? 내가 자주 이런 말을 하는 것은 다름아니라, 혹시 나중에라도 네가 고을을 망쳤다는 이름을 갖게 될까 두렵고, 염려할 뿐이다.

　또 민물고기, 은어 등의 물품을 자주 보내는 것도 하인들을 고생시키고 폐가 될까 봐 염려된다. 중도에 맞게 잘 헤아리는 것이 좋겠구나.

書 - 426

5월 19일

　봉화로 답한다.
　나는 다행히 편안하게 잘 있다. 비는 겨우 밭만 적실 정도로 내려서, 논 작물의 해갈에는 턱없이 부족하구나. 지금 조보를 보니 경향 각처에서 가뭄으로 허둥지둥하며 장차 무슨 일이 일어날지 헤아릴 수 없다 하니 어찌한단 말이냐?
　전하의 유지가 또 내려왔으니 너무나 황공하다만 조리하고 오라는 명이 있어서 그나마 크게 다행이다. 또 사람은 보내지 않고 경저*를 통해 부친 것은, 승지들이 나에게 선처해서 이렇게 우선은 마음을 놓게 해주려고 한 것 같은 생각이 든다.
　이국필이 천리 먼길에 하인을 시켜 이황원*을 김이정에게 주어 애써 정제하여 보냈다. 이렇게 수고를 덜게 할 수가 없어서 아쉽구나. 바짝 마르는 증세를 치료할 수 있다니 감사하구나.
　영천의 옥사는 결과가 어떻게 되었느냐? 다른 일은 굳이 말하지 않겠다. 최 경차관은 끝내 만나보지 못했으니 저들이 내 생각을 깨닫지 못하고 분명히 유감이 있을 것이니 안타깝구나.
　안도와 다른 사람들은 『계몽』을 읽는데 뒤떨어질 수가 없어서, 박군과 순도 등을 제사 지내러 보냈다.
　두어가지 생선 보낸것은 알겠다. 이가의 하인에게 양식을 준 것도 알았다만, 이런 일이 계속되다가 공무에 장애가 된다면 어찌하려느냐? 나머지는 아이들에게 말해 두었다.

*경저京邸: 중앙과 지방관청의 연락 사무를 담당했던 향리인 '경저리'가 업무를 보는 곳.
*이국필李國弼: 자는 비언棐彦, 함창현감 역임, 퇴계문인.
*이황원二黃元: 인삼고본환人蔘固本丸의 다른 이름.

書 - 427

5월 26일

봉화로 답한다.

편지를 받고 아경이 아직도 완전이 낫지는 않았다는 것을 알고 매우 근심스러웠다. 또 들으니 창양이 병을 얻은 지 이미 삼일이나 되었다고 하니, 분명히 홍역이 시작되는 것일텐데, 어찌 진행될지 모르겠느냐? 염려에 염려를 더하는구나. 이 곳은 모두 별 일은 없다. 권동미가 조보를 보내 왔다고 한다. 또한 현사람 중에 서울에 올라갔던 자가 일찍이 권공의 편지를 주었는데 답을 하지 못하다가 지금에야 답을 보냈다. 또한 김이정에게도 부득이 일이 있어 편지 한 통을 같이 보냈으니 그에게 삼가 이정에게 전하게 하고 답을 받은 뒤에 함께 알려주어도 될 듯하다. 노루는 여러 제자와 함께 나누어 가지고 참외는 다음 달 13일 제사에 침저(沈菹 김치)를 바치는 일이 있어 형님댁에 보냈다. 호구초본도 보내니 만일 입적한 노비가 더 있으면 편지로 써서 보내면 좋겠다. 관청에서 납부를 독촉하는 것은 늦춰서는 안된다.

書 - 428

6월 3일

아들 준에게 답한다.

편지를 받고, 아경이가 다시 학질로 심하게 앓아 음식을 먹지 못한다는 것을 알았다. 이렇게 오래 앓았다면 분명히 비위가 몹시 약해졌을 텐데, 몹시 걱정되는구나.

또 이 고을 사람이 어제 서울에서 내려와 권계숙*이 안도에게 보내는 편지에, '창양이 귀 뒤에 종기가 생겨, 열이 심하고 몹시 아파한다'고 하는데, 이는 전에 오고 갔던 편지이니 지금은 어떠한지 모르겠구나. 걱정이 겹겹이구나.

보내준 오이, 술, 물고기 등은 잘 받았다. 특히 은어는 그 읍에서 어장을 만들지 않는다고 들었는데, 혹시 나 때문에 힘들게 아래 사람들을 시켜 빈번하게 채근한 것은 아니냐? 옛날에 민중숙*이도 먹는 것 때문에 안읍에다 폐를 끼치지 않았거늘, 내가 하물며 먹는 것 때문에 봉화에 누가 되게 한단 말이냐? 게다가 관에 쓰는 물건이라도 해서는 안 되기에 하는 말이다. 부디 헤아리거라.

---

*권계숙權繼叔: 안도의 장인 권소權紹의 字.
*민중숙閔仲叔: 중국 후한後漢 사람. 민공閔貢의 字. 안읍安邑에 거처할 때, 늙고 병든 데다 집이 가난해서 고기를 사 먹지 못하고 매일 돼지의 간 한 조각만을 사 먹었는데, 푸줏간 주인이 팔려고 하지 않자 이를 안 안읍 현령이 주선해서 매일 사 먹을 수 있도록 했다. 후에 아들을 통해 이 사실을 전해 들은 민중숙이 '내가 어찌 먹는 것 때문에 안읍에다 폐를 끼치겠는가?' 하며 그 고을을 떠났다는 고사.

書 - 429

6월 4일

봉화로 부친다.

　방금 서울서 보낸 편지가 함창에서 왔는데, 창양이가 지난달 23일 세상을 떠났다고 하니 놀랍고 애통함을 무슨 말로 하겠느냐? 전에 종기를 앓는 것이 매우 위중하다고 해서 걱정했다가, 작년 봄에는 생겼던 종기가 나았다고 해서 요행히 소생했다고 생각했다. 그러나 결국 이렇게 되다니, 어찌 세상에 이런 일이 있단 말인가?

　그 어미도 병구완 끝에 몸이 상하고 기가 허해져서 아마도 병이 생겼을 듯하니 더 걱정이 된다. 서울 근처에는 족장*할 곳이 없어서 김이정의 선영에 묻도록 이정이가 동의하였다고 한다. 안도 장인의 편지에도 연민과 슬픔을 가눌 길이 없는 가운데 이정이의 의리가 감동적이라고 했다. 심란하여 한결같지 않구나. 또 유둔*으로 싸서 임시 매장하였다고 하니 훗날 옮길 때 극히 어려울 것이다. 이 참담함을 어찌하면 되겠느냐?

*족장族葬: 가족과 친척의 범위에서 묻는 장지.
*유둔油芚: 질긴 종이를 두껍고 넓게 붙여서 기름을 먹여 물이 배지 않게 한 종이.

書 - 430

6월 5일

답장

창양이의 일은, 어떤 고통이 이보다 크겠느냐? 나머지 일은 진동이 편에 보낸 편지에 다 써 있다.

봉화 사람이 29일 그 집에 고사했다면, 일이 생기고 나서 이미 6, 7일이나 지났는데 편지 한 통의 기별도 없구나. 그 어미가 심한 병을 얻었기 때문이 아니겠느냐? 몹시 걱정되는구나. 또 붓실이를 진작 보냈는데, 여기에서 사람을 보내지 않아 편치 않다는 소리가 들리니 어찌해야 할지를 모르겠구나.

추신———큰댁에서 온 언문편지를 다시 살펴보니, 우선은 모처에 임시로 두고 기다렸는데, 바로 함창으로 내려보낼지야 할지, 아니면 예안으로 내려보낼지 모르겠다고 했구나. 이 또한 어찌해야 하느냐? 붓실이가 그러는데, 가던 길에 큰 종기가 생겨서 힘들게 갔다고 하니 염려스럽다.

書 - 431

6월 14일

봉화로 답한다.

붓실이는 무사히 돌아왔다. 서울에서 보낸 편지에, 일이 모두 참혹하여 차마 들을 수도 말할 수도 없구나. 상세한 아이의 병 상태로 따지면, 의원이나 약으로 치료하여 구하기 어려웠던 것이니 아픔이 극심한들 어찌하겠느냐? 또 유둔으로 싸서 임시 매장하였다니, 나중에 옮겨 이장하기가 매우 어려울 것이다. 더 참혹할 듯하나 어찌하겠느냐? 젖을 가진 여종이 급해서 진실로 부득이하게 다른 일은 생각할 겨를이 없었다만 그 아이는 어떻게 대처하였느냐? 버린 아이는 본래 할 수 없는 일이고, 길 가던 중이라도 젖을 먹이지 않으면 젖줄이 반드시 막힌다고 한다. 이렇다면 아마도 헛되이 돌려보낸 듯하구나. 그렇지만 어찌하겠느냐? 창양이 어미가 심한 충격으로 큰 병이 생긴 듯하니 불쌍한 마음을 이루 말할 수 없구나. 나머지는 이만 줄인다.

書 - 432

6월 15일

봉화로 답한다.

안질 증세는 책을 볼 때 가끔 생기지만 심하지는 않다. 젖을 주러 갔던 여종은 어쩔 수 없는 상황이 되었으니 어린애와 같이 보내거라. 개소 때가 되어 보내온 물건을 여러 사람과 함께 나누었다. 박군과 순도는 지금 집에 있고, 안도와 같이 나왔으니 대략 써서 보낸다.

추신———안도가 내일 올 때, 동쪽 채에 『역계몽』 하권과 『전의』 한 권을 찾아서 가지고 오도록 하고, 또 『상명산법』 두 권도 찾아오면 좋겠다. 다만 어지럽게 섞여 있는 속에서 찾기 어렵거든, 억지로 찾지는 말라고 하거라.

*개소開素: 채식만 하던 사람이 육식을 하기 시작함.

書 - 433

6월 20일

봉화로 답한다.

아경이는 이미 나아서 회복되었으나 앓고 누운 지가 오래되어 기력이 많이 약해졌구나. 걱정이 깊다. 또 돌진이는 종기가 생겨서 영천에 머물고 있다고 들었는데 어떻게 올라갈는지 모르겠구나. 어찌 매사가 이다지도 걸림돌이 많단 말이냐? 내 눈의 증세는 가끔 발병하지만 그리 중한 상태는 아니다. 머지 않아 다 흩어져 떠날 텐데 훈지는 머물겠다고 하여 나도 잠시 머물러 있으려고 한다.

書 - 434

6월 29일

　봉화로 답한다.
　편지를 받고, 역병은 피했으나 제사를 지내기가 어렵다는 것을 알았다. 기왕에 관아에서 행하기가 어렵다면 집에서 지내도 괜찮을 것이다. 다만 제수나 술 등은 모두 미리 조치하지 않았으니, 부득이 전부 관에서 준비해 와야 할 것이다. 네가 너무 불편하지 않겠느냐? 이렇게 하려면 차라리 고산으로 가는 것도 괜찮을 것이니, 두 곳 중에 네가 잘 헤아려서 형편에 맞도록 해라. 만약 고산으로 간다면 내일 중으로 저쪽에 사람을 보내어 승려들에게 알게 해라. 이곳에도 같이 통보하면 안도 등이 문안을 드리러 갈 수 있을 것이다. 침 맞는 일에 대해서는 일찍이 들었다만, 깊이 염려된다. 금응세는 할 수 있다고 하지 않더냐? 돈서가 할 수 있다고 했다는데 기꺼이 가지 않으니 괴이하구나.
　우언, 훈지가 이곳에 왔다가 모레쯤에 돌아간다고 하니, 내가 이 두 사람에게 돈서가 일어나도록 권하게 보낼 생각이다. 쌀에 대해서는 다른 뜻이 있어서 말한 것이 아니다. 내가 편치 않으니 전에 말했던 대로 하거라.

書 - 435

7월 2일

봉화로 부친다.

어제 마침 손님이 와서 말을 다 쓰지 못했다. 그중에, 예중이 만나는 일은 만일 그 생각대로라면 내가 마땅히 온계로 가야 할 것이다. 그러나 이렇게 힘든 무더위에 왕래하기가 몹시 어렵고, 혹 비라도 만난다면 배로 가면서 도롱이를 입어야 하는데 어려운 일이다. 이러한 내용을 오는 길에라도 빨리 알려주어, 그가 더 오지 못하게 하여 피차 폐단을 없애는 것이 지당할 것이다. 네가 자주 오갈 수도 없으니, 다 같이 알게 하여 간곡하게 그만두도록 알려야 온당할 것이다. 서원은 여러 사람이 머물며 강습하는 곳이니, 더욱 이런 번거로운 일을 해서는 안 되기 때문이다. 정사간의 편지에는 나중에 답장을 써서 보내마.

書 - 436

　　　　　　　　　　　　　　　　　　　　7월 7일

　봉화로 답한다.

　관아에도 모두 무사하다는 것을 알았고, 창양이 어미도 몸을 잘 보존하여 지탱한다고 하니 마음이 놓인다. 용궁에 가는 것은 내가 천천히 오라고 말한 것 같은데, 그리 알고 있거라. 지난밤부터 비바람이 크게 쳐서 지금까지도 그치지 않으니, 전에 말했던 오늘 내 행차는 매우 어렵지 않겠느냐? 이는 내가 어려울 것 같은 연유를 미리 알고 말한 것이다. 이런 내용을 용궁에 세세히 말씀드려 이상하게 여기지 않도록 해야 할 것이다. 혹시 용궁이 이곳에 와서 나를 보려고 하는 것은 아니더냐?

　월천은 저번에 배를 타고 가다가, 선체가 부식되어 썩은 배를 타는 바람에 지극히 위태로웠는데, 새 선박을 만들고 있으나 아직 다 마치지 못했다고 한다. 와서 만나는 것도 어려운 행차지만, 억지로 보려고 온다면 지극히 불편한 일이니, 이러한 뜻을 알리는 것이 좋겠다. 서울에서 보낸 편지는 모두 받았고, 정 사간에게 가는 편지도 보내니 전해주거라.

　추신———술과 안주 등의 물건을 보내줘서 받았다.

書 - 437

7월 17일

봉화로 답한다.

연이어 보낸 편지를 모두 받고, 네 소식을 잘 알았다. 다만 며느리의 병이 낫지 않아, 초정 온천에 가는 치료 행차는 부득이한 상황이다. 안도가 당연히 배행해서 가야 하고, 순도 등도 의당 가서 행차를 만나보고 오는 것이 좋을 것이다.

나는 제군들과 『심경』을 마쳤고, 물에 막혀 불편한 일이 많아서 어제 아이들과 모두 집으로 무사히 돌아왔다. 영천, 밀양 등에 관해서는 알겠다. 보내 준 물건은 진작에 받았고, 나머지는 언문편지에 다 말하였다.

추신———한창 이삭이 팰 시기에 연일 찬비가 내리니 걱정이구나. 의령의 문중에 초상이 났다고 하니 그 상도 염려되고, 당연히 보리 소출도 이처럼 흉년들 것을 알겠구나.

書 - 438

7월 20일

답장

편지 내용은 잘 알겠다. 순도는 나중에 가는 것도 괜찮기는 하나, 기왕에 가려고 마음을 정했으니 중간에 그만두려고 하지 않는구나. 나도 이미 허락했으므로 따라가게 해라.

書 - 439

7월 26일

봉화로 부친다.

장마가 너무 심하여 농사에 해가 될까 매우 걱정이다. 순도가 오늘 막 와서, 초정에 간 식구들이 편하다는 소식을 들으니 기쁘구나.

주변 숙소를 사람들이 선점하는 바람에 편안한 거처를 잡지 못했고, 하인들은 비를 피할 곳도 얻지 못했다고 하니 몹시 딱한 일이지만 어찌하겠느냐?

또 네가 마침 외출했을 때 사문*이 왔다고 들었는데, 어찌 처리했는지 모르겠구나. 공무 때문에 외출한 것이니 해될 것은 없으나, 그 죄수들에 관한 업무를 처리하기 어려울 듯하니 심히 염려된다. 『오례의』는 보냈다. 전에 정 사간에게 전하라고 했던 답장은 보냈느냐? 또 조정에서 논쟁하던 일은 어떻게 결정되었느냐? 풍, 영 등에게는 아직 들은 것이 없느냐?

*사문赦文: 나라의 기쁜 일을 맞아 죄수를 석방할 때 임금이 내리던 글.

書 - 440

7월 29일

 봉화로 답한다.
 네 편지를 받아보니, 마침맞게 관아로 돌아와 사차원*을 만날 수 있었다는 것을 알겠구나. 다행이다. 초정에 간 식구들도 무사하다고 하니 다행이다만, 이런 기세로 비가 오니 날씨가 몹시 습한데, 오랜 시간을 그곳에 머무는 것이 걱정된다. 다른 병환이라도 생길까 염려되어 마음이 편치 않으니, 빨리 돌아오는 것이 어떻겠느냐?
 다른 안부 하나는, 엊그제 보냈던 하인 연이가 아직도 돌아오지 않으니 큰물에 떠내려가지는 않았는지 걱정될 뿐이다.
 곡식 손실이 지난해보다 꼭 심하다고는 말할 수 없구나. 여기는 다 무탈하다.
 조보를 아직 보지 못했지만, 사직서에 관한 일은 아직 윤허 받은 상태도, 끝난 것도 아니라서 매우 걱정되고 조심스럽다. 청송 판관의 일은 가련하고 가련하구나.
 밀양이 여기를 지나갈 때는 들어와 보지 않을 리 없고, 나도 오랜만에 벗을 보고 싶었다만, 비 오는 기세가 이같이 멈추지 않는다면 이 계곡의 상류도 예닐곱 번은 넘쳤을 것이니 이미 어려운 일이 되었다. 또 분천도 길이 바뀌어 통하지 못하니 분명히 위쪽으로 돌아 대여섯 번을 건너야 그나마 넓은 언덕이 나오고 매우 험할 테니, 극히 미안한 일이다.
 극도로 지친 말을 타고 사람을 찾아 길을 돌아오는 것은 어려운 일이니, 이를 두고 내가 미안해한다는 것을 알리고, 어떻게 하는지 봐야 할 것이다.

의령의 제수 물품은 의당 보내야 하겠지만, 일찍이 이말의 언문편지를 보니, '생산되는 것도 없는 궁핍한 고을에서 무슨 물건을 보낼 수 있겠느냐?'고 말했던데, 나도 걱정이 많이 되는구나. 교 조카의 병이 다시 도지고, 가볍지 않은 듯하니 걱정이 크다.

어제 보낸 건어물은 형편에 따라 하도록 했는데, 이마저 늦었으니 걱정이 놓이질 않는다.

*사차원赦差員: 다른 곳에 파견된 벼슬아치.

書 - 441

8월 3일

아들 준에게 답한다.

편지를 받고, 모두 잘 알았다. 밀양의 뜻이 이같이 분명하니, 여기서도 대접할 준비를 하고 기다릴 것이다. 비는 갰으나 물이 넘쳐서 물을 건널 때 상당히 어렵지 않겠느냐? 다만 관아에 가까워 일이 많고 시끄러우니 마음속에 항시 우려된다. 손님을 접대하는 일에, 어째서 접대관을 보낸 뒤에 해야 하느냐? 제반 물건들을 보내는 것은 매우 적절치 않은 일이다. 매번 이와 같으니, 내가 너희 고을을 번거롭게 하지 않으려는 본뜻이 무엇이겠느냐? 내가 그냥 건성으로 말하는 것쯤으로 생각하느냐? 옛말에, '매사에 부모님의 말씀을 따른다'는 것을 너는 생각하지 않느냐? 후에 다시 살피거라.

목욕갔던 행차가 돌아오는 날인데, 화창하게 개었으니 아주 기쁜 일이다. 다만 효험이 어떠한지는 모르겠구나. 원천이가 잘못하고도 핑계만 대고 있다는 것을 처음에는 몰랐다가 어제야 들었다. 엄히 훈계하거라.

오늘 저녁에 나아가 명을 맞이하고, 돌아갈 때 여기 들렀다 간다고 했는데, 그렇게 할 수 있을지 모르겠구나. 김해의 청간*은 이미 써서 보냈다.

*청간請簡: 부탁이나 청탁하는 편지.

書 - 442

8월 16일

봉성*으로 답하는 편지

나는 요즘 잘 지낸다. 냉우*가 다시 내려 피해는 이루 말할 수가 없구나. 오늘은 갤 듯하니 그나마 불행 중 다행일 뿐이다. 사행의 선문*이 예안에는 왔다고 한다, 그러나 네가 이 고을까지 가서 명을 맞으라는 지령은 없으니, 네 고을을 가리켜 말한 것이 정말 21일에 있는 것이냐? 그렇다면 22일이 국기일이니, 소공*도 미리 준비해 두거라. 박군이 아직 오지 않았으니 영천으로 간 것이 아니겠느냐?

*봉성鳳城: 奉化봉화.
*냉우冷雨: 차가운 가을 비.
*선문先文: 도착하기 전에 미리 보내는 기별.
*소공素供: 고기 없이 야채만으로 만든 제물.

書 - 443

8월 19일

봉화로 부친다.

　사행의 일들은 어떻게 조치했느냐? 오늘 아침에 들으니, 20일 이 고을에 들어와서 다음날 여기를 방문했다가 관아로 돌아가서 묵고, 22일에 너희 고을로 간다고 했다는구나. 이 고을 관아에 끼친 폐가 적지 않으니 몹시 미안한 생각이 든다. 매사 찬찬히 생각하여 빠뜨리거나 깜빡하고 잊는 일이 없도록 하거라.

書 - 444

8월 24일

아들 준에게 답한다.

지금 편지를 보고 사행은 무사히 방문하고 갔다는 것을 알았다. 잘했다. 제사 때 입는 제복 등의 물건은 속히 바꿔서 준비해야 마땅할 것이다.

아이 운구가 지나는 길에 시제 지내는 산소가 있으니, 그 아비가 그쪽에 가서 기다리며 상을 치르고 있는데 같은 시간에 제사를 지내기는 미안한 일이다. 다만 전례*만 행하는 것이 좋을 듯하다. 다른 손자 아이들은 보내지 않을 테니 그리 알거라. 나머지는 원천이 가지고 가는 편지에 썼다. 다시 일일이 말하지 않는다.

추신———중구는 완의 장모상을 당했고, 빗장*은 일이 있어서 아마 길 떠나는 것을 미룬 것 같다. 다만 각기 어디에서 모여 이야기할지는 이미 회문*하였을 것이다.
어제 김언우를 만났는데 안동부사가 9일에 도산을 지나는데 서로 약속했다고 한다. 만약 이렇게 된다면 나는 집이 아니고 온계에서 만나야 할 텐데, 일의 형편이 어긋나니 아쉽구나.

*전례奠禮: 신위神位 앞에 간단한 음식을 차려 놓고 애도의 뜻을 표하는 것.
*빗장[色掌]: 성균관 유생 자치회인 재회齋會의 임원을 이두식으로 쓴 말.
*회문回文: 여럿이 돌려보도록 쓴 글.

書 - 445

9월 2일

　봉화로 부치는 편지

　어제 훈지가 와서 그러는데, '계집종이 오천에 와서, 네 처*가 유종*으로 며칠 동안 찌르듯이 아프다'고 했단다. 오랫동안 앓던 증세였는데, 혹시 재발했는지 염려되는구나. 저번 달 굉 조카가 왔을 때 말하기를, '그 첩이 앓고 있는 유종은, 집에서 가까운 곳에 새로 생긴 초정 약수를 길어다 그 물을 갈아 가면서 종기 난 부위를 여러 날 담그게 했더니 종기 안쪽부위가 핵처럼 굳어지더니 점차로 사라졌다'고 한다. 또 부었던 부위는 작은 혹처럼 되더니 딱지가 떨어지면서 나왔다.'고 한다. 멀어서 물을 가져오기가 쉽지는 않겠지만 서너 차례 시험 삼아 치료해 보는 것이 어떠하냐? 다만 대충 취해오라고 하면, 다른 물을 속여서 가져오는 일도 없지 않을 듯하니 그 폐단만 막으면 좋을 것이다.

　농사는 아예 희망이 없다. 오늘 또 이른 서리가 내렸고, 보리조차 영글지 않으니 어이하면 좋겠는가? 안도의 아이는 오늘 매장하니, 그 요절이 참담하고 슬프구나. 생각하니, 하인 한 사람을 보내서 그 애가 들어갈 땅을 보고 오게 했어야 마음이 편했을 텐데, 지금 후회한 들 어찌하겠느냐?

*처妻: 원본에는 제娣로 되어 있으나, 화자話者인 금응훈의 누나는 준의 처 봉화금씨다.
*유종乳腫: 젖이 곪아 생기는 종기.

書 - 446

9월 2일

봉화로 답장을 부친다.

아침에 보냈던 사람이 가지고 온 편지를 지금 보았다. 찌를 듯한 통증이 그치지 않는다고 하니 심히 걱정되는구나. 통증이 외부로 드러나는 것이 그나마 나을 것이다. 자꾸 도지는 통증이 걱정되지만 무슨 방법으로 치료해야 할지 모르겠구나.

조보에 언급했던 시험은 볼 만 했느냐? 함창*의 오늘 일은 차마 입으로 말할 수 없구나. 뜻밖에도 영천 군수가 온다고 하니 일일이 다 말할 수 없고, 언문 편지도 손님을 맞느라 바빠서 답장을 쓰지 못했으니 이해해주기 바란다. 송이와 수박은 받아서 손님 접대하였다.

추신―――9일 양평*근처에서 만나 이야기하려고 하는데, 너도 일이 없거든 오고 만일 관아에 일이 있으면 굳이 올 필요는 없다.

*양평羊坪: 상계上溪. 良坪·陽坪(양평)이라고도 함.
*함창咸昌: 현재 경북 상주시 함창읍. 그러나 안도의 처가는 함창읍이 아닌, 상주시 공검恭儉면 楊亭里였음.

書 - 447

9월 6일

봉화로 부치는 편지

요즘 네 처의 증세는 어떠하냐? 만약 통증이 없어지지 않았다면, 차라리 밖으로 고름이 빨리 나오게 하는 것이 나을 것이다. 유종*의 고름 상태는 어떻고, 통증의 정도는 어떠하냐? 걱정 근심을 이루 견딜 수 없구나. 그러나 마음 쓰는 것이 너무 지나치면 몹시 해로우니 편안히 풀어주도록 힘쓰고, 마음 쓰이지 않게 하는 것이 좋을 것이다.

이 참봉이 소실의 집 짓는 일로 사곡*에 간다고 들었다. 꼭 치료 약에 대해서 상세히 물어보거라. 또 빙 조카가, '대부분 유종은 불침으로 고름을 터뜨려야 빨리 낫는다.'고 했지만, 만일 고름이 만들어지지 않았는데 침을 놓으면 빨리 낫지 않을 것이다. 반드시 이러한 뜻을 알고, 널리 물어봐서 조심하여 치료해야 한다.

안도는 아직 오지 않았느냐? 순도도 가서 문안하려고 하나, 내 생각에는 네가 여기오면 가부를 얻고 가야 옳을 것이다. 그래서 그치게 하고 우선은 보내지 않았다. 또 혹여라도 네가 못 올까 염려되어 다 말했을 뿐이다.

*사곡土谷: 경남 진주.

書 - 448

9월 19일

봉화로 답한다.

편지를 받고, 네 처의 통증이 더 심하다는 것을 알았지만, 그 이후에 지금은 어떠하냐? 지극히 걱정되는구나.

풍기에 사람을 보낼 때, 석수를 구해 만나서 공사 기간을 알아보고, 박려에게 몽동*도 함께 구하도록 하고 있느냐? 몽동을 구하는 편지는 오늘 연수가 가는 편에 나도 편지를 보냈다만, 허락할는지 여부는 모르겠다. 나머지는 붓실이에게 말해 놓았다.

추신―――쇠 대못 만드는 일을 소홀하지 말아라. 다음 달 초닷새 날에 산소의 석물 공사를 할 생각이다. 꼭 협철*도 같이 만들어야 할 것이다.

*협철夾鐵: 석물을 끼워 고정하는 꺽쇠.
*몽동蒙同: 돌을 다듬을 때(治石用) 쓰는 둥근 쇠자루.

書 - 449

9월 22일

봉화로 보내는 답장

편지를 받고, 네 처의 현재 상태를 알았다. 안에 맺힌 고름이 확실하지 않으니 살펴보고 난 후에 침을 놓거나 약을 써서 치료하는 것이 마땅하기에 안도를 보냈었다. 더 통증이 없는데 안에 고름이 있다면 다행이라고 할 수 있다.

일꾼 백명을 얻어 초이튿날 공사를 하러 간다고 한다. 번갈아 공사에 투입하면 부족하지 않을 듯하니 흡족하구나. 석공 등의 일은 모두 잘 알았다. 나머지는 안도에게 다 말해 두었다.

書 - 450

9월 29일

답장

27일 자 편지를 받고 증세가 더하지도 덜하지도 않다는 것을 알았지만, 걱정이 놓이지 않는다. 노계상이 와서 문진하고 침을 놨느냐? 어떻게 하기로 정했느냐? 안동에 가서 의원도 왕진을 청했느냐? 만약 모두 침을 놔야 한다고 하면 언제 누가 놓을 것이냐? 금수억은 족친의 한사람이니 그에게 침을 놓게 할 것이냐? 또 반드시 서울의 노 의원과 잘 의논하여 충분히 살펴 처리해야 할 것이다. 침을 놓아 만일 고름이 나온다면 독이 빠지는 것이니 얼마나 다행이겠느냐? 아직은 어찌 될지 모르니 심히 걱정되는구나. 안도의 처는 너무 고집을 부려서 병이 저렇게까지 이르게 되었으니, 걱정이 끝이 없다. 애 어미의 병에 차도가 있게 되거든 바로 올라와 봤으면 좋겠다.

석물 공사는 영천의 석공이 구한 돌을 반드시 연구지에게 알리라고 역정을 냈다. 그 돌은 쓸 수가 없어 다른 돌을 찾아야 하지만, 일을 전담하기에는 그 일이 어렵다고 하므로 이 석공은 시킬 수가 없겠다.

어제 안동부사에게 사람을 보내서 연구지가 관내에 있는지를 물었더니, 시월 초하루는 주색하는 것을 용납하도록 정했다고 하고, 이미 번에 들었으니 다른 사람으로 번을 바꾸는 것이 어렵다고 한다. 이것도 걱정이구나. 빙이 오늘내일 새에 꼭 올 것이니 오거든 그 돌을 쓸 수 있는지 자세히 물어보겠다. 그리고 다시 안동에 물어서 만약 연구지 석공으로 바꿀 수 없다면 예천 등지에서 다른 석공을 구해야겠다. 일이 이렇게 되면 초닷새 날에 석공사를 시작할 수 없을 것이고, 일정이 많이 어긋나니 걱정이 크구나. 몽동을 구하는 것을 잊지 말거라. 나는 오늘 계상으로 들어가련다.

추신———박려가 딸을 낳았다고 하니 매우 기쁘구나. 아들을 얻지는 못했다고 어찌 아쉽겠느냐?

書 - 451

10월 8일

봉화로 부친다.

요즘 네 처의 증세는 어떠하냐? 전에는 통증이 더하다고 말한 것 같은데, 그것은 분명히 고름이 만들어지느라고 그랬을 것이다. 그러나 몹시 염려스럽구나. 손님이 가고 나거든 빨리 의원을 불러들여 침과 약을 써야 할 것이다.

다름 아니라, 연구지를 기다렸다가 돌을 뜨려고 했더니 너무 늦는구나. 또 영천에서도 돌을 뜨려고 한다는데, 아마 전에 구했던 돌을 먼저 택해야 할 듯하고 다른 돌을 구하기는 지극히 어렵구나. 또 빙이 예천에서 돌아올 때 영천에 들러 황씨 집 하인 석공에게 물어보니, 전에 취한 돌도 괜찮다며 이제 일하러 갈 때를 기다린다고 하더란다. 그래서 이 석공을 쓸 생각이다. 15일에는 바로 공사를 시작해야 하니 공사 날짜가 되기 전에 풍기에 통보하여 감독관이 일꾼들을 데리고 일하러 오게 하면, 금명 간에 심부름꾼을 네게 보내서 알려주겠다. 풍기에는 그 현 사람을 시켜야 할 것이다.

또 돌을 뜨는 일의 곡절을 자세히 물어보니, 내가 뜨게 한 돌은 대엿새면 끝날 것이다. 네가 만약 돌을 떠서 취할 생각이면, 그 뒤에 이어서 하도록 해라. 제공 해줘야 할 제반 일들은 어떻게 조치했느냐? 석공에게 술을 제공하는 것은 미리 조처하여 결정하지 않으면 안 된다. 다른 일도 마찬가지로 미리 정해야 할 것이다. 대장장이가 오는 것도 필요하다고 한다. 네 고을의 대장장이를 보내는 것이 마땅할 것 같은데 어떠하냐? 만약 그게 어렵다면 의령에서 대장장이를 보내려고 하는데, 가부를 알려주면 좋겠구나.

    지금 손님을 만나려고 도산으로 나왔다. 붓이 얼어서 이만 줄인다. 나머지는 내일모레 심부름꾼에게 자세히 알려 보내겠다.

추신――일꾼 100명이 2일에 일하러 온다고 한다. 이는 다른 일처럼 한 번에 마칠 일이 아니니, 사람이 많이 필요할 때도 있고 적게 필요할 때도 있어서, 각각의 사람마다 불과 이틀 일거리를 넘지 않을 것이다. 그러나 일꾼 도색이 일을 마칠 때까지로 기한을 정하면 분명히 오래 머물러야 하니 이런 내용을 풍기 군수에게 편지로 보내는 것이 좋지 않겠느냐? 또 석재 운반에 관한 조회를 내게 하는 일로, 감사에게 편지를 써 보내려고 하니, 그 읍에서 감사에게 가는 사람이 있으면 와서 편지를 받아가게 시키거라. 만약 없다면 이 현에서 돌아가는 사람을 찾아볼 것이다.

書 - 452

10월 10일

봉화로 다시 부친다.

전에 보낸 편지는 보았느냐? 어사는 무엇 때문에 방문한 것이냐? 별일 없는지 알 수 없으니 걱정되는구나. 네 처의 증세는 요 며칠간 어떠하냐? 아직 고름이 만들어졌는지 분명하게 모르느냐? 의원을 불러들이는 것은 늦어서는 안 된다.

돌을 뜨는 일에 대해서는 15일에 일을 시작할 계획이었는데, 하인 연수와 이운이 12일에 철물 등 제연*을 가지고 초곡으로 가서 묵으면서 방아도 찧기로 했다. 그곳 하인에게 주어 석물공사 하는 곳에 가져가게 하려고 한다. 14일 제반 정비작업을 하고 15일 석공사를 시작하도록 석수에게 거듭 시기를 알리고 박군이 불렀다. 너희 고을에서 야장으로 갈 사람이 있겠느냐? 부르기 어려운 상황이면 이곳 야장이 당연히 갈 것이니 가부를 알려다오.

풍기의 일꾼 도색에게는 어쩔 수 없이 사람을 시켜 알게 하려고, 내일 그자를 만나보게 했다. 일 시작하기 전 14일에 아침 일찍 공사장으로 와서 설명을 듣고, 15일에 일찍 일꾼을 데리고 일에 들어갈 것이니, 정녕코 경계하도록 알려줘야 할 것이다. 또 그 사람이 가는 13일, 석수를 만나보고, 곧장 공사장으로 가도록 굳게 약속하고 가는 것이 좋을 것이다.

쇠 대못과 협철 등은 진작에 만들어 놓았느냐? 이곳에 옮겨야 할 잡다한 물건이 매우 많으니 그 못은 곧장 초곡으로 보내어 노비들이 함께 가지고 오게 하고 같이 가지고 오기가 무거우면 그냥 공사장으로 보내도 좋을 것이다. 대 못 십여 개는 아울러 빙의 것이니 세 개만 있어도 쓰기에 충분할 것이다. 네가 돌을 뜨려고 하면 이 일이 끝나고 이어서 해야 할 것이다. 이 일은 5, 6일을 넘지 않고 마칠 수 있으니 그 뒤의 제반 일들은 미리 조치해 두면 좋을 것이다.

조카 신홍조 처의 병은 어떠한지 모르겠구나. 굉이 서울에 올라간다고 해서 건 조카가 가서 공사 시작하는 것을 보고 왔는데, 큰 석물을 마치고 나면 도리없이 적에게 감독하게 해야 하지 않겠느냐? 이 아이는 일에 밝지 않으니 석물의 품목별로 제대로 일을 해내기 어려울 텐데, 어찌하면 좋을지 모르겠구나. 또 네 것과 두 가지 돌 중에 하나만 홀석*이어도 되고 모두 홀석이라도 무방할 것이다. 연잎 모양으로 만들더라도 높고 크게 하지 않아도 된다. 나머지는 네가 오면, 만나서 이야기하자.

*제연諸緣: 여러 가지 부속.
*홀석笏石: 묘의 양옆에 세우는 석상으로 도포를 입고 머리에는 복두幞頭나 관을 쓰고 손에는 홀笏을 든 공복公服 차림을 하고 있으므로 홀석, 또는 문인석이라고 한다.

書 - 453

10월 13일

봉화로 답한다.

어제 받은 편지를 보고, 아직 고름이 없어지지도 않고 침도 놓지 않았다는 것을 알았다. 심려만 겹겹이 쌓이는구나. 그나마 의원이 치료할 수 있다고 했다니 얼마나 다행이냐? 조심해서 그의 말을 따르고 고름이 생기도록 기다렸다가 침을 놓는 것이 마땅할 것이다.

어사를 무사히 들여보냈다 하니 기쁜 소식이구나. 어제 돌 뜨는 곳으로 하인 두 명을 보냈다. 굉이 거기에 머물면서 모든 일을 감독하고 있으니 잘 마무리 할 것으로 보인다. 만들어 놓은 못과 야공을 15일까지 늦게 않게 보내주면 아주 좋겠구나. 감사에게 보내는 편지는 우리 현 사람에게 주어서 이미 보냈다.

침향과 송이는 제사에 잘 쓰겠다. 나머지는 이만 줄인다.

추신———기제사는 별 탈 없이 지냈다. 너희 부자가 참석하지 못한 것은 형편상 그리된 것이니 어쩌겠느냐? 네 처의 증세에 고름이 맺혔다고 했는데, 지금은 어떠하냐? 홍조에게서 편지가 왔는데, 그 사람 처의 병은 살아날 방도가 있을 것 같다고 하니 기쁜 일이다. 석공사를 하면서 난이도를 가리지 못하면 어찌하려느냐? 걱정뿐이구나.

다름 아니라, 조카가 일이 있어서 용궁 등지에 갔다가 돌아가는 길에 수곡에 가서 말하기를, '용궁현감은 정사를 보면서 너무 유약하고 성글어서 조금도 어려움성이 없고, 아랫사람들이 따르지도 않으니 일마다 엉성해져 염려된다.'고 하더란다. 또, '봉화현은 이런 식의 폐단은 없는데, 혹 말하는 사람들은 있더라.'고 하더란다. 이는 분명히 들은 게 있어서 그럴 것이다. 다시 경계하고 살펴서 생각을 꼭 고치도록 해라. 홍조와 박려 등에게는 편지를 보냈다.

재 추신———여종 은비가 닷새날부터 흉복통이 생겨, 발작하면 바로 기절했다가 한참 있다가 깨어나곤 했다. 하루에 네댓 번씩 빈번하여 관을 짜 놓고 기다릴 정도였는데 어제부터 조금씩 살아났다고 한다. 하인 연수도 처음에 흉복통이 있었는데 지금은 복통만 있다가 없다가 하지만 몹시 고통스러워했다. 찌르는 듯한 통증이 있다고 한 것이 4, 5일이나 되었는데 낫는 기세는 보이지 않는구나. 양대의 여종도 여러 증세로 병이 생겨, 머리가 아프고 배도 아파서 전혀 밥을 먹지 못해, 생사를 알기 어렵다고 한다. 운동이는 도망간 지 오래된 상태인데, 마을의 역병 등으로 내버려 두고 다스리지 않았더니 지난달부터 돌아오지 않는구나. 잠깐 사이에 일이 이와 같으니 몹시 괴이하고 언짢구나. 운동이 놈의 못된 행실은 괘씸하지만, 이상한 점은 옷과 양식을 다 가져가지 않은 것을 보아 도망간 것도 아닌 것 같다. 끝내 돌아오지 않고 있어, 생각해보면 다른 이유가 있는 듯하구나. 가까운 시일 내로 봉화에서 추심 하는 것이 마땅하다는 내용으로 16일에 편지를 보냈다.

書 - 454

10월 19일

봉화로 답한다.

원천이와 진동이가 이어서 왔다. 너와 굉 등이 편지에서 말한 것을 모두 잘 알았다. 다만 원천이는 '내일모레 사이에 침을 놓을 것이다' 했고, 너희들이 쓴 편지에는 '빨리 침을 놓아서는 안 된다'고 했는데 어째서 다른 것이냐?

판관이 쓴 약은 고름이 쉽게 맺는 약이었다고 하는데, 지금까지 이렇게 빨리 고름이 맺혀지지 않는 것은 어째서이냐? 또 팔뚝에 생긴 종기가 찌르듯이 아프다고 하는 것도 심히 걱정되는구나.

돌을 뜬 데서 실어나르는 것은 더디지 않은데, 16일까지 도착하지 못한다고 하니 아마도 식량이 떨어져서 그런 것 아닌가 염려된다. 또 일꾼들이 오지 않아서 석수는 이미 3일 전날 아침에 왔는데도 아직 공사를 시작하지 못했다고 한다. 만약 앞으로도 매번 이런 식이라면 어떻게 공사를 할 수 있겠느냐? 지금은 어떻게 하고 있는지 모르니 답답하구나. 적이 오늘 출발했으니 내일이면 그곳에 도착할 것이다. 그곳에 양식이 남았다면 쓰고 남은 쌀로 충당하라고 시켜 보내기는 했으나 남은 것이 얼마나 되는지 모르겠다. 숯도 부족할 것 같다고 하니 다시 물어서, 계속 이어 대주는 것이 좋을 것이다. 또 표석의 크기는 돈이가 갔을 때 적에게 자세히 알려주거라. 나머지는 이만 줄인다.

추신―――석수와 야장은 세끼를 주고 도색은 두 끼를 주었으니, 전후를 다르게 할 수 없기에 말해 준다. 영천에서 타작한 내용을 봉해서 보냈는데,

흉년이 이 지경까지 이르다니 말로 다 할 수가 없구나. 그리고 이곳 소출이 평년의 반도 안 되니 그곳에 조금밖에는 줄 수가 없다. 예천에 왕래하는 □□□ 마필로 두 섬은 이미 싣고 왔다. 이제 또 열섬을 가져다 쓸 다음 계획은 남겨놔도 될 것이다.

書 - 455

10월 23일

봉화 관아로 답한다.

어제 온 편지를 보고, 침놓은 곳이 조금 나아졌다는 것을 알았다. 그 뒤로는 어떠하냐? 그 종기 난 부위는 비록 고름이 생성되는 약을 썼다고 해도 오랫동안 고름이 생성되지 않으면 종기가 돌출되어 나올 수 없고, 안에 종기 뿌리가 없어서 끝내 고름이 나오지 않는 증상이 이와 같지 않겠느냐? 몹시 염려되는구나.

굉의 편지에, 이미 품질 좋고 큰 돌 두개를 구해 놓았다고 하니, 매우 기쁘다. 그래서 한필이와 적이 사람을 데리고 갔는데, 어제 아무도 오지 않았으니 무슨 까닭이 있는지 모르겠구나. 돈이가 늦게 가서 교대해 주지 못해서 그런 것은 아니겠느냐?

신홍조*의 아내 병이 아직도 위중하다고 들었다. 또 전에 했던 송척*이 다시 소송을 일으켜, 의성에서 송사로 막 엮이어, 따로 다른 근심이 되었다고 한다. 거듭된 재앙이니 매우 우려되는구나.

추신―――마을 유사인 완과 순승이, 이번 달 그믐에 있는 추강*이 뒤로 미뤄졌다며 집에 알려왔다고 한다. 만약 일이 있다면 굳이 집에 올 필요가 없다. 탈장*이 없을 수 없으니 알려주는 것이다.

*신홍조申弘祚: 자는 이경, 신담에게 출가한 퇴계의 누님 아들.
*송척訟隻: 소송의 상대자.
*추강秋講: 춘추강春秋講 중에서 가을에 있는 강.
*탈장頉狀: 뜻밖에 일어난 사고나 변고의 내용을 임금에게 상주上奏하는 보고.

書 - 456

10월 29일

봉화에 보낸다.

어제는 내방 한 손님들로 번거로웠고, 날이 늦어서 제반 일들을 제대로 상의하지 못한 것이 아쉽다. 며칠간 네 처의 증세는 어떠하냐? 아직도 침을 놓지 않았느냐? 현의 아전 억명이 편에 전해온 서울 편지에도 위중한 증세는 아니라고 모두 말했지만, 어찌 믿을 수 있겠느냐? 서울에서 온 편지와 조보를 동봉하여 보낸다.

올린 전장*에 대해서는 단지 제조*의 직책만을 바꾸도록 허락하고 나머지 요청은 윤허를 받지 못했으니 걱정이다. 그런데도 유지가 오래도록 내려오지 않으니 무슨 이유인지 모르겠구나.

계근이는 돌아왔느냐? 석물 공사는 언제 마치고 올 수 있겠느냐? 현 사람은 보냈느냐? 오늘 굉의 편지를 받아보니, 전에 구했다던 돌의 품질이 별로 좋지 않은 듯하더구나. 다시 좋은 돌을 구할 수 있을지 확신할 수 없으니, 끝내 어찌 될지 모르겠다. 참으로 한스럽구나. 나머지는 이만 줄인다.

추신———적에게 언문 편지를 보내니 만일 가는 사람이 있거든 부쳐주고 가는 사람이 없거든 굳이 보내지 않아도 된다. 석수의 공임은 각각 한 섬 네 필이라고 하는데, 돌이 작고 좋지 않은 것까지 모두 네 필씩을 어찌 줄 수 있겠느냐? 알고 헤아려서 처리하거라.
남원이 어제 지나가다가 또 찾아와서 지난 밤은 언우의 집에서 묵었다. 성주목사 사행이 안동부에 들어왔는데, 안동부의 사고*에 살필 일이 있어서 서울의 관리가 내려오는 바람에, 오천에서 치달아 곧바로 내려갔다고 한다. 축하연도 뒤로 미루어 행한다고 한다.

*전장箋狀: 간단한 양식으로 올린 사직서.
*제조提調: 겸직으로 지휘하거나 총괄하던 종일품, 종이품의 관직.
*사고史庫: 국가적으로 중요한 서적, 문서를 보관하는 창고.

書 - 457

11월 1일

봉화로 답한다.

편지를 보고, 또 순도에게도 물어보았다. 네 처의 증세가 이처럼 심각하게 위중하다니 끝없이 염려스럽구나. 손과 팔뚝의 두세 곳에 놓은 침은 그 독을 터뜨려 빼내려는 것 같은데 도리어 통증이 더 심하다니 괴이하구나. 어제 침 맞은 뒤로는 통증이 어떤지 궁금하구나. 해당 부위에는 아직 침을 놓지 않았느냐? 해당 부위는 바로 종기의 근본 뿌리이니, 근본을 치료하지 않고 겉만 치료한다면 안 되는 것이 아니냐? 그러나 이 문제는 가벼이 의론할 것이 아니고, 다만 내 생각이 그렇다고 말하는 것뿐이다. 진실로 의원이 하는 말을 한번 들어봐야 옳을 것이다.

석물 공사는 28일 다 마치고 나서 해산했고, 적이 어제쯤 왔어야 했는데 아직 오지 않아서 걱정하고 있다. 동회*는 일이 있어 어제 열지 못하고, 초아흐레 날 뒤로 미루려고 한다. 내가 다시 생각해보니, 완 조카는 시제를 동지인 15일에 지내려고 하는데 이날은 국기일이다. 14일은 인일*이고, 12, 3일은 대죽의 외조부 기일이다.

그사이 비어 있는 날은 9, 10, 11, 3일뿐이니, 어쩔 수 없이 먼저 제사를 지낸 뒤에 동회를 열어야 하겠다. 어제 완에게 알렸으나, 아직 미루는 날을 언제로 정할지 모르겠다.

네 서모는 뜻하지 않게 인후통이 생겨서, 엊그제 빙 조카가 왔었다. 단지 백회혈*과 양손에 침을 놓았더니 조금 나아졌으나 다시 지난밤부터 통증이 재발했다. 하는 수 없이 해당 부위에 다시 침을 놓을 것이라고 한다. 이 부위는 침을 놓기가 어려운 곳이라 걱정이다.

추신———돌을 나르는 관련자들은 이미 와있다. 기다렸다가 적이 돌아오면 예천, 안동, 우리 현 등의 관아에 관자*를 보내어, 큰 돌만 실어 올 생각이다. 작은 돌 두 개는 네가 나중에 실어 오려고 했기 때문이다만, 이처럼 날이 추워지니 걱정이구나.

*동회洞會: 고을의 각 호 양반들이 모여 마을일을 상의하는 모임.
*인일寅日: 일진日辰의 지지地支가 인寅인 날.
*백회혈百會穴: 백가지 경락이 교차한다는 안면 부위의 혈자리.
*관자關子: 상급 관청에서 하급 관청에 보내는 공문서.

書 - 458

11월 3일

봉화로 답한다.

순도에게서 소식이 오기를, 애 어미의 종기 증세는 팔뚝이 마비되고 통증이 더욱 극심하다고 하였기에 몹시 걱정하고 있다. 그날 침을 놓은 뒤로는 어찌 되었는지 모르겠구나. 사람을 보내 알아보려고 했으나, 하인들이 갔다 오는 것은 아주 번거롭게 여겨서 우선은 하지 않았다. 보낸 편지에, 침을 놓은 뒤로 조금 통증이 줄었다가 다시 재발했으나, 점차 나아질 가망이 있다고 하니 그나마 마음이 놓이고 위로된다. 이런 증세로 보아 어쩔 수 없이 침을 더 놓아 독을 빼야 치료될 것 같다. 고름이 없어질 때를 기다리기가 어렵기 때문이다.

네 서모는 침을 맞은 뒤 조금 차도가 있더니 금방 재발하여 밤새 두통과 인후통을 겹쳐서 앓았다. 다시 침을 놓으려고 했을 때, 슬그머니 통증이 사라졌다고 하더구나. 분명히 앞에 맞았던 침으로 인해 독이 빠졌기 때문에, 남은 독이 비록 재발해도 저절로 평상을 회복한 것이니 참 다행이다. 어제 네 처의 종기 부위에 다시 침을 놓았다고 하는데 어떠하냐?

시제는 초아흐레로 정했으니, 동회는 응당 10일이나 11일로 정해질 것이다. 초닷새 날 여종 막덕이를 보내 다시 통보할 생각이다. 적도 어제 왔지만, 초엿새 날에도 마땅히 갈 것이니, 석물 공사와 제반 일들을 상세히 알려 보내거라. 석공이 공임을 받으러 그곳에 갔다고 들었다. 막덕이 갈 때 무명 4필을 보낼 테니 지급하면 될 것이다.

추신―――금린어가 와서 받았다.

書 - 459

11월 5일

봉화로 부친다.
　요 며칠 사이 증세는 어떠한지 궁금하구나. 침은 몇 번이나 놓았는지 자세히 알려주면 좋겠다. 오늘 적과 늙은 하인은 의당 보냈고, 한석이는 봉화에서 돌아온 뒤에 병이 들어 앓아누웠다. 어제 처음으로 홍역이 온 몸에 번진 것을 보았는데, 어디서 옮겨 온 것인지를 모르겠구나. 상계의 한두 집에서 돈다고 하니 이에 보내기가 어려워 어쩔 수 없이 가지 못하게 했다. 혹시 이로부터 널리 퍼지면 매사에 장애가 많을 것이 염려되니 어찌하겠느냐?
　석재 운반에 관한 조회를 가까운 각 관아에 부치려고 하는데, 석수는 제 때에 와서 만났느냐? 적이 어제 연곡에 갔다 왔는데, 영 등이 말하기를, '내가 산 돌은 석공 자신이 대충 다듬은 것이라 오히려 6필은 지급했으나, 지금은 돌 구하기가 아주 쉬우니 돌마다 4필을 주는 것은 지나치다.'고 했다는데, 이 말이 맞는 듯하다. 내가 구한 큰 돌은 4필을 주고, 네가 구한 돌은 3개 합쳐 10필 내지는 11필 주는 것이 어떠하냐? 적이 그 쪽에 있을 때 쌀 6말, 콩 한 말을 석공에게 지급했다. 이것은 큰 돌 가격이니 한 필은 빼고 계산하고, 나머지 말은 작은 돌 값으로 계산해서 주면 된다.
　앞서 말한 무명 2필은 역병이 꺼려서 보낼 수 없으니, 마땅히 그 집에 곧바로 보내고 또 한 필은 조석*에 해당하니 초곡에 지급하거라. 석공이 온다면 자세히 알려줘야 한다.

추신———아이들이 관아에 가지 않는 것이 한두번이 아닌데, 다른 사람을 왕래시키며 소식을 전하게 하기에는 마음이 놓이지 않을 것 같고, 소통을 안하는 것도 상황이 어려울 듯하니, 가부를 어찌해야 할지 모르겠구나.

*조석租石: 돌에 매긴 세금.

書 - 460

11월 6일

봉화로 답한다.

편지를 받고, 네 처의 증세가 조금씩 차도가 있고, 종기 부위도 줄어들었다는 것을 알았다. 무엇이 이보다 더 기쁘겠느냐? 해당 부위에 침을 놓은 후에는 또 어떠하냐? 용궁에서 쌀과 베를 글쎄, 얼마쯤 보냈느냐? 보낸 양을 천천히 헤아려 보고, 큰 돌 값 한두 필을 계산하고 남는 것이 있으면, 작은 돌값으로 계산해서 지급할 생각이다.

나머지는 어제 중년이 편에 보낸 편지에 적었다. 오늘 감사 댁에서 온다고 한다. 붓이 얼어 이만 줄인다.

書 - 461

11월 12일

봉화로 답한다.

어제 돌아온 복년이 편에 편지를 받고, 통증과 마비 증세가 재발했다는 것을 알았다. 깊이 염려되고 의아스럽구나. 지금도 아직 낫지 않았느냐? 환부에 침을 놓을 때는 함부로 해서는 안 된다고 대부분 말들을 한다. 우선 네 방만 놓고, 환부에는 침을 놓지 말았다가 놓을 수 있을 때를 기다리는 것이 어떠하겠느냐?

이곳은 한석이가 병이 나은 뒤에도 내리 두세 명이 더 걸리고 병세가 만연한 상태라서 매사에 지장이 많다. 크게 염려할 일이다.

석재운반하는 관문을 보낸 지 여러 날 되었고, 석재 운반을 감독할 문중 자제들에게 연락하는 것은 내일 충 조카가 가는 길에 할 생각이다만, 가면서 송여능 등이 일이 많다 보니 계획대로 못할 듯하니 걱정이다.

또 석수공임에 대해서 충 등은, '돌마다 각각 무명 4필은 지나치게 많은 것이 아닙니다. 이는 모두 조상을 위하는 일이니, 다른 물건을 사는 것과 비교할 일이 아닙니다. 고집스럽게 가격을 깎아서 지급할 것이 아니니, 다른 돌은 모두 처음 약속한 대로 4필을 주고, 그중에 작은 돌은 하나에 3필을 주는 것이 마땅합니다.'라고 말하니, 나도 이 말이 합당한듯하다. 알아서 좋은 방향으로 하는 것이 옳을 것이다. 동회는 어제 시행했고, 탈장*을 올릴 것이다. 나머지는 안도가 갈 것이라고 하니 이만 줄인다.

추신———어제 보낸 꿩 등은 받았다.

*탈장頉狀: 뜻밖에 일어난 사고(事故)나 변고(變故)의 내용을 보고하는 서면.

書 - 462

11월 16일

봉화로 답한다

14일의 편지에서 연일 고통스럽다고 했는데, 전날에 비하면 드문드문 아프다가 지금은 더욱 심하다 하니 염려되고 걱정된다. 그 이후의 증세도 알지 못하여 걱정되니 어찌한단 말인가. 안도의 편지는 어떠하더냐? 해당 부위가 팔뚝까지 이르고 더욱이 외부로 보이는 것 같으니 이는 다행이라 할만하다. 이로부터는 고름이 잡히고 침을 놓으면 나을 가망이 있을 것이다. 다름 아니라 광주의 기승지가 사람을 보내왔는데 너희 부자에게도 보낸 편지가 있기에 그 사람을 머물게 했다가 답장을 보내려고 한다. 함께 기승지의 아들이 안도에게 편지를 보냈으니 답장을 써서 내일 일찍 여기로 보내면 될 것이다. 또 이 사람이 먼 길을 왔으니 돌아가는 길 양식은 분명히 가져오지 않았을 것이다. 줘서 보내지 않으면 안 될 것 같으니, 쌀 두 말쯤 보내오는 것도 좋을 것이다. 올 때 열이틀 걸려서 도착했다고 말했기 때문이다. 안도에게는 답장을 쓰지 않았다.

추신———의령에 사람은 언제 보낼 것이냐?

書 - 463

11월 17일

봉화로 답한다

　네 처의 증세가 근래 들어 통증이 연속될 뿐만 아니라, 통증도 몹시 더 하다니 애가 타서 견딜 수가 없구나. 양익기탕을 복용하고 나서 비교해 보니 외부로 더 드러난 것 같다고 말한 것은 고름이 잡힌 것이 아니겠느냐? 어제 침을 놓은 후 증세는 어떠하냐? 병이 이와 같다면 제사를 지내는 것도 편한 일이 아니니 한스럽기가 끝이 없구나. 기승지가 심부름시킨 사람은 오늘 답장을 가지고 떠났다. 안도에게 편지 답장을 하지 못한 것은, 여러 곳에서 편지가 많이 와서 답장을 쓰기가 힘들었기 때문이다. 정체 형제도 사람을 보내와 예를 자문하였다. 내가 어찌 예를 안다고 하겠느냐? 그렇게 편지를 보냈는데 그 사람은 이미 돌아갔을 것이다.

書 - 464

11월 17일

답장

내 증세는 어제저녁부터 줄어든 것 같고, 오늘 이후로는 비록 증세가 조금 왔다 갔다 한들 아무래도 덜하지도 않겠지만 크게 더하지는 않을 것 같다. 꼭 와서 문안할 필요는 없다. 보내준 생 꿩이 도착했다.

書 - 465

11월 하순

편지를 부친다.

이 의원이 가서 아쉽구나. 그러나 네가 안동으로 직접 가서 약을 구하려고 한다는 것을 들은 것 같은데 그러하냐? 이것은 평소에 알고 있던 증세이고 네가 간 다음에 가래를 많이 뱉었더니, 자못 가슴 부분이 조금 개운한 느낌이다. 극히 쇠약해진 것은 걱정된다만, 그래도 크게 재발할 것 같지는 않다. 오늘 저녁은 거기서 자고, 기다렸다가 날이 밝거든 여기 오거라.

약 지을 사람에게 편지를 들려 보냈더니 한두 번 복용할 것도 구하지 못했다.

書 - 466

준에게 답한다.

집에서 온 편지를 보니 위로가 되는구나. 답서를 보낸다. 기별*은 성주께서 보시고자 하거든 대여섯 장으로 올려드리는 것도 좋을 것이다. 군적의 기별도 보낸다.

내 행차는 8월 내로는 도착하지 못할 것으로 생각되니, 너는 어쩔 수 없이 다음 달 초에 먼저 돌아가야 할 듯하다. 이러한 뜻을 알고 편지를 써서 보내야 될 것이다.

은어를 평소에 먹는 것도 괜찮을 것이다. 너 먹는 것이 어그러졌다는 것을 알기에 하는 말이다.

*기별奇別: 조보朝報.

書 - 467

  준에게 답한다.

  손등에 통증은 더한 것 같아도 심하지 않으니 걱정할 필요는 없다만, 이 책을 편찬하는 일이 감당하기 어려울 뿐이다. 구종* 등에게 시켜서 감사가 보내주신 종이를 받았다.

  네가 무탈하니, 부지런히 공부하는 것이 옳다.

*구종丘從: 관아官衙에 소속된 종.

書 - 468

준에게 부친다.

　오늘 아침 바쁘게 나오느라 모든 일을 다 살피지 못하고 왔다. 김 의원이 와서 만났더니 그가 약재를 내보여주었다. 팔물원*에 들어갈 양을 재어 조제하고, 그 나머지 약재는 보중하게 조제하여 습을 다스리는 탕약을 만들려고 한다. 다시 싸서 간수 했다가 나중에 내가 들어가거든 그때 조치하자고 하거라. 이러한 내용도 김 의원에게 알려서 그가 미리 알고 있게 해야 할 것이다. 나머지 미비한 약재는 준비되는 대로 보내겠다고 같이 말해 주거라. 의성에 보내는 답장은 잊지 말고 부치거라.

*팔물원八物元: 팔물정지원八物定志元. 심신을 보하고 정신을 안정시키는 신경계통의 약재라고 한다.

書 - 469

준에게 부친다.

황석이 편에 가져온 의령 편지를 보낸다. 또 네 행차는 8일로 잡혔느냐? 네 숙부는 편지에다 가는 곳은 말하지 않았지만, 황석이 말로는, 밀양으로 돌아갈 것이라고 한다. 특히 영천에서 네게 주려고 명지*를 마련한다고 했고, 채에게도 과거 시험을 보러 가려고 해서 명지를 구해 주려고 청했다고 한다. 문산이 돌아갔으니 이미 어쩔 수 없고, 네 숙부가 비록 돌아갔어도 구하지 못할 형편이니 어쩐단 말이냐?. 영천에서 준 명지는 숙부가 가는 길에 부탁하여 채에게도 보낼 것이다. 너는 서울에 도착하거든 쓸만하고 좋은 품질이 있으면 그 종이로 바꿔 쓰거라. 시장에서 비싼 가격을 요구하면 더 주더라도 바꾸는 것이 어떠하냐? 내일 초곡으로 사람을 보내서, 네 숙부가 오는 길에 만나 청했던 과지를 받아 부치는 일은, 통지하여 알려야 할 내용이기 때문이다.

*명지名紙: 과거 시험을 볼 때 쓰는 종이.

書 - 470

준에게 부친다.

삭제*는 어떻게 지냈느냐? 백미 2말, 오이, 가지 등의 물건을 보낸다. 애초에는 여종도 보내 거들게 하려고 했으나, 이번 제사에는 그렇게 못하여 아쉽고 미안하다.

이만 줄인다.

*삭제朔祭: 초하룻 날마다 조상에게 지내는 제사.

書 - 471

  준에게 부친다.
  네 아내가 어제 분만했다는 것을 전해 들었는데, 믿을 만한 소식이냐? 그런 소식을 바로 알리지 않았다면 분명히 무슨 이유가 있을 것이고, 일이 있다 하더라고 무방한 일일 텐데 무슨 안 좋은 일이 있어 알리지 않은 것이냐? 어미와 아이가 모두 편안하고 좋기를 바랄 뿐이다.
  생 꿩 한 마리를 편지와 같이 보낸다. 나머지는 손님이 기다려서 이만 줄인다.

書 - 472

준에게 답한다.

뜻밖에도 갓난애가 까닭 없이 요절했다는 소식을 들으니 놀랍고 애통함이 그지없구나. 내 눈앞에 너만 있고, 네게도 다만 아이 하나가 있으니, 밤낮으로 네가 잘 살아 번성하기를 바랄 뿐이지 어찌 아들딸 구분이 있겠느냐? 여러 번 얻었지만, 여러 번 잃었으니 잃을 때마다 매번 괴이하고 한스럽구나. 지금 다시 이렇게 되었으니 슬프고 괴로운 마음 끝이 없고 무어라 말할 수가 없다. 모두 내가 박복해서 불러들인 일이니 상심하여 아픈 마음이 더욱 한량없구나.

하인 황석이가 어제저녁 돌아와서 초곡으로 갔다고 한다. 엊그제 제사 때는 안국이도 가서 참예했다고 한다만, 이 노비가 거기에서 병을 얻어 왔다. 그 병이 우연한 것이 아닌 듯하여 오늘 내보냈지만 결국에 어찌 될는지 심히 염려될 뿐이다.

이 때문에 우선 너도 들어오지 말라고, 방금 어린 종에게 중손이를 만나 전하고 오라고 심부름시켰다. 잠시 그곳에 있다가 병의 진전상태를 보아가며 기다리는 것이 어떠하겠느냐? 나도 병세를 헤아려 갈지 말지를 정할 생각이다. 심란하여 이만 줄인다.

書 - 473

  준에게 다시 답한다.

  보내준 편지를 받고, 소식을 다 잘 알았다. 다만 충주로 보낸 편지는 평상시라면 그렇게 해도 되겠지만, 잇산이가 돌아올 때 어떨 수 없이 또 편지를 쓰기도 어려워서 앞서 보낸 편지에 자세하게 말한 것이다.

  시험 볼 때 쓸 긴 먹 세 자루와 각처에 쓴 편지도 보내니 잘 살펴보고 전해주거라. 채의 과지는 생각대로 도착 되지 못할 듯하니 어찌해야 한단 말이냐? 막실이가 아직도 오지 않았으나 분명히 저물녘에 도착할 듯하다. 말은 이미 김필무에게 끌고 가라고 하였다. 나머지는 이전의 편지에 다 말하였으니 그만 줄인다.

書 - 474

준에게 답한다.

　잡다한 물건은 그 전대로 보냈고, 솥단지 등도 보냈다. 공간에게 보내는 편지는 봉하지 않고 보냈으니 네가 보고 난 뒤에 봉해서 전하도록 해라. 전부터 내 뜻을 확실히 알 테니, 이 편지를 보면 재차 물어볼 것도 없어서 잘못 처리하는 일은 없을 것이다. 다른 외숙들에게는 네 행보가 바쁘고 촉박해서 미처 편지는 쓰지 못했다고 말씀드려야 할 것이다. 또 동당은 비록 만나지 못해도 그곳에 도착하거든 오래 머물지 말고 속히 올라와야 한다. 이말에게 추수 감독하는 일을 간곡히 부탁하고 오면 좋겠다. 과거 시험장에서나 길가는 도중에도 매사에 부디 경계하고 조심하거라.

書 - 475

  준에게 부친다.

  잊는 일이 많다 보니, 동료 집에 상제*하는 일이 있는 것을 덧붙여 알린다. 이국량에게 보내는 오승목 무명 세필을 간비에게 시켜 실어 가게 하였다.

*상제相濟: 서로 돕는 것.

書 - 476

준에게 부친다.

내가 어제 영천에 가서 서울에서 온 조보를 보았다. 그 추고 하는 일은 번거롭지 않은 쪽으로 귀결될 듯하다. 나도 하루 사이에 기가 허해지는 것이 느껴져 억지로 움직이는 것은 힘들고 이곳 친구들도 모두 길을 나서지 말라고 권한다. 이는 나를 아끼려는 마음이 깊어서일 테니, 길을 나서지 않기로 마음먹었다. 비록 편치는 않으나 형세가 그러하니 어찌하랴. 네가 있는 곳의 병세는 어떠하냐? 몹시 염려되는구나.

며칠간은 우선 초곡 집에 머물다가 천천히 아무 산사에나 들어가려고 한다. 기제사는 전에 말해준 대로 잘 지냈으면 좋겠구나. 다만 내가 출행을 멈추었으니 제사에 참예하지 못할 것이라 아쉽다. 나머지는 이만 줄인다

추신———나는 여기에 오래 머물지 않을 것이니 너도 이곳에 오지 않는 것이 좋겠다.

書 - 477

준에게 보낸다.

눌손이 편에 보낸 편지를 보고 소식을 다 알았다. 일이 이런 지경에 이르렀으나, 너와 네 처는 너무 상심하여 슬퍼하지 말기를 바란다. 하인 황석이는 바로 보내마. 동령의 집도 평안하지 않아 여기에 있는 것도 불편하다. 피해서 나가는 것도 분위기상 어려움이 있으니 우선은 당분간 보면서 처신할 생각이다.

손이 집에 있는 곡식 섬을 가져와야 하니, 네가 내일 일찍 그 집에 가서 곡식을 살펴보고 세서 내려보내거라. 함께 김손을 불러 환곡을 받아서 같이 내려보내야 할 것이다.

나는 내일 낮에 새로 지은 집에 가서 기다릴 테니, 너는 돌아가는 길에 그곳으로 와서 보고 성현*으로 넘어가도 괜찮을 것이다.

김부륜 등 여러 사람이 용수사에서 공부하고 있으니 너도 가까운 시일에 따라가서 그곳에서 같이 공부하면 아주 좋을 것이다. 아몽*은 아마 게을러서 분명히 공부를 폐했을 것이다. 심히 걱정이구나.

*성현聲峴: 안동시 도산면 토계리에 있는 고개.
*아몽阿蒙: 안도의 아명.

書 - 478

준에게부친다.

어제 기제사는 용수*에서 지냈을 텐데, 전날 말한 것과 같더냐? 나는 진작에 출행하지 않고 있어서 참예할 수 없었으니 안타깝고 죄스러운 마음이 겹겹이다. 복마*를 딸려 보내고 나는 당분간은 여기서 머물다가 25일이나 26일에 용수사로 들어가려고 한다. 너는 단오 제사 지낼 때쯤 출발해서 오는 것이 좋겠다. 온계 등지의 역병 기세는 어떠하냐? 아몽이의 종기 난 곳은 이제 조금 나아졌느냐? 몹시 걱정이구나. 이만 줄인다.

*용수龍壽: 안동의 용두산龍頭山에 있는 용수사龍壽寺.
*복마卜馬: 짐 싣는 말.

書 - 479

준에게 답한다.

절에 들어가 공부하는 것은 매우 좋은 일이다. 혼자 있는 곳에서는 아주 조용하니 더욱 힘껏 공부할 수 있다. 오직 잡념은 다 버리고 읽은 것이 익숙할 때까지 반복해서 외우고 마음속으로 흘러 들어가 움직이지 않아야 유익하게 된다.

김손과 이윤은 미리 경계심을 갖고 대해야 할 것이다. 영천에서 곡식을 운반하는 사람들이 대부분 오지 않았으니 이상하구나. 온다면 연동에게 지시할 생각이다.

당본 『사서』를 보낼 때, 시부 지은 것과 사실을 상고한 『치평요람』 1권도 함께 보내니 살펴본 뒤에 빠뜨린 것 없이 돌려보내거라. 오늘 새집을 지어 바쁘니 이만 줄인다.

書 - 480

준에게 부친다.

종기 난 곳은 어떠하냐? 기제사에 나아가지 못했다고 들었는데, 행여 평안치 못한 일이 있어서 그런 것은 아니냐? 양식 쌀 두 말을 보낸다. 『운부군옥』은 돌아오는 사람에게 잊지 말고 보내야 한다.

書 - 481

글방에 있는 준에게 답한다.

도착한 편지에서 보니, 종기 난 부위의 상태가 그대로라고 했구나. 걱정스럽다. 영천에 있을 때 침을 다시 맞지 않은 것이 아쉽구나. 빨리 낫지 않게 할 것처럼 일부러 왜 찾아가지 않고 꺼리느냐?

도회*에는 가지 않는 것이 좋다. 지은 글은 좋고 나쁘고 간에 나중에 모두 보내거라. 또 근자에는 네 숙부가 글을 써달라고 하여 「안시성부」를 지어주었다. 만약 우리 나라 사람이 아니라면 지어도 무방하겠지만, 우리나라 사실관계를 전적으로 짓지 않은 것은, 그만큼 간단하지 않기 때문이다.

약처방은 전해 보내는 것이 좋겠다. 16일 기제사는 내가 구기*에 매여 있으니 참례하러 가지 못하는 것이 참으로 한스럽구나. 네가 만일 기운이 안정되었거든 나아가 참례하는 것이 좋겠다. 그러려면 다른 길로 오가되, 본가 쪽으로는 가까이 가지 않은 것이 좋겠구나.『운부군옥』은 상고할 곳이 있으니 보내주면 나중에 다시 돌려보내마.

*도회都會: 계회, 종회 및 유림 모임 등 총회總會. 매년 여름에 시(詩), 부(賦)로 지방의 인재를 뽑는 모임.
*구기拘忌: 좋지 않게 여겨 꺼리거나 피함.

書 - 482

준에게 답한다.

순이 편에 전해준 편지를 받고 소식을 다 알았다. 기왕에 점차 나아졌다고 하면서 왜 침은 맞으려고 하느냐? 내 생각에는 우선 침을 맞지 않는 것이 좋을 듯하고, 만약에 아직 침을 맞지 않았다면 잠시 중지하는 것도 괜찮을 것이다.

영천에서 곡식을 실어 오는 일은, 내일 황석이를 보내 지위*하여 약속 날짜를 잡고 미리 기다렸다가 알려오면, 너도 가 보게 할 생각이다. 농사를 지어먹는 소작인이라도 그것을 꺼리고 싫어한다는 것을 모르지 않고, 다른 방법으로는 시키기가 어렵다. 그러니 세금으로 낼 값은 빼주면서 운반해 오는 일을 시킨다면 그 사람이 기꺼이 하지 않겠느냐?

*지위知委: 반드시 해야 할 일을 가리켜 보이거나 명령하여 알려 주는 일.

書 - 483

준에게 부친다.

근래 종기가 생겼다던 부위에 독은 다 깨끗하게 사라졌느냐? 나는 내일 내려갈 것이다. 잠시 김손 집에 머물면서 상황을 본 것이지만 이 집에 오래 머무는 것은 편치 않은 일이다. 온계 철손이의 처자와 손이 등도 모두 앓고 있다고 하니 이 병이 어찌 이리도 오래 간단 말이냐?

내일모레 안동에 가려면 하인과 말은 모두 준비되었느냐? 공간은 아레날 와서 자고 다음 날 돌아갔다. 나머지는 게으름 피지 말고 공부하기를 바랄 뿐이다.

추신———전날의 권동미* 말은 퍼트리지 말아라. 만일 동미를 만나도 이런 내용은 슬그머니 말하는 것이 마땅할 것이다.

*권동미權東美: 자는 자휴子休, 호는 석정石亭 생몰년: 1525~1585, 퇴계문인.

書 - 484

준에게 부친다.
앞에 있었던 네 병증은 깨끗하게 나았느냐? 옛말에, '병은 조금 나아질 때 더하다.'고 했으니 이 말을 더욱 경계 삼아야 한다. 만약 완전히 나았다면 절에 들어가는 것도 늦춰서는 안 된다. 밭에 넘친 물이 아직 빠지지 않아 거름 내는 일을 끝내지 못했다. 목화씨 파종은 모레쯤에나 할 듯하다.

書 - 485

준에게 부친다.

영천의 가을보리는 진작에 익었을 것으로 생각된다. 연동이가 타작하는 일을 전부 감독할 수는 없을 것이니, 내일 네가 잠시 가서 거두는 일을 감독하고 오는 것이 좋겠구나. 내일 날이 밝는 대로 연수에게 말을 끌려 보내겠다. 한 사람 더 데리고 갈만한 사람을 어디서 구할 수 있겠느냐? 구할 수 없으면 두 명을 보낼 생각이다.

추신———목화밭에 오늘 다시 김을 매었다.『구소수간』을 찾아 보낸다.

書 - 486

준에게 답한다.

처음에는 능사*로 돌아갈까 했는데, 이미 그곳에도 역병이 돈다고 하니 어디로 가야 할지 모르겠구나. 사람을 보내 물어볼까 하던 참에, 지금 덕만이가 가지고 온 편지를 보고 갈 데가 곳곳에 있다는 것을 알았다. 참으로 좋구나. 그러나 여러 사람과 함께 있을 곳은 친한 사람들이라고 하나 매우 불편한데 어찌할꼬? 병에 걸렸던 여종 셋은 모두 닷새를 앓고 나서 나았고, 심한 고통은 없었던 듯 나았으니 다행이다. 우리 부자가 역병을 피하여 나온 것이 마치 경솔한 행동처럼 보이지만, 병세를 보아 전에 어린 여종 표이가 앓던 증상과 똑같으니 이는 전염병이 확실하기 때문이다. 그러니 나왔다가 갑자기 들어갈 수 있겠느냐? 다만 네 서모는 피해 나갈 형편이 안되어 우선 머물러 있게 했을 뿐이다. 또 너도 언제까지 그곳에서 같이 있기는 힘들 것이니 고산 등지로 옮겼다가 상황을 봐서 여기로 오는 것이 좋을 듯한데, 네 생각에는 어떠하냐? 큰댁에서 또 식량과 찬거리를 여기로 보냈으니 더욱 미안하구나. 이만 줄인다.

추신——— 목화는 파종하게 했지만, 제초작업은 사정이 어려우니 어찌할꼬?

*능사陵寺: 능을 수호하고 제를 올리기 위하여 지은 절.

書 - 487

준에게 답한다.
어제 수선이 편에 보낸 편지를 보고, 다 잘 알았다. 중기의 일은 놀라움을 금할 수가 없구나. 맛산이가 돌아가서 뭐라고 하더냐? 만약 아주 위독한 지경이 아니라도 장례를 치르는 일이 있을 것이니 너는 우선 행차를 중지해야 할 것이다. 심동이가 와서 머물며 편지를 기다렸으나 답장을 받아가지 못했는데, 맛동이와 함께 이미 내려갔다고 한다. 그와 연동이는 모두 느리고 게으르다. 옴동이가 왔는데 곧바로 가버릴까 걱정되어 답장과 만장을 미리 부탁해 놓았다가 이 사람에게 보낸다. 너도 편지를 썼느냐? 의령에서 온 편지도 보내마.

書 - 488

준에게 부친다.

다른 일은 황석이 편에 보낸 편지를 보고 다 알았다. 다만 연분이의 창증을 치료하는 약에는, 먼저 참기름과 진흙을 섞어 쓰라고 하였고, 그다음에 붉은 버들을 물에 달여서 그 창이 난 부위를 씻어내고 축축할 때 그 약을 바르면 약이 따로따로 떨어지지는 않는다고 한다. 붉은 버들은 냇가에 군집해 자생하는 어린 버들 중에 줄기가 붉은 것을 쓰라고 세속에 알려져 있다. 혹자들은 이 약도 기름과 진흙을 섞어 쓰는 것이 괜찮다고 한다.

書 - 489

준에게 부친다.

잇산이가 목화 심는 일로 갔다니 여기서도 마음이 편치 않구나. 이 노비는 일찍이 경행*하는 자로, 대체로 행자는 역에서 방면한 노비이니 온 나라에서 모두 그렇게 한다. 지금 이 노비가 괘씸한 일이 있더라도 이것 때문에 온 나라에서 통용되는 예를 어기게 되어서는 안 된다. 네가 이 노비에게 매사를 전적으로 맡겨 소작하게 하거나 힘든 일을 시키는 다른 노비와 똑같이 일을 시킨다면 너무 미안하지 않겠느냐?

특히 면화 농사는 제초작업이 힘든 것인데 올해 세 군데 밭에 모두 심었다면 노동력이 너무 많이 들 것이다. 이 노비가 감당할 수 없어 원망하는 일은 없겠느냐? 여기 농지를 네가 이 소작 노비에게 절반을 맡겼다고 하던데, 그렇다면 이 노비에게도 이익이 없지 않을테니 네가 맡기는 일을 꺼리지는 않을것 아니냐? 그렇게 되면 그나마 조금은 괜찮을 것이다. 만약 원망하거나 하기 싫은 마음을 가지고 있는데 네가 억지로 일을 시킨다면 더욱 안 될 일이다. 너는 꼭 이러한 뜻을 알고 매사를 부드럽게 처리하여 원망하는 마음이 생기지 않도록 해야 지극히 마땅하다.

나는 그냥 순손이가 빨리 여기로 옮겨와서 그가 일을 주관했으면 하는 생각이니 목화를 작개*하는 일도 순손이를 시켰다면 좋았을 것이다. 올해 이같이 된것에 내 마음이 편치 않고, 그가 간 것 때문에 한 말이다. 이 편지는 즉시 없애어 다른 사람이 보지 못하게 하거라.

추신———감사가 보낸 여러 소물*은 큰 집에 보냈다.

*경행經行: 질병이나 재앙을 물리치기 위해 거리를 다니면서 경전을 외우고 복을 비는 승려. 행도行道 또는 포행布行한다고 했다.
*작개作介: 지주가 노비들에게 전답을 나누어 주고 그들에게 각자 책임 아래 경작하게 하던 방식.
*소물素物: 고기가 없는 찬饌.

書 - 490

준에게 보낸다.

근래 너는 별 탈 없이 지내느냐? 진작에 와서 현학*에 접수를 했느냐? 같이 접수한 사람은 몇 명이더냐? 너는 무슨 책을 읽고 있느냐? 그럭저럭 시간만 보낸다면 끝에 가서 무슨 도움이 있겠느냐? 시부의 제목을 내어 보내니 빨리 지어보거라. 채점은 성주께서 하실 것이고, 나는 병들어 피곤해서 불가하다.

서울에서 온 김 부사의 사초를 첩자로 만들어 보내니 곧바로 김 생원에게 올려 전하거라. 이 일은 하찮은 일이 아니다. 거듭 명심하여 속히 전하고 소홀히 하지 마라. 손순이는 병에 걸린 지 4, 5일 만에 나았다고 하니 매우 반갑구나. 이만 줄인다.

추신———김 부사의 사초첩을 동봉해서 보낸다.

*현학縣學: 현縣에 설치하여 양반 자제 중에 생원 등 관리가 되고자 하는 자들에게 강을 함.

書 - 491

준에게 보낸다.
나는 여전히 잘 지낸다. 다만 여종 막비가 범금이 집에 왕래하다가 병을 얻었다. 병들고 사흘 있다가 범금이 집으로 어제 보냈는데, 이후로도 염려되기는 마찬가지다. 아랫마을에도 황석의네 딸아이가 한참 역병을 앓고 있다고 하더니, 아직도 침식을 제대로 못 한다고 한다. 이 또한 염려되는구나.

書 - 492

준에게 답한다.

편지를 받고 평안하다는 것을 알았다. 나도 편안히 잘 있다. 다만 여종 불비 집에 두 사람이 앓고 누워있었는데 어제 내보냈다고 한다만, 병세가 두려울 뿐이다.

메밀과 은어는 모두 잘 받았다. 생원에게는 응당 감사 편지를 드릴 것이다. 나머지는 언문 편지에 상세히 말했으니 이만 줄인다.

書 - 493

준에게 답한다.

네 안부도 궁금하고, 게다가 습한 곳에서 오래도록 다른 사람과 함께 지내는 것이 마음에 걸렸던 차에 네 편지를 받고 편안히 지낸다는 것을 알았다. 또 고산으로 거처를 옮겼다는 것을 알고 나니 마음이 놓인다. 나도 별 탈 없고, 집안도 다 무고하다고 한다.

황석이가 우연히 병에 걸렸다가 하루 만에 일어났는데, 그 뒤로는 행자도 병들어 누웠다고 하니 놀라고 걱정했다. 그런데 이제야 알고 보니 학질이 확실하구나. 너도 걱정하지 말거라. 이후에도 별일이 없다면 네가 이곳에 와도 될 것이니 상황을 봐서 들어오거라.

내가 기제사에 나아가 참례할 것인지는 속기* 때문에 꺼림직하여 아직까지 결정하지 못했다. 나머지는 설희에게 말해 두었다.

*속기俗忌: 민간에서 꺼리는 것.

書 - 494

준에게 부친다.

침식에 불편함은 없느냐? 나는 별일 없이 편히 지내고 있다. 여종 조비가 걸린 병은 학질이 아니라고 하는데 아직은 무슨 병인지 몰라 꺼림직하고 우려된다. 네가 우선은 여기 오지 않는 것이 좋겠구나. 황석이도 등쪽에 생긴 종기로 매우 위중하다. 일마다 이 지경이니 어찌 헤쳐나갈지 걱정만 깊을 뿐이다.

영천에서 온 돌금이에게 아뢰어 말씀드리라고 보냈다.

書 - 495

준에게 답한다.

어제 보낸 편지 내용은 잘 알았다. 지금 조비가 완전히 나아서 걸어 다닌다고 들었다. 이것은 분명히 역병이 아니니 네가 여기에 빨리 와도 되겠다.

다름 아니라, 지금 보낸 말암*의 삼보 승려는 승군으로 끌어가겠다는 통보를 받았다고 하니 이 걱정을 어찌해야 하느냐? 내가 어제 도선, 덕연, 두 승려에 관해서는 성주께 편지를 보내서 이미 승낙을 받았다. 지금 또다시 이 삼보 승려의 일까지 고할 수가 없는데 어떻게 해야 할지 모르겠구나. 임필신은 여기 오지 않느냐? 만일 온다면 네가 고해 볼 수도 있을 것이다. 그렇지 않다면 숙재*도 해당 아전에게 알아볼 수 있지 않겠느냐? 어찌할 방법이 없어서 우선 네게 바로 알리는 것이다.

*말암末巖: 영주시 말암면末巖面.
*숙재叔材: 금재琴梓(1498~1550)의 자. 寯의 장인.

書 - 496

준에게 답한다.

보내준 은어는 제군들에게 감사하다고 전해주면 좋겠다.『강목』,『양무기』를 보내는 편에 전에 가져온『치평요람』1권도 함께 보내니 나중에 잊지 말고 되돌려 보내거라. 대체로 서책은 번갈아 서로 돌려 보는 것이지만, 돌려주고 받기를 잊어버리니 결국은 낙질*이 되기도 한다. 네가 절에 들어가는 것은 빠를수록 좋다. 이만 줄인다.

*낙질落帙: 한 질을 이루는 여러 권의 책 중에서 빠진 책이 있음.

書 - 497

준에게 답한다.

편지를 받고 네 생각을 모두 알고 나니 위로되는구나. 만일 중억이에게만 그친 일이라면 이는 큰 실수가 아니겠지만, 다른 일들도 다 이렇게 할까 봐 걱정되어 그리 말한 것이다. 대체로 오늘날 사람들이 힘써 배운 바가 없더라도 크게 잘못을 저지르지 않는 것은 자질이 그나마 순박하기 때문이다. 만약 기품이 순일하지 못한 데다 바르게 고쳐 다스릴 수 있는 공부를 하지 않고, 사리 분별을 못 하고 제멋대로 행한다면 그 쌓인 허물이 너무 커서 끝내는 감당하지 못할 것이다.

너는 근래에 의와 이의 사이에서 제대로 분별하지 못했다는 것을 깨달았으니, 이는 곧 너의 치우친 실체의 부분을 알게 된 것이다. 그러므로 미리 경계해야 할 것이다. 네가 큰 잘못에 빠졌으니 책망하려고 말하는 것이 아니다.

번지*는 공자의 문하에서 공부했는데, 자신의 기질이 편파 되었음을 알고 수특변혹*을 묻고 고쳤으니 잘 배웠다고 할 만하다. 너는 내 말이 섣불리 앞질러 말한다고 의아해하지 마라. 옛사람들이 배움의 실체로 삼았다는 것을 생각해보면 내 뜻을 알 것이고 네게 유익할 것이다.

논을 사는 일은 잘못이 아니나, 그때에 당연히 물어봐야 할 것을 묻지 않았으니 이 일은 외물의 중요성만 보았기 때문에 이런 지경에 이른 것이다. 허물없는 사람이 있겠느냐만, 잘못이 있으면 고칠 수 있어야 '대선[大善]'이라고 할 수 있다.

추신―――보낸 편지와 사뢰*었던 것 들은 모두 돌려 보낸다.

*번지樊遲: 이름은 수須이고 字는 자지子遲. 춘추시대 공자 제자.
*수특변혹脩慝辨惑: 간특함을 고치는 것과 미혹을 분별하는 것.
*사뢰[白是]: 사뢰어 올린다는 뜻으로 이두의 음은 '술이'.

書 - 498

　준에게 답한다.
　본래는 네가 오늘 여기에 오면 얼굴을 보면서 부득이했던 이유를 말해 주고 가게 하려고 했으나 날이 저물도록 아직 오지 않으니 괴이하다고 생각했다. 편지를 받고 나서야 또 산소를 보러 갈 일이 있었다는 것을 알았다. 그 일도 중요한 일이니 어찌하겠느냐?
　다른 조카들은 모두 오지 않았고, 완이도 굉의 처 장례 때문에 예천 가는 바람에 헌 조카 한 사람만 왔더구나. 어찌 이렇게 매몰차고 무신경한 일이 있단 말이냐? 한숨만 깊이 나온다. 너도 일 때문에 가는 것과 서로 겹치니 사람 일을 어찌 다 알 수 있겠느냐? 마음도 편치 않으나 어찌하겠느냐?

　추신———헌 조카가 볼 일이 급하다고 하여 답장을 미처 쓰지 못했다.

書 - 499

　준에게 부친다.
　요즈음 너와 건 등 다른 사람들도 모두 잘 지내느냐? 어제 분천에서 들리는 말로는, 내가 이미 체직 되었다고 한다. 스스로 조금 편하고 위로 되었는데, 어느 날인지는 모르겠구나.
　오이, 파, 물고기 한 마리를 보낸다. 나머지는 건 등과 부디 공부에 매진하기를 하기를 바랄 뿐이다.

書 - 500

준에게 부친다.
의령에 보낼 편지는 다 썼느냐? 그 일이 아직 분급하기 전이니, 맡을 사람이 없어서는 안 되기에 우선 네가 맡게 한 것이다. 그러나 네가 맡는 것은 본 주인에게 맡겨진 것이 아니니 사실은 대리할 뿐이다. 네 아우가 실제 주인인데 오히려 그 집안의 원성이 저와 같으니 네가 어찌 임시로라도 주인 노릇을 하겠느냐? 거듭 생각해봐도 빨리 나누는 것이 더 좋을 듯하다. 다만 그쪽 사람들의 욕심이 완강하여 나누려고 하지 않으니 나도 함부로 고집할 수가 없어서 우선 네게 맡기는 것일 뿐이다. 너는 부디 영구히 점유하려는 생각을 절대로 하지 마라. 다만 분급하기 전에 잠시 주인 노릇 한다는 뜻을 네 외할머니와 여러 숙부 앞에서 전달하고, 그 큰댁에서 일하는 노비들을 추고하지 말거라. 나머지 일도 외할머니의 지시에 따라 마땅하게 잘 처리할 것이고 집안의 처분을 기다겠다고 하거라. 만일 다투게 되는 단초가 된다면, 곧바로 내주고 털끝만큼도 가질 마음이 없다고 하는 것이 지당할 것이다.

書 - 501

준에게 부친다.

어제 막석이 편에 부친 편지는 보았느냐? 여종 조비가 더러는 눕다가 일어났다가 하니 학질이 아닌 것 같다고 말한 지가 이제 3, 4일 된 듯하구나. 어제 보냈다던 네 편지가 아직은 여기에 도착하지 않았다. 그러나 지금 설희 등이 네 침구를 지고 온다고 하니 이미 오고 있다면 되돌아갈 수 없으니 우선은 이곳에 머물게 하겠다. 대체로 이 병이 다 대수롭지는 않으나 전염병이라서 피하지 않을 수 없으니 병세를 보아가며 여기에 오는 것이 괜찮을 것이다.

書 - 502

준에게 부친다.

지금 보낸 하인의 말을 자세히 들어보니, 그 공두철*은 김 생원 집에서 빌릴 수 있을 듯하니 굳이 새로 만들지 않아도 되겠다. 그게 안 된다면 지금 보낸 못과 편철 16개를 두드려 하나의 공두를 만들게 해서 보내거라. 만일 둘 다 불가능하거든 어쩔 수 없이 철광석을 제련하여 만들어 사용해야겠다. 단지 장인에게만 부탁해서는 안 될 일이니, 내일 네가 와서 보도록 해라.

추신———조목이 어제 인편에 보낸 그의 편지도 보낸다.

*공두철孔頭鐵: 구멍에 끼워 연결하는 비녀 못(역자 주).

書 - 503

준에게 부친다.

그저께 보낸 편지를 받고 역병이 잘 지났다는 것을 알았다. 한편으로는 놀랬고 한편으로는 반갑구나. 귀찮게 여길까 봐 어제 사람을 보내 묻지는 않았으나 그 뒤로 어찌 되었는지 모르겠구나. 지금은 완전히 나았느냐? 음식은 제대로 먹을 수 있느냐? 모두 상세하게 알려주기를 바란다. 만일 절에 들어가려면 젓갈과 간장 따위를 가지고 가기가 어렵지 않겠느냐? 어려우면 여기서 보내주마.

書 - 504

준에게 답한다.

심부름하는 아이 편에 보낸 편지를 받았다. 벌써 권 수재와의 약속을 실행했다는 것을 알고 마음이 놓였다. 찌는 듯한 더위에 비까지 내리니 매우 걱정되는구나. 영천의 보리타작은 맡길만한 사람이 없어서 오늘 신석이가 가서 곡식을 거두었다. 이미 연동이에게 자발적으로 거두라고는 했으나, 일이 엉성한 것을 모르지 않고 달리 감독할 사람이 없기 때문이다. 지은 글을 베껴서 보낸다. 정초지*는 내가 계당에 있으니 지금은 찾아 보내지 못하였고 내일모레 억필 등이 가는 길에 보내겠다.

복을 입는 일에 관한 내용은 잘 알았다. 내가 쇠하고 병들었으니 진실로 고집부리기도 어렵고, 때때로 원인 모를 증세로 평소보다 더한 고통이 있지만, 어찌 함부로 겹 상에 복을 줄이겠느냐? 옛사람들은 모두 오복*을 갖추어 입었다. 지금은 기공* 이하부터는 모두 줄여서 1개월에 내로 하고, 단지 띠만 풀지 않고 행한다고 하니 이미 너무 간소하고 소박하게 되었다. 게다가 가볍고 쉽게 소식까지 해제한다면, 이는 간소한 가운데 더 간소해지고 박한 가운데 더 박해진 것이 된다. 나는 비록 허약해지고 병을 가지고는 있으나 다른 병은 없으니 함부로 쉽게 줄일 수는 없다. 만약 그것 때문에 병이 더해진다 한들 내가 어찌 목숨을 아끼려고 왔다 갔다 하겠느냐? 나머지는 모레 만나서 이야기하마.

*정초지正草紙: 과거 시험지의 한 종류. 지질이 떨어지는 초주지를 사용하였다.
*오복五服: 다섯가지 상복. 참최, 재최, 대공, 소공, 시마복.
*기공朞功: 상제喪制의 1년의 복상服喪 중에, 기朞는 상장喪杖을 짚는 장기杖朞와 상장을 짚지 않는 부장기不杖朞로 나누며, 공功은 9개월 복상을 대공大功이라 하고, 3개월 복상을 소공小功이라 한다.

書 - 505

준에게 부친다.

어제 보낸 편지를 받고 잘 알았다. 지금 또 유지*의 편지를 보니, 유지가 영덕 등지에 가려고 한단다. 분명히 조만간 돌아오지 않을 것이니 만나기는 어려울 것 같구나. 현풍에서 보낸 부채도 같이 보내니, 네가 생각하고 있는 여러분들께 나누어 드리면 좋겠구나. 참깨도 보내려고 했으나, 잠시 기다렸다가 나중에 인편에 보내야 할 듯하다. 나머지는 오직 부지런히 공부하라는 것뿐이란다.

*유지綏之: 김유金綏(1491~1555)의 字. 준의 처 고모부.

書 - 506

준에게 답한다.

편지를 받고, 평안하지 않았다는 것을 이제 알았다. 매우 염려되는구나. 네가 계속 찬 곳에 묵고 있을 때부터 단단히 의심하고 걱정했다. 이처럼 한기에 감응됐는데 어째서 즉시 알리고 약을 가져다가 치료하지 않았느냐? 지금 기를 순하게 하고 바로 하는데 효험있는 약을 보내니 그 증세에 따라 음용하고 땀을 내면 될 것이다. 만약 열이 많다면 순기산을 음용해서는 안 된다. 처음부터 지금까지 더해지고 덜해진 증세의 추이는 어떠하냐? 그 증세 추이가 차도는 있느냐? 가감의 변화가 없느냐? 더하거나 덜할 때 모두 부디 신중하여 조리하지 않으면 안 된다. 절대로 우습게 보지 말고, 비록 낫더라도 서촌에는 가지 않는 것이 좋을 것이다.

목화씨 파종은 잇산이에게 시켜서 시기를 놓치지 않도록 해야 한다. 다만 여기는 집 짓는 일 때문에 다른 집보다 늦었고, 또 일하는 하인들이 대부분 빠져서 마음대로 되지 않으니 시기를 놓친 일이 많아 염려될 뿐이다.

좌수의 일은, 경방자*가 서울에 올라갔을 때 이미 강조해서 말씀드렸을 것이다. 김 생원 앞으로 보내는 편지는 돌아가는 사람 편에 올려보내는 것도 괜찮을 것이다.

*경방자京房子: 경저리京邸吏나 계수주인界首主人이 관할 읍내에 발송하는 공문·통신 등을 전달하던 하인.

書 - 507

 준에게 답한다.
 보내준 햅쌀과 민물고기 등은 받으니, 큰댁에 늘 감당할 수 없는 마음이 드는구나. 생마포와 깨 한 말을 보낸다. 그 물목은 언문 편지에 적어 두었다. 김 생원은 돌아왔느냐? 마땅히 대성이에게도 알게 해야 할 것이다. 이만 줄인다.

書 - 508

　준에게 부친다.
　뜻밖에 집안의 환난이 참담하구나. 예천 참봉 형님이 학질로 갑자기 세상을 떠나셨다니 비통하고 애타는 마음에 어찌할 바를 모르겠구나. 어제 아침 일찍 일이 있어 나갔다가 저녁에 돌아왔더니, 하인 김금이가 부고를 가지고 급히 왔다. 나는 밤에 온계에 갔다가 돌아왔는데, 형님과 완이는 모두 오늘 늦게 출발하여 중간에서 묵고 내일 그곳에 도착할 것이다.
　내 병이 조금 나아졌다고는 하나, 여전히 기운은 극히 허약하고 나머지 병독이 다 없어진 상태가 아니다. 달려가 상례를 치를 수 없으니, 돌아가신 분을 저버린 애통함을 어이할꼬? 너는 거기서 내일 새벽 일찍 출발하면 저녁에 도착할 것이다. 하인 두 명에게 오늘 저녁 식량을 가지고 가도록 보낼 생각이다. 부고를 알리러 온 하인이, '참봉께서 평소에 장지를 잡아 두었는데, 예천과 용궁의 경계 지점으로 고자평과는 10리 조금 더 떨어져 있다.'라고 하니, 만약 그곳에 빈소를 만들었으면, 너는 저 물거든 고자평에서 묵고 모레 형님을 모시고 장지에 가는 것이 좋을 것이다. 장례를 치르고 나서 돌아오는 시기는 그쪽 상황에 맞게 대처하도록 해라. 아마 오래 머물기는 어려울 것이다. 나머지는 저녁에 가는 하인 편에 보내는 편지에 다 있다. 근심으로 심란하여 이만 줄인다.

　추신———데리고 갈 하인이 있거든 종이는 돌려보내고, 네가 데리고 갈 하인이 없거든, 같이 데리고 가거라.

書 - 509

준에게 부친다.

어제 돌아오다가 만일 중로에서 묵었다면, 오늘은 오천에 도착했을 텐데, 그쪽의 장례는 어떻게 치렀는지 궁금하구나. 가난한 집에 갑작스레 당한 일이라 군색하고 빠뜨린 일도 많았을 것으로 생각되니 비통함을 어찌할 수가 없구나. 누님*과 상주는 달리 아픈 데는 없더냐? 빈소는 어떻게 만들어 두었더냐? 가서 볼 수 없다 보니 참담한 마음과 염려만 겹겹이다.

너는 가기 전부터 감기 질환이 있었는데 병을 무릅쓰고 달려갔다니 몹시 염려되었다. 몸은 잘 보존되고 편안한 것이냐? 혹시 조금이라도 몸이 좋지 않거든 억지로 길을 나서지 말고 편할 때까지 머물다 돌아와도 늦지 않다. 형님은 대죽으로 가지 않고 집으로 바로 가셨느냐? 네 여정의 안부를 모르니 걱정되는구나. 나머지는 이만 줄인다.

*누님〔姉主〕: 예천의 신담申聃에게 시집간 퇴계의 큰 누님.
*대죽大竹: 경북 예천군 지보면知保面 신풍리新豊里.

書 - 510

준에게 부친다.

풍산에는 내일 가느냐? 근래에 내 운수가 평탄치 않아 애당초 감사를 만나고 싶지 않았다. 감사가 여기로 와서 만나겠다고 한다니 그렇게 되면 폐가 적지 않아 어쩔 수 없이 내일 내가 반천에 가서 만나려고 한다. 이 때문에 하인과 네가 타고 갈 말을 보내지 못한다. 아마도 네가 복마를 얻지 못했을 것이라고 염려되어 금손이 말을 끌려 보내지만, 이 말은 너무 말라서 견디기 어려울 듯하다.

중기에게 전할 편지와 미역을 같이 보내니 가지고 가서 전해주면 좋겠다. 네가 지난해 그곳에 갔을 때 김박을 만나지 못하고 와서 미안하니, 지금 가서 만나보는 것도 좋겠구나. 그 집에 사계화*가 있다는 소리를 저번에 들었다. 요행히 가지 하나를 얻을 수 있거든, 진흙으로 뿌리 부분을 잘 싸서 마르지 않게 가지고 오너라. 연꽃 뿌리를 캐 오라고 일찌감치 용손이에게 시켰는데 때가 지나도 가져오지 않으니 언짢구나. 만약 지곡 쪽을 지나게 되거든 이 하인에게 단단히 일러두거라. 파내자마자 바로 뿌리를 싸고 묶어서 묘근을 상하지 않게 가지고 와서 곡식 두는 곳에 함께 두게 해라. 단오날도 가까워지지 않았느냐? 거접 가기 전에 제군들과 약속을 정하고, 돌아오는 대로 바로 가도 될 것이다.

*사계화四季花: 장미과에 속한 낙엽 활엽 관목.

書 - 511

준에게 보낸다.

어제 안비부가 와서, 김 충의* 만장을 지어주기를 청한다고 전하기에, 지은 두 문장을 베껴 보낸다. 비록 백지 2장을 보내줬지만 앙복연*을 만들고 나니 폭을 만들기가 어려워 아직 폭에다 정서해서 보내지 못하고 있으니 아쉽지만 어쩌겠느냐?

여기로 보내 왔던 책 4권도 보낸다만, 네가 요즘 책 읽기를 그만두다시피하고 공부를 하다가 말다가 하고 있으니 어찌 이루는 것이 있을 수 있겠느냐? 처한 형편에 따라 힘써 배울 뿐이다. 어느 곳에 있고, 어느 때인들 공부하지 못하겠으며 배울 수 없겠느냐? 열심히 하거라.

*김충의金忠義: 忠義衛인 김진金震. 퇴계의 동서.
*앙복연仰覆蓮: 연꽃이 위로 향한 것과 아래로 향한 것을 함께 그린 모양, 또는 그런 무늬.

書 - 512

준에게 부친다.

전에 김중기 형수의 장사 지내는 날이 11일이라고 들었는데, 만약 날짜를 미루거나 당기지 않았다면 그날 지낼 것이다. 네가 속기*일에 걸려 가 볼 수는 없겠지만, 사람이라도 보내서 장례를 보살피지 못하는 안타까운 마음을 전해야 할 것이다. 혹시라도 네가 잊었을지 몰라 말해주는 것이다. 만약 사람을 보낸다면 내 편지도 다시 받아다가 보내는 것이 옳을 것이다.

영천 사람이 지금까지 오지 않았다. 너는 한식에 제사에 참례할 수 있겠느냐? 애초에는 내가 한 번 가서 제사도 지내고 겸해서 질부*의 상청에도 술잔을 올리려고 했던 것이 간절한 마음이었다. 하지만 지금은 집 짓는 일과 농사일 등 여러 가지 일로 너무 바빠서 출타하기가 어려울 듯하구나. 네가 제사에 참례하러 가는 것이 힘들고, 묘제는 이미 지났으니 시제 때는 행하는 것이 더 낫겠지만, 어찌하겠느냐 오지 않아도 될 것이다. 손이와 금손이 등에게는 이미 지시하였다.

*속기俗忌: 세속에서 꺼리는 일.
*질부質夫: 김사문金士文의 字. 퇴계의 처서종동서.

書 - 513

준에게 답한다.

중기가 뜻밖에도 흉적의 변을 당했다고 하니 놀랍고 아픈 마음 견딜 수 없구나. 아마 살았다면 요행이겠지만, 이보다 심한 흉조가 없을 테니 어찌한단 말인가? 나는 병든 사람이라 달려가 만나볼 수 없지만, 너는 가서 위문하지 않으면 안 되니 겸해서 영전에 절하고 분향하도록 해라. 데리고 갈 하인은 여기도 한가롭지는 않으나 억필이를 내일 새벽에 보내고, 이림부도 불러서 같이 보내도록 할 것이다. 다만 이 자는 매번 외부에 나가서 일 보는 것을 맡기고 있으니 그가 돌아오는 때를 확신할 수는 없다. 다른 하인은 공적으로 사적으로 시킨 일에 분주하다 보니 이쪽저쪽 다 여유가 없구나.

함안의 것도 다만 곡식으로 바꾸는 것이 마땅하나, 봄이 되면 사람을 보내 면포로 바꿔다 쓰는 것도 생각 중이다. 나머지는 이만 줄인다.

書 - 514

준에게 부친다.

여러 사람이 절에 들어갔다고 들었는데 너도 같이 간 것이냐? 요즘에 보리를 수확해야 하는데 오래 지나도록 사람을 보내지 못하니 안타깝구나. 전에 보낸다고 했던 말린 꿩과 건 대합조개, 민물고기, 미역 등과 백지 한 권을 봉하여 보낸다. 도회소는 텅 비워두고 쓰지 않으니 유감이구나. 이제부터 노력하여 가을 시험을 준비해야 할 것이다. 양식 쌀은 나중이 보낼 계획이다. 마땅히 의의*도 글 쓰는 체제를 알고 익힌다면 아주 좋다. 두가지를 다 겸할 수 없거든, 그중에서 익힐 수 있는 것만 익히는 것도 마땅하다.

추신———붓은 털이 나빠 쓰기에 좋지 않다. 종이는 일반품질인데 아몽에게 보내려고 했다가 쌀 두 말만 보냈고, 종이는 비에 젖을까 봐 보내지 않았다.

*의의疑義: 의심 나는 글의 대목과 이에 해석을 붙인 것.

書 - 515

준에게 답한다.

어제 받은 편지를 보고, 풍산의 장례 치른 일은 다 잘 알았다. 공미가 찾아와서 만났더니 유명간에 위로가 되는구나. 다만 네가 만나보지 못한 것이 크게 유감일 뿐이다. 공미는 그곳에서 초곡으로 돌아간다더냐?

부판을 설치하는 하인 세 명 중에 순손이만 일이 있는 것이 아니라 금손이도 손이 아파서 가지 못했다. 그러므로 한필이과 철손이를 대신하게 하고 손이도 함께 세 명이 하도록 하거라. 다만 생각해보니, 철손이가 앓고 난 뒤끝이라서 힘들여 일하는 것을 어찌 감당할 수 있을지 모르겠구나.

초곡의 시제는 네가 편지 끝에 말은 했으나 아직 자세히 살펴보지는 못하였다. 중삭*이 본래 시제를 지내는 달인데, 무엇이 궁금하여 다시 물었느냐?

요즈음 여기 집 짓는 일은 반도 되지 않았는데, 지탱하기 어려울 만큼 비용이 크게 들었다. 많은 사람이 모여서 해야 하는 부판 공사는 때를 놓쳐서는 안 되기 때문에 힘써 하기는 하지만, 힘은 분산되고 형편은 궁색하구나. 네가 영천으로 돌아갈 때 한가한 하인이 있으면, 데려갈 하인에게 미리 데려가겠다고 알려주면 좋겠다.

그 뒤 24일경에는 선조이신 송안군 묘역을 점탈한 사람을 소송하는 일 때문에 문중 일족들이 모두 안동에 모이기로 했다. 네가 가서 참석해야 할 것이기에 미리 알려 주는 것이니, 여기 오면 내용을 자세하게 알 수 있을 것이다. 글 지어 보낸 것은 굳이 평점을 매겼으니 봉해서 돌려준다. 여러 작품이 다 좋고 지은 의도가 좋았다만, 수사법에 잘못된 곳이 있었다. 이는 다름이 아니라 오랫동안 글이 황폐해져 구사력에 활력이 없고 결점에 쏠려 있을 뿐이다. 옛글을 익숙하게 읽어 마음과 입에서 자연스레 흘러나와 자유자재로 할 수 있다면 저절로 차츰 변할 수 있을 것이다. 다시 의심하거나 주저하지 말고 열심히 공부에 집중하거라.

*중삭仲朔: 음력 2, 5, 8, 11월.
*송안군松安君: 진성이씨의 안동 입향조인 이자수李子脩.

書 - 516

  준에게 답한다.
  어제 백영에서 듣기도 했지만, 또 편지를 받고 네 증세가 전보다 더 하다는 것을 알았다. 우환 때문에 몸조리를 잘못하는 바람에 그렇게 된 것 아니겠느냐? 심히 우려가 된다. 영천 가는 것은 다만 그만둘 수는 없었고, 기력을 가량하여 결정하였으나 가더라도 마땅히 빨리 돌아와야 한다. 지출할 것 등을 적어 보낸다만, 별일이 없다면 연수에게 말을 딸려 보내도 괜찮다. 서리가 내려 수확을 늦게까지 뒤로 미뤘는데, 내일 시작하려고 한다.
  또 집 짓는 일이 시간은 부족하고 일은 많아서 일에 투입했다 뺐다 하니, 일하는 하인들이 모두 짧은 짬도 없구나. 네 하인 중에서 남자든 여자든 짬이 좀 있는 자들을 데리고 오는 것도 좋겠구나. 어차피 네가 여기에 밀을 심으려고 한다는 소리를 들었으니 여유있는 노비를 데리고 와서 심는 것도 좋겠구나. 나머지는 말산이 편에 보낸 편지에 다 있다.

추신———목화밭은 어제부터 지키고 있다.

書 - 517

　준에게 보낸다.

　내가 엊그제부터 설사 증상이 생겨 점차 붉은 변으로 바뀌고 매우 고통스럽다. 우슬탕을 달여 먹고 나서야 어제저녁부터 겨우 조금씩 차도가 있으나, 나머지 독이 다 없어지지 않았으니 냉기에 접촉하면 바로 재발할 것이다. 만일 오늘 모임에 큰물 난 곳을 피해 건너려고 길을 돌아 밤길을 무릅쓰고 다녀오면, 분명히 한기에 노출되어 또 재발할 것이다. 강가의 정자도 냉습한 곳일 테니, 두려워 아직 모임에 가지 않았다. 내가 약속을 만들어 놓고 내가 어겼으니 부끄럽고 유감스럽기 짝이 없구나. 술 한 병과 생 꿩 2마리를 보내니 네가 여러분 앞에 말씀드리고 올리면 좋겠다. 다른 한 마리는 네 큰댁에 보내는 것이니 역시 전해 드리면 좋겠구나.

書 - 518

준에게 부친다.

막동이가 박현의 밭을 팔려고 이곳에 왔는데, 매질하여 혼내고 싶었지만 마침 형님께서 오셨기에 하지 못했으니 마음이 개운치 않다. 연동이에게 가서 아뢰도록 보냈으니 만나보도록 해라. 내가 보낸 연동이의 패자* 안에는 절대 팔아버려서는 안 된다고 지시했다. 너도 마땅히 이러한 지침을 따르는 것이 옳을 것이다. 만약 어쩔 수 없이 팔게 된다면 내년까지 기다렸다가 네가 사면 되고, 지금은 살 수 없는 형편이니 어찌하겠느냐?

*패자: 위임장의 일종.

書 - 519

준에게 부친다.

어제 금문원을 만났더니, "설날 관아에 들어가보니, 현의 아전이 일식을 관측하느라 종일토록 살펴보다가 저물녘이 되자 사또께 들어가 아전이 아뢰기를, '때가 지나서 일식이 있는 것을 보지 못했습니다.'라고 하자, 일식상태를 그린 도형을 승려가 가지고 오니, 이에 그를 파직해서 보냈다."고 한다. 이러한 예를 보자면, 관문이 각기 관아에 도착했을 듯한데 어째서 봉화에만 도착하지 않았겠느냐? 참으로 이상하구나. 반드시 이 현에 그렇게 된 까닭을 물어 알아보고 처리하거라. 어쨌든 기왕에 일식이 있었다는 것을 알았으니, 너는 마땅히 관직에 있는 몸으로 잘 살펴 구식*해야 할 것이다.

네가 해를 쇠고 나서 여기 온다고 들었으나, 나도 잘못 들었을 것이다.

*구식救食: 조선 시대에 일식이나 월식이 있을 때 이를 이변異變이라 여겨서 임금이 대궐 뜰에서 삼가는 뜻으로 행하던 의식儀式. 각 관아에서는 어명으로 당상관과 낭관 각 1명이 천담복淺淡服을 입고 기도하였고, 당상관이 없는 곳은 행수관行首官·좌이관佐貳官 2명이 행했다. 구식救蝕이라고도 한다.

書 - 520

준에게 부친다.

여종 가외의 죄는 다스리지 않을 수 없으나 그 서방이 말을 부리고 멀리 가서 일하고 돌아오니 공이 없지 않다. 만일 그 서방이 온 뒤로 죄를 다스린다면 빛이 바랠 뿐 아니라, 공을 생각하는 마음도 아니다. 그 서방이 오늘이나 내일이면 분명히 도착할 것이다. 그가 도착하기 전에 전전번 도망가고 정착하지 않은 죄를 차례로 따지고, 이번에 싸우고 소란을 피운 일 등은 회초리 사오십대를 때려야 할 것이다. 내일 내가 가서 치죄하는 것이 마땅하지만, 제삿날에 형벌을 가하는 것이 편치 않기 때문에 이렇게 말하는 것이다.

내가 지시하는 말은, "너와 연동이가 모두 죄가 있으니 내가 내려가 통렬하게 다스릴 것이다. 연동이를 지금 다스리지 않으면 너도 똑같이 다스리지 못하기 때문이다. 다만 네가 멀리에 와서 스스로 밝힌 데다, 또 네 서방의 공이 있기에 때리는 매를 줄여서 경각심을 갖도록 보이는 것이다."라고 말하면 될 것이다.

書 - 521

　준에게 부친다.
　걱정스런 일이 한가지 있구나. 의령으로 도망간 여종이 생원* 쪽 종인지, 윤겸이*의 종인지는 알 수 없고, 연수 숙모라는 사람은, '몰래 김옥의 집에 여러 해 숨어 있었는데, 언제 의인에 사는 천이의 처가 되어 그 집에 가서 살았는지 알지 못한다.'고 한다. 중덕이가 부역으로 갔다가 최근에 여기로 돌아왔는데, 영천 산다는 그 서방이라는 자와 연수가 모의하여 그 여종을 불러내 끌고 갔다고 한다. 영천 바닥에 숨었던 집이 바로 서방 중덕이의 친척 집이다. 천이가 그걸 알아 와서 중덕에게 고하고 중덕이가 여종의 자취를 쫓아갔더니 그 여종은 중덕이를 보고 달아났다고 한다. 그러자 그 서방이 중덕이를 끌고 여기로 돌아와서 사과하고 갔단다. 천이가 사유를 갖추어 관아에 알리자, 연수를 잡으러 갔다고 한다. 연수가 거부하고 관아에 들어가지 않았을 뿐만 아니라 도리어 천이와 다투었다. 천이도 다른 여종을 숨기고 만난 일이 드러나 처벌받을까 두려워서 다시 관아에 감히 송사하지 못하고, 다만 연수를 닦달하여 협박하기를, "내 옷과 목면 등을 돌려주면 나도 그만두겠다."고 했단다.
　이것은 아마 천이가 출타했을 때 불러내어 그 여종이 잡다한 물건을 가지고 도망가게 하면서 같이 그 집안의 물건을 훔쳤기 때문일 것이라고 하더라.
　만약에 천이가 감히 다시 소송하지 않는다고 해도, 동생과 삼촌 집에 도망 온 여종을 여러 해 집안에 받아들이기를 허용했으니 극히 무질서한 상태구나. 게다가 서방인 중덕이 집과 박록의 집이 같은 읍내에 있는데 도망간 여종을 그곳에서 몰래 만났다면 어찌 현장에서 잡히지 않을 리가 있겠느냐? 모르겠다만 잡힌 뒤 주인의 격노에 무슨 할 말이 있었겠느냐? 내가 그 종년을 당장 잡아 가두고 의령에 알리고 싶다만, 이런 때 연수 놈이 혹시 도망가 숨게 되는 지경에 이를지도 모르니, 모르는 척하면서 참고 있다가 네가 온 다음에 처리하려고 한다. 너라면 이일을 어떻게 처리를 잘하겠느냐? 이 일은 너도 몰랐느냐? 아니면 알면서도 머뭇거리다가 이 지경에 이른 것이냐?

  모든 비리는 미리 알아서 빨리 조치한다면, 끝내 돌이킬 수 없는 후회란 없는 것이다. 네 서모도 알았으면서 내게 말하지 않은 것은 아마 내가 알면 탓할 것을 염려하여 끝내 말하지 않은 듯하다. 지금은 그 일이 관에 고발되어, 관에서는 집안에다 대고 사람을 잡아들이라고 하였으니 일은 이미 피하기 어렵게 되었다. 마침 오늘 내가 관아에 들어간다. 만약 현감이 언급했을 때, 내가 모른다고 하면 결국은 그 일을 숨기고 고발하지 않은 잘못을 분명히 내게 책망할 것이므로 고하지 않을 수 없다. 내가 그로 인하여 알게 되었으니 또 형편상 처리하지도 못하게 되어 언짢구나. 매사에 어찌 이처럼 바르지 않은 것을 오래도록 안일하게 여겨서 끝내 더 없는 수치를 당하게 한단 말이냐? 나와 너희들은 앞으로 그 주인에게 큰 욕을 받을 것인데 어찌한단 말이냐? 연수란 놈이 간사하고 망령되게 멋대로 행동하여 이런 지경에 이르렀으니, 나중에라도 의령에 심부름꾼을 보내기도 어렵게 되었다. 너도 우선은 속으로만 알고 드러내지 말고 있다가 여기 온 다음에 아무쪼록 잘 처리하는 것이 좋겠다. 그렇지만 미리 알지 않으면 안 되겠기에 말한 것이다.

*生員생원: 생원이었던 허사렴許士廉. 퇴계의 큰처남.
*윤겸允廉: 허윤겸許允廉. 퇴계의 작은 처남.
*박록朴漉(1542~1632): 자는 자징子澄, 호는 취수헌醉睡軒. 영주사람.

書 - 522

준에게 답한다.

편지가 도착하여, 내용을 보고 모두 잘 알았다. 처음에는 감사가 여기서 봉화로 갈 것으로 생각했었다. 그래서 행차하는 근처의 산사로 가서 뵙고, 관의 폐단을 없애야 하는 이유를 말씀드리고 감사를 위로하려고 했었다. 지금 편지에 말한 것을 보고 굳이 산사에까지 갈 필요는 없으니, 서당에서 대략 자리를 마련하고 뵙는 것이 좋을 듯하다. 저녁에 내가 내려가겠다.

추신———10일 새벽에 동재에서 천신전을 행한다. ○ 같은 날 아침을 먹기 전에 백산에서 묘제를 지낸다. ○ 11일 수곡에서 제사를 지낸다. ○ 12일 고산에서 제사를 지낸다. ○ 13일 말암에서 제사를 지낸다. ○ 9일은 오천에서 묵게 되면 천신에 맞춰오지 못할 형편이다. ○ 백산 제사에 시간 맞춰오면 참례할 수 있을 것이다.

書 - 523

준에게 부친다.
출발하여 현풍에 도착하였다니, 갈라서 떠난 뒤 단지 하루의 일정인데 어찌하여 같이 가지고 갈 수 없었느냐? 네 아우의 신주를 오래도록 그곳에 두면 다른 사람이 싫어하고 비웃게 될까 봐 매우 편치 않으니 어찌하면 좋겠느냐? 너도 개소*를 오랫동안 하지 않을 수는 없으니 지금 보내는 쾌포* 한 개와 대구 알 네 덩어리는 바로 먹도록 해라. 내 명을 매번 어겨서는 안 될 것이다.
이여량과 금온이 올해가 가기 전에 청량산에 들어가 산에서 설을 보낸다고 들었다. 아직 출발했다는 말은 없었으나 뜻이 독실한 사람이 아니고서야 어찌 이렇게 하는 것이 가능하겠는가? 근래에 우리 집안의 자제들은 대부분 쓸데없는 일에 빠지고 게을러 공부를 하지 않는다. 너만 그런 것이 아니지만, 나를 그지없이 개탄하게 하는구나. 너는 오히려 잡념을 떨치고 마음과 뜻을 전일 하게 하여 지금까지의 습관을 바꾼다면 옛 사람들이 말한, '문의 지도리가 돌아가듯 하니 무슨 어려움이 있겠는가?' 하는 말을 스스로 확인할 수 있을 것이다.
형님댁에 사위를 맞은 지 이제 사흘이 되었다. 다른 것은 모두 기쁘나, 흔쾌하지 않은 점은 몸에 문채가 나지 않는다는 것일 뿐이다. 나머지는 이만 줄인다.

추신———내일 동산이 등이 출발할 것이니, 개이는 미리 기다렸다가 바로 출발하면 좋을 것이다. 용손이가 가져오는 말이 제 때에 오지 않아 염려된다.

*개소開素: 채식만 하다가 육식을 하기 시작함.
*쾌포快脯: 고기를 얇게 저며서 꼬챙이에 꿰어 말린 포. 여기서는 그렇게 만든 녹포鹿脯를 말한 듯하다. 반면에 편포片脯는 칼로 짓이겨서 얇게 펴서 말린 포.

書 - 524

준에게 부친다.

  쌀을 실어 보내지만 향소에서 만약 받아주지 않는다면, 왕복해가며 주고받을 때 시끄러울까 염려되는구나. 억수에게 우선 실어 가지 못하게 하고, 먼저 김 좌수에게 편지를 보내 허락을 받은 뒤에 슬그머니 관청으로 실어 보내거라. 조심하고 소문을 내지 말라고 일러두어야 할 것이다. 김 좌수에게 보내는 편지에는, "'전 현감의 관아 창고가 텅 비었다.'는 설은 극히 모호하다는 것을 잘 알고 있습니다. 그러나 이미 이런 소문이 났기 때문에, 조정의 논핵을 입게 되었습니다. 보냈던 물품을 받기에는 불편하니 꼭 환납하고자 합니다. 아버지께서 결정한 뜻이고, 아버지께서도 이 내용을 분명히 알고 계십니다. 슬그머니 관아에 접수할테니, 주리*와 감고*가 신임 현감이 오시면 잘 말씀드리게 해서 받는다면 매우 다행이겠습니다. 아버지의 뜻을 좌수님께서 모르고 계시면, 분명히 이 일이 잘 처리될 수 없을 것 같아서 감히 말씀드리는 것입니다. 더 번거롭게 하지 말아 주십시오."라고 하면서, "만약 소문이 퍼진다면 전 현감과 아버지께도 모두 좋지 않으니 부디 하인들을 경계시키신다면 크게 다행이겠습니다."라고 쓰거라.

*주리主吏: 관아 아전, 주무자.
*감고監考: 전곡錢穀 출납의 실무를 맡거나 지방의 전세·공물징수를 담당하던 하급관리.

書 - 525

준에게 부친다.

동재 북쪽 서가 위에, 여러 병풍 글씨 써놓은 것 중에서 최자수에게 주려고 써놓은 병풍 글씨를 찾아, 안도를 시켜서 자수에게 전해주면 좋겠구나. 자수가 관직을 구하는 편지에 부응할 수 없어서 마음이 몹시 불편했는데, 몇 폭의 병풍 글씨마저 그가 바라는 것을 오랫동안 저버릴 수가 없기 때문이다. 비 올 기미가 있으니, 기름종이에 싸서 보내거라. 서쪽 서가 있는 곳 늘 앉던 자리 옆에 여러 책 중에 『심경』이 있으니, 「1권」을 찾아서 보내주면 좋겠구나. 혹시 거기에 없더라도 다른 곳까지 찾아보도록 해라.

書 - 526

준에게 부친다.

나는 편히 잘 있다. 다름이 아니라, 두 금군이 온다기에 점심에 필요한 것을 보내라고 일찌감치 집에 전갈을 보냈다. 그런데 지금 이런 물건들이 왔으니, 보내지 않아도 될 것 같다. 이러한 내용을 네 서모에게 말씀드려라.

추신———편지를 쓰고 난 뒤에, 원천이가 도착했구나. 반가웠다. 다만 장모님께서 병환이 있다는 것을 부장 편지에서 알았으니 걱정이 되는구나.

書 - 527

준에게 다시 부친다.

『이락연원록』은 구 생원의 여막에 보냈느냐? 보내지 않았다면 빨리 보내주거라. 구 생원의『참동계』두 건 내에 같이 둔, 주본* 푸른색 표지의 큰 책 2권은, 바로 서울에서 살다 죽은 김득구의 책이다. 그 집에서 찾고 있으니, 편지를 전하러 간 사람 편에 줘 보내는 것도 좋겠다.

하인 봉천이는 끝내 못 찾았느냐?

경차관이 온다고 하나, 내가 만나는 것은 곤란한 일이다. 우선은 병을 핑계 대고 사양한다고 대답했다. 의령의 일이 염려되는구나.

전에 가져온『오례』4권은 다시 보낸다. 이 책의 본문 차례를 보니 1권부터 5권으로 끝나는데, 1, 2권을 합쳐 한 책을 만들어 왔고, 그다음 3, 4권은 오지 않았다. 그 5권은 잘못하여「흉례」끝권과 합쳐 1권으로 만들어 여기에 온 것이니, 찌를 붙여서 보낸다. 별도로「서례」만 뽑아서 한 책을 만들어 마지막 권으로 삼는 것도 괜찮을 듯하다. 그 원본은「길례」1권부터「흉례」8권으로 끝나는데, 1권부터 3권까지 오지 않았고 4권부터 8권까지 합쳐서 3책과「서례」한 책을 만들어 함께 보낸다, 그중에 오지 않은 권수는 본래 빠진 것이냐? 빠졌다면 천천히 보충하여 베끼려 하나 어찌해야 할지 모르겠구나.

*주본籒本: 금속으로 주조한 활자로 찍은 서책.

書 - 528

준에게 부친다.
  잇금이의 일에 관해서, 너는 어찌 깊이 생각하지 않느냐? 이는 남편과 따로 거주할 때 보호하지 않았을 뿐 아니라, 하물며 그 일을 모르던 내가 끝내 불명예를 얻었는데도 너는 마음 두지 않아도 될 만큼 작은 일이라고 여기느냐? 내가 분천의 자제들을 봐도 이런 일이 적지 않으니, 이는 곧 스스로 집안의 명성을 무너뜨리는 것이다. 윤이야 분별력이 부족하니 그렇다 해도, 성과 같이 이치를 아는 사람이 그렇게 하니 매우 탄식할 일이다. 또 요즘에 마을 품관*이 실수한 일로 몹시 시끄럽구나.

추신———평안하지 못하다고 한 것은, 끝내 무슨 일이 있었는지 모르겠으니 걱정이 크다.

재 추신———의령 제사를 하인에게만 맡기는 것이 몹시 편치 않구나. 지금 찾아뵈려면 그냥 보낼 수는 없다. 만일 내려가는 의령 사람이 있다면 술을 미리 준비하고 기다렸다가 하인에게 알린다면, 제사 지낼 때 쓸 수 있을 듯하니 바로 그렇게 하도록 해라. 다만 지난번에 허윤겸의 편지를 보니 역병이 아직 다 없어지지 않았다고 했는데 지금은 어떤지 모르겠다.
또 은부는 올해 보리타작한 것을 아직까지 보고도 하지 않고, 지난해에 곡식과 기장으로 포목을 바꾼 것도 아직 올려보내지 않고 있다. 지난해 신공 또한 한 필도 보내지 않았으니 완악하고 방만함이 막심하구나. 통렬하게 다스려서 일일이 추고 해와야 할 것이다. 또 이말은 근래에 그 일 처리를 살펴보지 않고 있느냐? 올해 아래 지방에 침수된 농지는 완전히 실농하였으나, 그 나머지는 좋다고 하니 겸해서 알았으나 검찰관이 와서 말해주었다.

*품관品官: 품계를 가진 벼슬아치.

書 - 529

준에게 부친다.

시사는 물론이고 회장*하는 일은 옛 의리대로 말하자면, 분명히 없는 일이다. 다만 지금 사람들이 모두 여러 뜻과 제도를 살펴보지 않고 오직 인정의 측면에서 말하는 것이다. 내가 지금 여러 사람의 말에 곤란을 당하고 있는데, 어느 겨를에 다른 사람 때문에 옳고 그름을 따져주겠느냐?

그러나 내가 서울에 있을 때, 여러 벗과 함께 공간*영공의 회장 여부에 관하여 말했을 때, '저 영공께서는 군직도 지내지 않았는데, 참석한들 어느 반열*에 들어가 서 있겠는가? 그 상황도 어렵지 않겠는가?'하고 내가 말했더니, 듣는 사람들도 가만히 있었으나, 들어갈 반열이 없다고 하더라도 오지 않을 수는 없었다.

오는 길에 김 정언과 이응을 만났는데 그들이 말하기를, '인종임금을 발인할 때, 파직당하고 서울에 있었지만, 들어갈 반열이 없었는데도 인정상 참례하지 않을 수 없어서, 그날 밤 미리 모화재로 가서 아무도 없는 소나무 사이에서 지켜보았다. 그러자 잠깐 사이에 이천계를 비롯한 파직당한 전관 대여섯 명이 모여들었고, 약속하지 않고도 달려와 곡을 하며 전송했다.'고 하니, 이 또한 인정으로 그렇게 한 것이다.

그 예에 합당한지 여부는 백영이 스스로 헤아려 처리해야 할 것이다. 만일 내 말에 따라 하지 않는다면, 사람들이, '아무개는 자기도 불충하면서 다른 사람에게 불충하게 한다.'라고 할 것이니 매우 두려운 일이다.

형님께 가서 만나 뵙고 청하는 일은, 너희 부자 중에 전심으로 나아가 말씀드리는 것이 마땅하다. 오늘 저녁 안도가 제사를 지내러 올라가니,

그대로 말씀드리는 것도 괜찮을 것이다. 저녁 늦게 가지 말고 조금 일찍 올라가서 곧바로 형님댁에 나아가 말씀드린 뒤에 숙소로 물러가는 것이 괜찮다.

추신———비안으로 보내는 답서에, '지정*하는 쌀이 너무 멀리에 있어 번거롭게 나르게 해서 미안하던 차에, 또 다른 사람을 시키는 것은 더욱 미안합니다.'라고 말한 것은 잘했다.

*회장會葬: 장사를 지낼 때 참례하는 것.
*공간公幹: 이중량李仲樑(1504~1582)의 字. 농암 이현보李賢輔(1467~1555)의 넷째 아들.
*반열班列: 품계·신분·등급의 차례. 의전상 자리.
*비안比安: 경상북도 의성군 안계면.
*지정[卜定]: 상급 관에서 하급 관아에 규정된 공물 외의 그 지방 토산물을 강제로 바치게 하던 일. 이두식 표현.

書 - 530

  준에게 부친다.

  편지를 받고 매사 소식을 모두 잘 알았다. 감사께서 뜻밖에 체직 당해서 진작에 안타까웠는데, 부사마저 체직이 되니 더욱 한스럽구나. 누구와 서로 바뀌느냐? 지금 편지를 쓰려고 하나, 아예 전해지지 못할 것이라고 들었다. 만약에 역사*가 있게 되거든, 네가 한스럽다는 뜻을 아뢰어라. 네가 온다는 내용은 알았고, 조보는 돌려보낸다.

*역사歷辭: 수령이 부임하기 전에 각 관아를 돌면서 인사하는 일.

書 - 531

아들 준에게 답한다.

돌아오는 고을 사람 편에 보낸 편지를 받고, 네 소식을 모두 잘 알았다. 어제 이비원 등이 오면서 전해준 편지도 보았다. 집 짓고 기와 굽는 일에 모든 씀씀이가 부족하여 걱정되리라는 것은 알았으나, 이는 바로 전에 내가 말했던 일인데, 과연 이런 지경에 이르고 나니 어찌해야 할지 모르겠다. 보리와 밀 농사가 부실한 데다 가뭄까지 더 걱정이구나. 의령에 남은 곡식은 네 동생 장례 때 쓰려고 이미 공간*에게 말해 두었으니 지금 가져올 수는 없을 것이다. 그러나 아래 지방에는 보리가 잘 되었다고 들었으니 아마도, 사람을 보내서 보리를 가져와도 괜찮을 것이다. 다만 농사일이 한창 바쁠 때 먼 곳까지 사람을 보낸다는 것이 어렵지 않겠느냐? 한 가지 방법으로, 풍산에도 보리 작황이 좋다고 하니 전에 가져온 품질 좋은 무명을 보내서 풍산에 있는 보리와 바꾸어 농사지을 양식으로 보충하면 될 것이다. 문손이가 길이 바쁘다고 재촉하여 이만 줄인다.

*공간公簡: 허사렴許士廉의 字. 퇴계의 큰 처남.

원문

원문은 퇴계학연구원에서 지원사업으로 이루어진 중간 성과물로 교감, 표점 등을 그대로 전재하였음.

● 무진년(1568년, 68세)

書 - 351 (1월 17일) P.10
【寄寯[戊辰正月十七夕]直長行次】
浩浩泥路, 何以行去? 念不已也. 自劾疏草幷送, 與貳相行狀同裹去, 汝審見否? 所以送者, 疏若傳出於朝報, 必多脫誤, 安道必欲見本草, 故送之, 勿示他人, 只令安道傳寫一通而藏之. 其草及行狀草同封, 托送于城主之行, 千萬謹之, 毋致閪失爲可. 汝發行俄頃, 進奉吏齋安道書來, 其書笠帽求之, 故附頓伊奴送去, 持給爲可. 且今次所上辭狀辭緣, 汝不見之, 到京, 逢人問疾, 答之之際, 不可不知此意, 故狀草亦送, 知之. 亦幷上二草, 還之. 弘祚處, 不別簡. 石物見樣時, 須於尺數外, 加有五七分餘數, 乃可鍊正後, 得本尺數也.】

書 - 352 (1월 23일) P.11
【寄子寯書】
頓奴反自醴泉, 知數日行信, 不知其後何如? 雨雪泥淖, 道塗百艱, 向念不弛. 此中皆依前. 但初九日, 又奉有旨兼政目, 乃有陞品峻除, 千萬慮外, 更遭此事, 驚惶窘迫, 不知何爲. 自今視之, 前之所辭, 反爲小小. 因思自劾疏, 歲前若上, 則必無此事, 慮事遲緩, 以至於此, 痛恨奈何. 然其疏及辭狀, 已竝達于朝, 未知何以處之. 不久有旨, 似將又下, 憂恐佇俟而已. 今來奉旨人回, 又作辭狀付送, 但其人向監司道于遠處, 必不速達于朝, 可恨可恨. 大抵在本品禮召, 猶不敢當, 況今陞品異恩, 豈敢冒進. 吾之進路, 比前尤難, 必至得罪而後已, 可憫可憫. 西小門家, 其得入寓耶? 凡事倍加謹愼. 不一.
【安奇通引齋來書, 今見之, 知悉. 安道等書, 皆來矣. 前來曆筆封, 乃李淸道 希瑞所送, 而其書十一月望時出也, 不知滯傳於何處, 今始至耶? 心事不好, 今未答謝, 如見, 爲致隨後答書之意爲可. 石物事, 醴泉云云, 殊爲未安. 永承母病重, 恐難救矣悶矣悶.】

書 - 353 (1월 24일) P.13
【寄寯男[戊辰正月二十四日西小門內李直長]】

龍宮過後, 未知何如行去? 雨雪泥濘, 備經艱苦, 定以何日弛擔? 慮慮. 政府隸人留三日, 今日曉諭還去矣. 今見安道書, 知辭狀先到, 已啓下云, 不知疏章啓下後, 上下意如何? 如何以處之? 日夜憂慄萬萬. 辭貳相書狀, 所受驛吏, 往方伯處, 想未速達, 亦可慮也. 餘詳政府人持去書. 今朝李庇遠妻捐世, 奔赴遇寒, 不平而還, 痛悼揮泣, 不能一一.

【近連得金伯榮書, 感感. 今以門喪心亂, 未修答, 爲傳之.】

書 - 354 (1월 30일) P.14
【寄兒寄書[戊辰正月晦日]李直長西小門內】
捧狀人來言"路逢無事而去." 深慰深慰. 但今來狀中, 聖敎至此, 益增震駭, 萬死無地. 然以陞品之故, 百無可赴之理, 故不得已因近上辭狀, 而又爲此辭, 惶戰罔極罔極. 近上狀, 不知已達與否, 慮萬慮萬. 李福弘奴持來安道書, 見之. 但此人之還, 未遑答之之意, 告之. 其書, 閔右相不意捐館云, 驚慟萬萬. 非但爲朝廷, 右相在, 則吾事庶有論捄之望, 而遽至斯極, 尤痛尤痛. 觀前日議啓, 深感其德, 可謂不負平生知心之信友也, 嗟惜奈何? 金承旨就文令公寄書答去, 汝可持呈于宅, 勢難則只令人持呈, 而勿入于政院爲可. 餘忙不一.

【金遷書及忠牧判決兩書, 皆見之, 隨後答之.】

書 - 355 (2월 2일) P.16
【寄寄書[戊辰二月初二日]西小門內李直長】
入洛安否何如? 此中庇遠家喪後, 他皆無事. 但去十九日奉承有旨, 乃劾疏辭狀入啓後降旨也. 驚惶罔極, 不得已又上辭狀, 伏俟威命而已. 所未知者, 去廿日所上貳相辭免狀入啓後, 發落何如? 又於劾疏啓下後, 朝意及物情時論, 以爲何如? 隨所聞書送爲可. 天使臨入, 凡事操心好過. 不一不一.

【餘詳前數三書.】

書 - 356 (2월 5일) P.17
【寄寓[戊辰二月初五日]李直長西小門內】
近無來人, 不知汝入都後, 寓於何處, 安否何如? 念不已也. 天使定以初三入否? 凡事都不聞知, 慮慮. 疏入啓後, 下旨已到, 已復上辭狀去矣. 但二相辭狀及答疏, 有旨人還, 辭狀, 今皆已啓, 不知天意如何, 朝意如何, 物意如何? 自陞品之後, 吾之進路, 益阻絶矣, 而未有許退之旨, 勢必大段狼狽, 奈何奈何? 然只得一向辭免而已, 他無可爲事也. 以此親舊諸處, 皆未修書, 相見, 爲告此意. 右相葬期, 在何月? 欲以一挽章寫此哀思, 畏時議, 時未敢耳. 城主何日發行? 或云遞爲京職, 想必虛傳也. 趙起伯今始去, 草此附送, 餘詳前書.

書 - 357 (2월 7일) P.18

【答書[戊辰二月初七日]部洞李直長寓處】

安奇人持卄八日書來, 知入京無事, 喜慰. 但一司中, 他員皆有故, 汝初到獨任, 又當天使之時, 何以供職? 甚可慮也. 吾自承答疏不允之旨後, 益深惶迫之至. 但疏狀重疊煩瀆多言, 尤深恐懼, 奉狀人回, 略辭上報, 無乃因此亦有物議否? 大抵疏下後, 必有物議, 皆未聞知, 奈何? 朝廷之意, 雖欲必來, 吾則百計千思, 一無可進之義, 事勢極於窮窘, 欲死無路, 寧欲逃去, 以汝等在都下, 故趑趄未決, 憂撓日深, 罔知所爲. 解由色來云當上去, 故附此書耳. 莫仇知齋書, 亦昨日見之. 朴樑試紙, 當給之, 但吾意欲勿行爲可, 如何如何? 赴則或京或外, 亦當何赴? 餘不一一. 凡事十分操心.

【餘具趙桭 億良 欣石等持書. 左相見書後, 何言?】

書 - 358 (2월 16일) P.20

【寄書[戊辰二月十六日]部洞李直長寓處】

近無來信, 未知安否? 道路傳言, 汝換他司, 而未詳虛實與某司. 且天使, 今已回否? 如此多事時, 爲國事與汝職事, 何以過之? 念慮不弛. 家間大小, 皆依舊. 但去晦御批答疏下後, 不知更有何事耶? 貳相辭狀及回答疏辭狀兩狀入啓, 必有發落, 至今未聞, 憂恐萬端. 近見李從茂, 聞時論又有大可憂者云, 不知何事, 尤悶悶. 因此多憂, 不免用心, 心證漸重, 若終未蒙恩, 煎迫不已, 勢將大發如此, 則不得已專以病重爲辭狀主意, 汝不可不以病親之故, 呈辭下來, 奴馬卒得必難, 如之何如之何? 此等事, 不當言也, 然汝不可不預知, 故預言之, 須心知而勿以語人. 觀吾事勢, 必有大患難而後已, 天何使我至此極耶. 寫簡至此, 適吳正字來, 得汝初三日書, 乃知換他之言虛傳也. 觀安道書報, 尙無蒙許之望, 悶不可勝. 未知兩狀到後, 又如何耶? 丙寅陞職, 已不敢進, 今之陞職, 比彼懸絶, 又豈可進耶? 俟罪而已, 奈何奈何? 庇遠家喪, 曾已報去. 餘詳前數書, 不一.

書 - 359 (2월 22일) P.22
【答寯[戊辰二月卄二日]部洞李直長寓所】
今見榮川人持來書及奇別, 略知近日之事, 深慰深慰. 此處皆無事. 但吾事, 尙未有蒙許之望, 而左相之言, 如此, 尤可悶也. 前辭狀, 至今未到云, 甚可怪也. 雖往使道, 豈至如此之久耶? 今欲又上辭狀, 而頻頻煩瀆, 更極未安, 姑少忍之耳. 前後天使相繼來去, 不知國家何以支當? 申詣仲得官, 可喜. 餘 皆知悉. 新城主, 今日當上官, 書信時未送來矣. 安道處人忙, 未書告之, 只此.

書 - 360 (3월 2일) P.23
【寄子寯】
城主持書見後, 未知近信, 慮慮. 後運天使, 何以來還? 汝職無闕事歟? 此處無事. 但院坪·笠鄕奴家疫入, 而去月二十一日, 宰姪喪妻, 門中連有凶事, 痛怛無已. 吾事近日如何? 前上辭狀未到者, 今必已到, 其發落如何? 前下勿以進退爲嫌上來事有旨, 畏其頻煩, 至今未答, 近欲復上一疏, 時未畢草, 憂悶方深. 雖人言萬萬, 所遭之事, 旣如此, 又有云云之事, 吾豈可抗顔而冒進? 惟待譴罰而已. 宋判書所言疏中不當陳之事, 汝之所答, 甚得吾意矣. 判書其他所言, 亦甚愛我之言, 然猶有未盡之意, 不能一一辨明也. 左相所言, 亦與判書之言無異, 皆未悉吾事而云云, 欲從無由, 奈何奈何? 解由今必已出, 未知受祿如何? 新入百事多闕, 何以支遣? 慮慮. 此處燔瓦事, 亦不可不爲, 今方始事, 資用兩屈, 亦慮亦慮. 此人傳傳不可信, 故草草不一.
【宰妻喪, 於汝爲緦麻, 安道則小功, 且四寸妻, 朱子『家禮』無服, 而『大明律』·『大明會典』及『大典』, 緦麻云. 恐汝只見『家禮』, 則以爲無服, 故詳告耳. 安道處, 未及與書之意告之. 阿慶不廢讀書.】

書 - 361 (3월 10일) P.25

【寓答書[戊辰三月十日]部洞李直長寓處】

連守來, 見書, 又見縣人隨舊城主者持書, 知汝父子免恙留在, 詔使多事之時, 無闕過了, 可喜. 但失騎, 其竟未得耶? 既云三日不得, 其後豈能得之? 自己馬, 猶非細故, 況他馬乎? 不得已買馬償之, 價物備出不易, 奈何奈何? 然當隨宜措置, 隨所得專人上送爲意. 詣仲與汝, 俱是厄重, 以至於此, 是亦天也. 吾事, 非但陞擢之故, 更有近日朝議之事, 難勢疊疊. 決無上去之理, 而人言每每如彼, 奈何? 辭狀推調事, 甚可悚, 不知今如何耶? 最後有旨, 每以辭狀, 卽授來人而送之, 徒煩數而未安, 故只通書於金文之, 承旨不上辭狀, 方欲更上一疏, 今已草寫. 縣解由吏, 明明間當上去, 故付其吏上送爲意. 悶右相葬期與地知悉. 其家所望甚切, 且其嗣子送挽幅來, 皆不可負, 而事勢非便, 不得應副, 深自愧慟愧慟. 其發引時, 汝若無大故, 須往護出門外爲可. 崔子粹之奴來, 受答告忙, 草草. 餘當詳付縣吏書爲意.

【詣仲處, 忙未書, 爲傳隨後致書之意.】

書 - 362 (3월 12일) P.27

【寓兒答[戊辰三月十二日]部洞李直長寓舍】

連守下來後, 又得去月廿九日·今月初三日·初五日等書, 知天使時無事過行. 但於崔德秀奴還, 一付小簡, 殊未子細, 恨恨. 所失馬匹, 竟未尋得云, 何恨如之? 詣仲失官無聊, 又至失馬, 不可不買馬償之, 價物, 今方營織, 恐未周足, 慮慮. 前上辭狀, 奇承旨前, 進白推問乎? 此必驛吏失於中路, 而託言付政每云云, 然則竟未尋得之勢, 恨恨. 最後來有旨, 則每於人還, 答上辭狀, 似爲輕率煩數, 故此有旨人還, 只與書於金文之, 承旨言其祗受之意, 而辭狀則不付矣. 然其人, 久不還京, 可悚. 且辭狀, 不得盡意, 故今復拜上一疏, 付解由吏送去, 汝可進呈于政院, 入院門外引儀廳近處, 先招院吏, 詳問進呈節次, 然後詳審進呈爲可. 大抵吾本難進, 而加有此陞秩之事, 已極難進, 近又見文衡之議, 復擧吾名, 吾進之難, 重重疊疊, 故不得已又上此疏, 不知又如何處之, 慮慮. 就中吾雖非沉綿床席之病, 然旣云病辭, 而汝則從仕如常, 此間人, 亦或疑其未便, 汝可見後還任. 只以天使又來, 棄職下來, 至爲未安, 欲過此而後來, 則夏節已將盡矣, 其於秋冬間受由, 相去又不遠, 如何如何? 非但此也, 馬匹尤難, 亦將何以處之? 觀勢好處爲可. 朴郎畢『論語』後, 願歸榮川, 與儕輩學作場文, 姑且許之, 今則試期必退, 故近欲呼還, 使讀『韓詩』耳. 閔政承嗣子, 送挽幅來, 意極痛慘. 但反復思之, 今不可製送, 故未果依副, 愧負幽明, 奈何? 前云寧逭萬一, 事到極無可奈何處, 則如此爲之, 然亦豈輕易耶? 李正郎景命所云事, 乃元定不爲之事, 今豈破戒而創爲之耶? 尤可恨也. 文川守處行狀推尋事, 如汝所云, 則推尋不難矣.『儀禮註疏』幾卷乎? 東國未有之書, 得蒙恩賜, 惶感惶感.

【詣仲前罷多言之餘, 乃得衆爭之邑, 何悻乎駁遞耶? 可恨可恨. 疏草, 可信人附還, 趙振歸淸洪道, 故不答書, 疏草亦送, 勿播, 見後幷前.】

書 - 363 (3월 15일) P.30

寄子寪

近日從仕何如? 此中皆無事. 辭狀推調事, 竟爲何人之失耶? 近間別無朝議耶? 上疏, 月十二日, 縣解由吏鶴連齎捧上去, 此人由水路, 恐未速入京也. 大抵文衡之議復擧名, 此尤極難進之事. 若此疏入, 猶未得請, 則他無善處之道, 悶慮. 安道前書, "父於中間, 有換任之勢而未果"云, 未知何如而有換勢耶? 殘弊之司, 人情苦厭, 以我所厭, 換人所樂, 人之怨我, 不亦甚乎? 偶被銓曹所換則已矣. 請囑圖換 千萬戒之. 餘詳鶴年持書, 草此.

【安道處, 今不與書. 今在陶山, 阿慶隨在, 阿淳在烏川, 朴㯳昨自榮還.】

書 - 364 (3월 21일) P.31

【寄寪書[戊辰三月卄一日]部洞李直長宅】

縣吏鶴年捧上疏上去, 不知今已進入否? 其發落, 未知何如? 深慮深慮. 烏川人持書, 亦未知見否? 此處時無事. 但朴郎初欲往赴京試, 兼爲覲親, 更思之, 天使萬一有速來之報, 則不無退試之勢, 又看此郎, 今試全不開而讀書最重, 今讒始讀『韓詩』初卷, 若又棄去, 則必廢數三朔之功, 至爲可慮, 故不得已勸止之, 無乃部將以爲不可乎? 且汝呈辭下來事, 今似難諧, 待秋下來, 則朴郎其時上去覲親, 而汝於其馬從下來, 則似爲兩便, 亦何如耶? 馬價物, 隨所備欲送, 而送勢亦不易, 奈何? 餘詳前數書, 適有忙事, 不一.

【安道處, 未修別簡.】

書 - 365 (4월 5일) P.33
答子寯

汝等去卄六書, 今初二, 自榮川來, 又其前十九日書, 松柏持來, 具知近事. 且安道婦生男, 喜歡不可勝言. 母身初雖小未安 今已差復云 尤以爲喜 但汝有臀腫 未知今如何 慮慮 予別無大段病患, 只以心無頃刻之安, 因致心熱間發. 或因小小失攝, 頻數不平, 氣甚昏眩, 恐或因而大發爲慮耳. 就中二月十六日奉有旨, 私意以爲辭狀略陳. 徒頻無益, 故姑不爲書狀, 而拜疏極陳, 庶蒙天恩矜許, 側身苦待, 今知非但未蒙許命, 反致復有敎書遣官之事, 驚悶罔措罔措. 早知如此, 不如不爲疏而例上辭狀之爲愈也. 然去晦前, 敎書發京則昨間當到, 而時未到, 又未知何故而然也. 奇承旨啓辭, 於我大有拯救之力, 深爲荷感. 但只請勿爲堅留而已. 不請勿爲堅召, 俾成其志, 故吾之狼狽之勢猶在, 斯爲未盡耳. 今尙未覩敎書中旨意如何. 故所處之宜, 亦未預料. 然貳相不遞之前, 吾無可進之義, 故不敢爲行計矣. 賜物中, 如書冊猶可, 若匹段等, 未拜貳相之命, 而徑受貳相賜物, 義尤未安, 勿爲下送, 後日於辭狀末, 幷欲辭之, 留待後書所喩而處之, 爲可. 大提已歸他員, 可喜. 詔使之來, 今必有定期矣. 吾之難進, 其端甚多, 而其中當國家多事之際, 呈病避事, 吾所不免也. 前天使時, 稱病避事, 許多官員, 彈劾甚嚴, 吾今若入, 正當詔使之來, 病發不仕必矣. 是自納於避事之罪, 豈不慚赧之甚乎. 其他百難, 皆備於疏中, 而時人皆不諒察, 皆云當來, 奈何奈何. 朴郞見試事, 無益而有難, 故已令停行, 前書已言之矣. 部將無乃以爲非乎? 此郞今讀『韓詩』, 愈覺艱澁, 不易讀而無長進之意, 深可慮也. 柳司諫書簡及晦齋行狀, 領悉. 當依其示, 修改而送, 但以心事憂撓, 未暇及此, 姑俟後日耳. 趙大憲行狀及文川書簡, 領見矣. 汝之下來, 難勢非一, 可慮可慮. 買馬價物, 今始備去, 其中木三疋, 自此所送也. 申詣仲處, 未修簡, 爲恨. 失官留京, 艱苦如何? 其他有書簡, 諸君處, 皆未答書, 愧甚. 見輒爲謝之. 閔右相挽詞, 情不能抑, 草迄已書, 故送之. 但雖在山, 所見者必多, 姑須勿送爲可. 瓦事, 在命福口報. 值務劇且用窘, 可慮可慮. 兒名, 一云"壽慶"一云"昌陽", 以其生於五陽昌盛之時故也. 汝父子議定其尤善者. 兒名, 更思之, 慶字, 與阿慶同, 不可用, 故改之曰"壽昌". 今送醴泉及弘祚簡中辭緣如此, 吾答弘祚書曰"此事當意, 但孫兒未學, 而猶有童心, 故其父與其養母意, 不欲早婚, 期在二三年之後, 而醴泉欲於今年內速成, 莫大者婚事, 旣不可請退, 又不可預定, 此似相違, 然吾當通于京及烏川云云"不知汝意何如? 醴泉書中所謂"有人來白退溪"者, 指宏姪也. 宏以他事來, 言及此婚事, 吾云"未知, 當身如何"宏言"傳聞當身甚好云云"答曰"信然則可婚, 但彼欲速而此欲緩, 其父在此時, 已知相違而去矣."此非定婚之語也. 而宏乃傳虛妄語於彼, 以致此書之來, 殊爲未安, 當身果好, 則近處如此家者, 亦不易得, 早晚可許, 但詮聞淳養母意有不願云, 似亦有理, 不知如何如何? 憲府所聞右守罪囚致死事, 如何結末? 傳聞右守今欲棄官而去, 未的信否也?

書 - 366 (4월 6일) P.38
【寄寓兒[戊辰四月初六日夜燈部洞李眞長宅]】
命福受書, 今日發去, 凡事詳在其書. 但命福由水路, 想必遲緩入京, 故習讀之還, 略付此書. 習讀今早來, 下敎書內, 誤加眷責, 有增無減, 前日血誠控疏之意, 無一得蒙矜許, 悶極罔措, 奈何奈何. 反覆籌思, 若如此終不得兪音, 而厮捱不已, 於臣子之義實有未安. 且有奇承旨啓辭, 不無辭退之路, 豈不欲扶曳一行. 但所云一二事, 皆在定不定之間, 適當此時而入, 甚非其宜, 非但此也, 詔使之來, 逐隊隨行, 冒熱奔走, 病發必矣, 則呈病避事, 彈駁必至, 雖或免劾, 曠職負恩, 慙懼益甚. 且白色衣裝全闕, 卒辦亦艱, 此等難勢極多, 不得爲行計, 伏俟譴罰而已. 賜叚香, 受之未安, 欲辭之意, 命福持書言之. 今次欲別作一狀請辭, 而令汝進納, 更思之, 如此則恐或又因其事, 有旨下來, 惶恐煩擾, 姑停, 須謹藏以待後日, 觀勢處之. 洪貳相何故又辭退耶? 舊人多如此, 殊甚未安. 眼暗不一.
【前城主數相見否? 命福歸時, 未修問札, 恨恨. 近見政目, 爲養賢主簿, 此則典籍之例兼, 又擬兵曹假郞, 銓曹不問此人之善治耶? 可惜可歎. 安道處, 今不別書.】

書 - 367 (4월 14일) P.40
【寓答寄書[戊辰四月十四日李直長寓所部洞]】
前書, 因知有癤患, 爲慮之際, 今得月初四書, 知已差復, 深喜. 去月卄六彥香持書已見, 而命福及習讀之行, 二次附書答去矣. 吾行止, 左相之言, 固爲懇切有理, 然貳相位, 不可久虛, 庶幾從近命遞, 遞後或有可進之勢, 今則如前書所云有極難之事非一, 何可冒昧而輕進乎? 此等事, 前二書備言之, 故今不再詳耳. 朴郎不遣未安, 然以讀書爲急, 故勸止之, 部將無乃以爲未便乎? 祭用素物, 汝母喜受云, 但汝新旅寓, 事必多窘, 還爲未安事亦云. 朝報, 領見矣. 孫婦猶未復常, 爲慮. 安道處, 不爲別簡, 以告之. 鄕任兩人, 一時皆欲遞, 騫則可矣, 孫苋爲任未久, 不謀於人, 而遽欲遞免, 殊爲未便, 仍任可也, 不知何以處之耶? 燔瓦事, 西舍所用, 初計六窰, 烏川以爲六窰不足, 須至八窰, 欲依此爲之, 但功役甚重, 正當務劇, 又用度大窘, 負債甚多, 不可說也. 吾意, 七窰則可得八訥, 止爲七窰亦計耳. 詣仲去年吾上京時, 惟新薄待我之言, 甚喧播云, 至爲驚恠. 恐或連伊出浮妄之言, 以至此, 欲打懲, 後復聞似出於朴家奴領舡卜者, 自前到此官, 必以飮食不如意, 發怒官人. 是時尤以官饋不與, 行次人一樣詬怒官人, 人皆竊罵之, 必此人到京, 作誣言以至傳播, 未可知. 汝若細聞, 悉以報來.

書 - 368 (4월 21일) P.42

【答寓[戊辰四月卄一日]李直長宅部洞】

縣吏等來, 見初十日書, 又白雲地人還, 見十六日書, 具知凡事, 稍慰多慮. 但前腫雖差復, 有小發處云, 不知何如? 必難騎馬, 慮慮. 此處, 皆依舊. 就中下問時, 習讀上達之辭, 不違實事, 幸矣. 吾行止兩難之勢, 部將榮川奴附書, 亦已言之, 今不每云, 大抵庶幾遞命之下, 而尙不得焉, 悶不勝言. 樑與淳, 有似難同讀之勢, 而夾之欲自敎淳兒, 故往烏川受讀, 近以夾之赴試, 故來此, 不得已令其同讀耳. 馬匹, 一買一未云, 其償馬, 須以不減失馬者, 買給爲可. 兒名, 何定耶? 婚事, 知之. 朝報及榜, 已見之, 崔子粹得中, 深喜, 金箕報·柳仲淹等, 皆可喜. 鄕榜, 時未見, 傳聞信道[一云宗道]·琴應壎·金墺·具贊祿得中, 而嵩也又失, 喜恨兩功. 餘不一一.

【洪二相, 何故又辭退耶? 舊人多如此, 殊深未安. 天使來奇, 久無定期, 可恠. 奇承旨啓辭, 知悉. 只如此亦甚不易, 其所云云, 勢果難以豫陳也. 此中雨澤, 亦周洽, 農事可喜, 但春麰不實. 瓦妨農雖甚, 不可中輟, 度來月念晦間, 可畢也.】

書 - 369 (5월 8일) P.44

答子寯

今見四月晦日書及金·李等書, 凡事詳悉. 安道不中, 雖恨奈何. 赴鄉圍者亦皆不中只金誠一李逢春得中可怪歎也. 天使發京之聲何久不來耶. 久待之際凡事多妨可恨 洪相還入, 貳相從此必陞, 甚可喜. 但宋相辭銓曹, 勢固當辭, 而使之至此, 亦不可曉耳. 吾事又復改下批, 而不見遞命, 如此推遷, 何有終竟, 不勝悶慮. 頃習讀還時所上書狀內, 若直達不得趨召之意, 則於隆眷下書之旨, 太似無仰承之意, 尤甚未安, 故不分明陳達, 姑欲觀勢處之故也. 是後益覺虛慊, 雜病間發. 中因家冗, 出寓溪齋近水處, 濕氣侵襲, 遍身如痺, 雖幸多方自救而得差, 餘毒猶在. 又思以此病身, 入當天使之時, 稱病避事與力疾奔遑, 兩皆極難. 非但此也. 貳相之遞, 猶或庶幾可望, 故未敢作上去之計, 復修上書狀, 具由乞辭, 且前賜段子香封等物, 今始併入乞辭於狀末, 附琴燻之之行以上. 汝須捧齋書狀, 納于政院, 兼令人捧段香詣尙衣院, 以俟命下, 納上而退爲可. 金而精又惠山藥丸, 深感厚意, 謝簡修送, 但其書云 "五月旬間, 欲下忠州, 規取石物." 若已下去, 則送于其家, 令傳之母失爲可. 惟新薄待云事, 聞其間曲折, 似出於朴家奴言. 然奴連伊者在京時, 亦不無可疑之言云, 故已笞打懲之矣. 李司諫所云停卜相事有理, 然此事已有所定, 汝不須聞見, 可也. 人言吾以而精之言爲行止, 此亦可笑. 余今出陶舍, 朴與淳隨在, 但阿慶讀『庸』二十一章, 此兒非徒常時固避讀書, 今欲率來陶舍, 啼泣堅不肯來, 不可說也. 奈何. 餘在燻之, 不一.

【柳應敎處答簡及晦齋行狀送去, 但姑留置, 以待來月間看吾事無他雜議時, 送傳爲可, 今與此辭狀同時送傳, 則爲非時故也. 許允廉書簡內, 今戊辰爲始, 三宅各公置畓三石十五斗落只, 田八石落只, 其餘畓五石十餘斗落只, 田十石落只許給, 竝衿記移錄云.】

書 - 370 (5월 19일) P.47

【答寯書[戊辰五月十九日]直長寓處部洞】

政院書狀陪人來, 得見汝父子平書及安道行期, 爲慰. 書狀內云云貳相蒙恩得遞, 感幸何有窮極. 但一品未蒙併改正, 此甚悶恨之事. 燻之附上書狀, 想今已啓達. 或因此而幷賜改正, 何可勝言. 其賜物回納事, 未知得請與否, 亦慮亦慮. 聖恩至此, 似不可不一往謝, 而近多疾患之餘, 寂妻昨以難產, 奄忽不救, 而所產兒尙存活, 三兒呱啼, 眼前慘怛, 無以爲心, 心熱發動, 酷暑冒涉遠途, 極甚危悶, 書狀中, 不得已略陳因病未卽上去之意, 欲於來月十三日過忌後望間戒轄, 以及小祥之日爲計. 汝雖速來, 不得久留之勢, 然吾扶病暑行, 汝不來隨行, 亦甚未安, 從馬, 如汝意發送亦計. 安道近當來到, 故不答書耳. 心煩鬱, 不一.

【尹舍人·吳佐郎藥書, 皆不來, 想汝忙中, 忘不付此人. 汝於路中, 亦不可無藥, 其時持來爲可. 庶孽服制, 人多疑之, 然『儀禮』『家禮』, 旣不分別, 『大明會典』, 我國『大典』, 皆不分明, 此不須疑別於其間也. 但我國待庶賤, 旣異於古, 恐不能無少減殺, 故欲令安道輩, 減期一等, 爲大功, 吾減大功一等, 爲小功, 汝則小功減一等, 爲緦麻.】

書 - 371 (5월 20일) P.49

【寓兒寄書[戊辰五月二十日]李直長部洞】
政院書狀陪人, 受回上書狀, 今朝發去, 幷持答汝書去矣. 連守等, 如汝言促送. 二相得遞, 不可不往謝, 不得已冒暑遠行, 汝之欲來隨行甚當, 須速來爲可. 書狀中, 雖陳適苦心熱, 請寬日期, 待少差上去之意, 然欲及小祥前入京, 故來月望間, 定發爲計. 寂妻事, 前書已言, 恐其人反爲落後, 故再言. 十七日, 以難產奄死, 眼前驚慘, 不可忍言. 家有此事, 行計百闕, 罔知所爲. 尤所難者, 衣或無一件者, 勢難及辦, 奈何. 雖國恤, 交綺團領, 宰相通著與否, 知來爲可. 餘在進奴口報, 只此. 惟暑路愼行, 千萬千萬.

書 - 372 (6월 4일) P.50

答子寓
縣吏齎書見後, 夫叱失等昨日入來, 又見書, 爲慰. 汝之下來, 本未可必. 天使又臨到, 棄來亦未安, 以此不來, 雖恨奈何. 但初以貳相旣遞, 必降授知事, 而崇品從可辭許改正, 不勝感喜之極, 故欲進謝, 今乃仍授準職, 然則何益於請辭陞品之本意乎. 大失所望, 不勝慨鬱之至. 然旣於前狀, 陳其當進之意, 今難中輟. 但近多冗惱, 又以辛參奉姊氏病深重, 浮腫·上氣·痢疾兼發, 上氣·痢證少歇, 而浮腫尙繁, 勢將難捄云, 憂煎罔措. 吾熱濕等證, 因此失攝頻發, 艱以調持, 望時發行, 似未可必, 量看病勢, 念後晦間欲發, 正當極熱, 冒行甚危, 且似不及練期, 恨歎俱極. 齎書狀人回, 附上書狀, 想今已達于政院. 其狀內崇品乞改正事懇陳, 未知亦未蒙恩否? 未蒙則吾雖入京, 不得出仕, 必欲改正降授而後, 出仕爲計. 段·香, 得許納, 仰謝不已. 此則如是, 而辭職之事, 久未蒙恩, 疑悶日深. 且中此處去卄五日, 大雨暴作, 狂流橫潰, 溢谷呑野, 盡壞田畓, 西所作二大畓漂沒, 小小處亦多有之, 溫溪諸族, 被災極慘, 察訪兄家尤甚, 不知將何以卒歲, 悶極悶極. 赦差使, 何可必乎? 況若在吾行之後, 則求之亦難矣. 琴燻之時未來, 未見其書耳. 制知悉. 餘在安道書, 只此.

【寂以事往其妻墳所, 未修答耳.】

書 - 373 (7월 4일) P.52

【寄寓書[戊辰七月初四日]李直長宅部洞】

榮川人持書, 得見於龍宮, 未知其後安否何如? 余去月卄五日發行, 每站經宿, 今到聞慶, 明將踰嶺, 初六可到忠州, 留調一日, 發舡爲計. 自出行後, 或不平, 僅僅調攝, 得免大苦而來, 似爲幸矣. 但朴檥到安東日, 過飮氷水及冷物, 因得痢證. 初以爲偶然, 不令我知, 到咸昌, 證勢加重, 爲赤白痢, 乃始知之. 以蘇感元二次快注, 猶未得瘥, 數日來多方治藥, 未見效, 專不飮食, 不勝憂悶. 今夜若少歇, 則明日過嶺, 不然, 明日欲留見證勢而後, 率去爲計. 度其大勢, 似若向愈, 而而尙未見愈, 爲慮不淺. 就中以前日權司諫所啓後, 命遞貳相, 觀之似若降授二品職, 而其後書狀入啓後, 尙未命降授, 深悶. 不可不更辭, 故書狀修上, 適幽谷驛吏, 以迎新官上京, 故附以送之, 令傳于汝之, 須卽納于政院爲可. 但其發落, 則吾行在水路, 難期某處相遇, 只當留待于豆毛浦, 或廣津等處可也. 人忙, 他事不一.

書 - 374 (7월 8일) P.54

【寄寓書[戊辰七月八日]李直長南部洞】

旱熱, 安否如何? 余發行後, 曾患痢, 調差艱保, 到忠州, 但朴郞痢證, 到聞慶日, 幽谷書者附書, 已略報去, 未知其書及政院書狀, 以時傳致否? 初四自幽谷至聞慶, 其證益重, 專不飮食, 晝夜無數, 初五日留行治藥, 蹔似向歇, 殘邑不可久留, 金樂春適到, 此人可信, 故付託看護, 初六余率安道, 發宿于安保, 七日到此, 仍留待矣. 數日連得泰和書, 漸漸向歇, 粥飮小小入口, 度數漸減, 自此可望生意, 期以今日取近來宿延豊, 明日宿安保, 初十抵此, 則以十一發舡行以去爲計. 然又慮勞動復發, 行不得如約, 深悶深悶. 以此所經所留及前路貽弊不貲, 惶愧萬萬. 此郞本以氣弱人, 多食生冷, 以致重傷, 以生此患, 今雖小差, 不得安臥待平, 深以復發爲慮耳. 書狀入啓後, 發落如何?
雖有某發落持報人, 水路恐相違, 故前書只待於廣津等處云, 未知何以處之? 因張判事先行, 略修不一.

書 - 375 (7월 14일) P.56
【寫寄答[戊辰七月十四日午後]司醞李直長】
書狀陪來人傳書, 知汝無事從仕, 爲喜. 張正具佐郞持去書, 想皆已見矣. 朴郞病留聞慶六日, 初十日轎到延豊留二日, 昨宿水道里, 今日始來于州. 逐日稍稍向平, 漸近粥物, 自昨日小小食飯. 然如厠猶未復常, 懨弱太甚, 猶以水上帶發爲疑, 欲留調二日, 十七日發舡下去. 各官滯留候待之弊, 至爲未安. 緣此病非常, 不可欲速, 致誤如此, 奈何奈何. 前狀未蒙恩, 今復如此, 似爲煩瀆, 然因祇受書狀, 復陳微懇, 但令還人進呈, 不必汝親呈也. 餘具前書, 不一.
【眉之前, 人忙未別簡, 傳示此簡, 可也.】

● 기사년(1569년, 69세)

書 - 376 (4월 27일) P.58
【答寫[己巳四月二十七日]李直長寓所乾川洞】
今刻連云承奉有旨書狀來, 不許致仕之請, 惶恐悶悶. 又適連守等來到見書, 知爾無事到金遷, 又得公船而去, 深喜. 但連云者日暮來云 "明早有上京人." 故僅修閱承旨前答狀, 以報祇受書狀之意, 而迫於曛黑, 他書皆未修答, 恨恨. 安道及惇敍諸處, 皆告此意爲可. 此處皆依舊. 靑雲亦安在. 只此.
【崔應龍判決事, 到忠州寄書承見, 感荷. 憂撓中, 凡親舊書簡, 率多未酬, 故未得答謝, 如見右令公, 此意傳白爲可. 昌城, 今已發行否? 今去書, 因

便附傳, 令其必達可也. 在京未及書, 恨恨.】

書 - 377 (5월 13일) P.60
【寄寓[己巳五月十三日夕]乾川洞李直長寓處】
烏川人來, 見汝去月二十七日書, 知船行無事入京, 甚喜. 今又李咸亨來陶山, 見金而精書, 因知汝好在, 又知汝所以不修書之意. 但此人之來, 甚非其時, 何不與而精力勸止之耶? 今既遠來, 留之遣之, 兩皆極難. 又問李國弼欲來, 尤以多來爲難處, 須切責止之爲可. 此中大小, 皆無事. 但蓮臺之兒, 去月晦前化去, 而其後無汝其氣, 意必終無事也. 焚黃祭, 樹谷·孤山, 皆行過, 惟以完姪西村家疫, 改題未行, 爲未安耳. 前來諸公書及今李生齎書等, 以問此人之行, 不預且適有冗, 故皆未答狀, 恨恨. 安道在山寺云, 故亦不與書, 如見奇承旨·鄭司諫·鄭修撰·而精·永叔·啓叔等, 爲傳此意, 問以殿議. 朝達洶洶, 惶惑震越, 無以爲心, 姑此不一.
【此處兩麥寒悴, 中間稍蘇, 又得時雨, 似少可望, 而又有黃耗之漸, 深慮深慮.
朴郎與阿慶在此, 純道在烏川.】
【詣仲得縣, 可喜. 但署經, 何以爲之? 想必速赴任, 故不爲與書耳. 城主來時, 奇直提學·李湛·李珥·柳希春·柳成龍·南彥經·金就礪·禹性傳·金命元等寄書來, 皆以憂苦無聊, 未及答書, 恨恨. 如見此人等, 爲致謝意, 隨後答書告之. 惇敍書, 亦未修報, 爲傳之.】
【此處兩麥寒悴, 中間稍蘇, 又得時雨, 似少可望, 而又有黃耗之漸, 深慮深慮. 朴郎與阿慶在此, 純道在烏川.】
【詣仲得縣, 可喜. 但署經, 何以爲之? 想必速赴任, 故不爲與書耳. 城主來時, 奇直提李湛·李珥·柳希春·柳成龍·南彥經·金就礪·禹性傳·金命元等寄書來, 皆以憂苦無聊, 未及答書, 恨恨. 如見此人等, 爲致謝意, 隨後答書告之. 惇敍書, 亦未修報, 爲傳之.】

書 - 378 (5월 20일) P.62
【寫寄書[己巳五月二十日]李直長乾川洞】
從仕好否? 此中皆依舊. 青雲至今平安, 想從此無事矣. 四五日前, 獜山人還去, 附書以送, 尋當得見. 但其時匆遽, 凡事未得詳悉, 今又縣人以貿藥事, 急忙告辭, 諸書一未修答, 恨恨. 前見汝書, 多見辱於主家人, 不知何故如此? 慮慮. 申龍宮無事發行耶? 其家移寓甚好, 毋失卽移爲可. 曾來『聖學十圖』草印本六張, 同封還送, 安道在寺, 則金而精處, 卽送, 使招李明光, 指敎改處而授之, 依改爲可. 而精處, 亦以人忙未及修書, 幷傳之. 餘不縷縷.

【而精處, 有不得已事, 草修一簡, 幷送爲可.】

書 - 379 (5월 22일) P.63

【寄寯再書[己巳五月二十二日夕]乾川洞李直長宅】

近始炎熱, 從仕何如? 兒輩皆好在否? 此處並依舊, 閭閻亦安. 雨澤不至旱乾, 兩麥時未登場, 似皆不實云, 時事, 近日何如? 雖在遠外, 心常未安. 前者聞獮山人之還, 忙作小簡, 送烏川, 又縣人貿藥者, 亦忙來告辭, 又草一小簡付送, 今聞獮山人尙留, 明乃發去云, 又此略書以送, 近日三書, 皆因人忙未悉, 且不報諸公書, 恨恨. 且貿藥人歸, 『十圖』內先印送六張付送, 無事傳否? 未知慮慮. 後書報來爲可. 昨宜寧人來, 老親康寧云, 深喜. 詣仲無事赴任否? 汝去館後, 若無近處不當之闕, 不如下來待便之爲愈也. 吾意如此, 故預言之耳.

【取前問安.】

書 - 380 (5월 26일) P.64

【答寄寯[己巳五月二十六日]李直長寓處部洞】

衙奴下來, 得見今月二十日書, 知無事, 爲喜. 在此大小, 皆依舊. 疫氣, 今已永殄矣. 今月十四日, 獮山人自烏川, 當上京, 故修書附送, 又二十日間, 縣人貿藥事上京, 又附一書, 至二十二日, 聞獮山人尙未發, 今始發去云, 以此音信久阻, 可恨可恨. 聞其家主向汝多凌辱, 今更知洞內人亦然, 此必由吾在彼時, 有失道於彼輩, 彼輩蓄忿之久, 而發之於汝, 深可愧也. 然今已無及矣. 只當汝速移寓龍宮家, 甚善甚善. 詣仲無事下來云, 稍喜. 安道廢業太甚, 臨渴掘井, 不可無也. 介非事, 性若如彼, 何處不然? 不然, 不如下送之爲愈也. 榮川之去已久, 而啓本今乃得上, 鄭司諫有得之之勢, 爲可喜也. 京師旱氣, 可慮. 此處雨澤, 雖未洽足, 然不至乾涸, 兩麥微有黃耗而不甚, 似有可望耳. 鶴年病苦云, 憐慮憐慮. 餘具前數書, 只此.

【西舍時祭, 二十八日設行爲計, 故吾亦明早入見爲計. 宜寧奴昨者來, 得汝叔書云, 康寧侍側矣.『十圖』內先來六張, 縣人貿藥者付送, 無事到否? 其圖更細審之, 形制太廣且長, 雖便於作屛, 而不便於作帖披玩, 可恨可恨. 此意, 前日金而精處書中, 略言之, 猶未詳悉, 今亦人忙, 略言之. 今雖畢刻難改, 然姑勿印出頒布, 更俟與奇承旨等通書相議, 然後處之事, 告而精, 圖之可也.】

書 - 381 (6월 7일) P.66

答子寯[己巳]

夫吐失來, 得見去月二十五日書, 又得二十八日書, 細知汝依舊從仕, 爲喜. 天福與婢兒, 無事下來. 汝移寓, 甚善. 在彼家時, 婢子被打事, 金彦純來言, 大槩聞之, 今見汝書, 更知其詳, 雖其悖惡之甚, 恐前後有不能善處於主家與隣舍而然, 可戒可戒. 不呈法曹, 亦可耳. 李生旣來, 無可奈何而姑留. 所憂者, 他人效之多來, 益難處之也. 李國弼他往, 幸幸. 里疫永淸, 雨澤時似適中, 黃耗亦爲雨洗, 似不至太損云云, 然尙未可知耳. 就中鄭子中得榮川, 可喜, 而近聞其老親病重, 遣人于京, 續聞向蘇, 不知某言之爲的, 至爲憂煎. 又未知報信人入京, 在其發行前後如何, 尤慮悶慮悶. 人事之不可恃如此, 奈何奈何. 申護書簡及所求之意, 知之, 但此等事, 甚多非老境所堪, 勢必多員於人, 因此招謗, 何以得免. 權貳相行狀已草, 而中草未畢. 但反復思之, 當此時吾方困於多口之際, 又以此狀請謚, 廣播其中之言, 廣播其中之言, 安知不有見之而怒者乎. 故姑不欲送, 此意密以告權直長兄弟可也. 且秋來, 先壠標石, 當改樹, 其碣銘, 欲請於奇承旨, 已草行狀及書, 恐此人單持去, 或致霑濕, 明間徐崦敬差當來訪, 欲付其行以送, 俟其至而謹奉傳上爲可. 餘不一. 安知不有見之而怒者乎. 故姑不欲送, 此意密以告權直長兄弟可也. 且秋來, 先壠標石, 當改樹, 其碣銘, 欲請於奇承旨, 已草行狀及書, 恐此人單持去, 或致霑濕, 明間徐崦敬差當來訪, 欲付其行以送, 俟其至而謹奉傳上爲可. 餘不一.

【所送紬頭貫子, 皆至云.】

書 - 382 (6월 10일) P.68

【寯兒寄書[己巳六月初十日]部洞李直長】

鶴生下來, 見初三書, 知移寓無事, 爲喜. 但榮川城主, 遂至遭喪, 世間安有如此之事乎. 在京顚倒而出, 旣不可言, 安知終至此乎. 然猶得及來見云, 是稍幸耳. 在此皆依舊. 吾在陶山, 待見徐敬差之際, 卽刻縣報, 其行十二當來此云, 吾以忌日不可接客, 故書付縣人, 告謝敬差以相違之意. 因其人忙, 汝家書, 未及捧送, 今送奇承旨前請先塋碣銘書, 則欲面託徐君以送爲計. 故今雖不來, 因寄令齎去, 汝須伺承旨出直日, 持進呈上, 且告曰 "固知政院無暇及此等事, 情意邈迫, 不能停待後日, 且秋冬間當入石, 請徐觀休暇日, 勉副下情事云云" 而納之. 宋判書·禹正字·金別坐處書, 亦謹傳爲可. 餘不一.

【明早, 以忌入溪上.】

書 - 383 (6월 15일) P.69
【寄寓[己巳六月望日]李直長】

霪雨, 從仕何如? 此處皆安. 徐敬差淹留安東, 似有未來之勢, 故曾修諸書及奇承旨前請先塋碣銘等書, 送囑令傳矣. 徐君今始來訪, 故續修諸書, 又付之, 須知此意, 各傳, 毋失爲可. 客臨到, 不一.

【諸處傳書, 隨便謹傳, 勿廣人眼爲佳.】

書 - 384 (6월 26일) P.70
【答寓[己巳六月二十六日]李直長部洞】

縣人齎書來, 榮川人又持書來, 具知近事. 金知事削黜事, 終如何? 其人稍有硜硜之稱, 一朝如此, 可怪可駭. 每有一事, 吾名輒上人口, 不知終如何, 然亦任之耳. 此處皆無事, 但今朔旬前, 雨水適中, 自後連雨積漲, 伺晴收麥, 未畢, 今又大雨, 數日不止, 恐水惡溢如去年之害, 民情大悶, 奈何. 宏姪決計上京, 於十三日忌祭來告辭, 吾以今則益爲非時, 姑勿往, 以待後日, 看如何處之, 乃稍解惑, 停行云, 而歸矣. 大祥後草笠, 吾未及備, 故件斜笠着之爲計. 安道連往居接, 可喜. 吾以李生故, 時在山舍, 但朴之學不進, 可憂. 又慶兒不肯來此, 强之率來, 則涕泣數日, 若以某事入, 則又苦不來, 近因監事而入, 堅不肯來, 已四五日矣, 安有如此異性之兒乎? 今則指授之語, 往往解聽, 似不至終迷, 而其不聽長者指揮如此, 甚爲憂惱耳. 徐敬差之行, 附送奇承旨等處諸書, 見而傳上否? 奇承旨以爲何如? 恐其以無閑爲託而不諾, 慮慮. 今因李咸亨奴上去, 付此諸書, 其還附答爲可.
【崔別坐書, 今不及答, 奇別送來, 感意謝之. 天福好來事, 前書報去, 想已見之矣.】

書 - 385 (윤6월 3일) P.72
【寓男答書[己巳閏六月初三日]部洞李直長】
【吳奴還, 得書, 審汝無事從仕. 但孫婦母子, 皆不安好, 深以懸念. 胃證, 善治則可愈, 無忽醫藥爲可. 吾別無痛患在山舍, 但連月雨潦, 百害農家, 兩麥失收, 收數太減, 戶內公債, 勢必逋負, 田盡汙萊, 皆憂將甚於去年之災, 悶悶. 所幸, 時未有大壞田畓處耳, 而四五月間風雨調順之慶, 卒歸於虛, 奈何奈何. 不知京中, 得雨後如何? 榮川事, 前書已言之, 不知誰作守耶? 權二相行狀事, 震卿輩以爲何如? 左相先公碣文, 近亦已撰矣. 但領相所囑李判書碑銘, 一開其端後, 極難處, 故不敢撰述. 今若只應左相之囑, 則一從違之間, 必大得責, 故姑掩置, 徐觀勢處之. 金知事事, 朝廷不得已如此處之, 此後鎭靜爲上, 不知諸公如何爲之? 雖退在遠外, 無異於身在輦轂下, 懍懍不已. 吏判, 竟不出耶? 徐公處諸書, 推傳否? 奇承旨以爲何如? 餘詳數三日前李咸亨奴齎去書, 今黃東萊之行, 臨到不一.】

書 - 386 (윤6월 15일) P.74
【答寓[己巳閏六月十五日]部洞李直長】
安奇人來, 傳今月初一日書, 知爾無恙. 但孫婦病患, 殊非輕證, 至於經月, 念悶不已不已. 以前在德原時事觀之, 今亦似非他證, 然豈可必乎. 以無毒之藥治療, 不可忽也. 然安道書云"自昨似有向歇之勢"未知今如何也? 昌陽亦何如? 此處依舊. 但下人得病危苦, 死生難知者非一, 詳在別紙, 悶不可勝. 權斂正見罷, 可恨. 不知亦外去就, 何定耶? 奇承旨不計禁密劇務, 許副所懇, 喜感萬萬. 榮川新主, 無事赴任否? 樞府·蓮亭, 答狀送去, 傳致爲可. 鄭修撰·禹正字等書皆見, 爲慰, 會寧府使所啓, 終如何? 彼中雨澤, 入此月後如何? 此處, 長雨長漲者三四十餘日, 兩麥太損耗, 稻田率有萎朽之漸, 粟田低濕處皆死, 多至飜耕, 黍亦不實, 民間接濟甚難, 恐爲大凶之年, 嗷嗷奈何. 朴櫶此月內欲上京, 但純道當隨燻之, 赴此道之試, 計定矣. 近城主聚境內儒生, 出題製述, 純道詩次中. 又請題於此, 出「天津聞杜鵑」詩, 與老眉, 皆製送. 金彦遇兄弟, 琴夾之持來同科次兩製同入等, 而老眉稍優, 純道成篇, 亦有將來, 可喜也. 然彦遇之意, 恐年幼兒輩, 與棐奔波, 或有傷損, 今次不欲遣之云, 吾意亦如, 彦遇亦欲停行, 然不知汝意如何? 時未決耳. 餘未一一.

【禫用八月上丁乎? 別擇日乎? 祔廟在何日乎? 後書報來爲可. 悼敍爲致寒暄. 聞君勸做業, 深賀.】

書 - 387 (윤6월 27일) P.76

【寫兒答書[己巳閏六月二十七日]部洞李直長[典牲主簿]】

監司到界, 卽傳諸書及李咸亨奴持來諸書, 具知汝父子無事, 孫婦病亦已差歇, 慰念慰念. 在此皆依舊. 端心得痢, 今亦差矣. 但奴婢等病患, 可悰. 銀婢心腹病雖差, 耳聾不語, 如失性人, 不知厥終何如. 連奴僅甦臥起, 朴千又得其病, 時方苦痛, 已五六日. 又小婢小僮, 久痛僅起耳. 雲同者白奸奉化人婢, 不計昏夜, 奔走往來, 吾雖憎, 因循不治, 今月初出去後, 頓然不還, 疑以爲率其婢逃去. 今而聞之, 其婢尙在云, 自彼處鷄鳴前還去, 而不來于此, 此必爲虎所食. 不然, 或爲本夫所殺, 皆未可知. 數奴無閑隙, 尙未遣詰其由也. 霪雨, 至月初九晴霽, 民方喜賀餘禾向蘇之際, 二十二日雨復作, 至今五六日, 晝夜不止, 粟之餘者將盡, 稻發穗者將不實, 未穗者將朽, 農事大病, 奈何奈何. 洪判出仕後, 處心行事, 別無形迹否? 右相呈辭, 終至如何? 詮聞時事, 似不終爲安靖, 可慮可慮. 朴卽牽於伴行之人, 又以丹陽船隻載卜物等事, 冒雨水發行, 至爲未安, 勸之退行, 不聽, 慮慮. 奇承旨非但許諾無憚, 今已草成, 近欲寫寄事, 其書云云, 喜感之極, 無以爲比. 承旨於監司來時寄書來, 故答狀封去, 須僅密傳納于本宅, 若對客, 則令納于宅中, 伺入白達爲可. 安東來等書, 見後已答送矣. 汝於都目, 陞遷否? 陞則不可卽時下來, 不知何以爲之? 近無闕處, 假或有之, 殘極難措手, 只增爲吾憂, 恐不如不爲之愈也. 且萬一或爲臺監, 則汝難支堪, 具景瑞處, 預以吾意, 請勿擬爲可.

【純道再度入縣製述後, 製詩一篇送去, 觀此渠若勤業, 則可望, 而懶隋依舊, 可慮. 本道監試, 密陽都會, 道里絶遠, 雨水如此, 與彦遇議, 皆不欲遣赴爲意. 昨聞汝爲典牲主簿, 信乎? 朴郞阻水未發, 欲以明日發行, 故追錄所聞耳[閏月晦日]】

書 - 388 (7월 22일) P.79

【寫寄書[己巳七月二十二日]李主簿部洞】
十三日縣人持書去, 想今已見矣. 其書過來月兩大祭後下來, 須連守等, 退送于來朔後云, 但恐汝以念後下來之計, 留糧等物, 散用無儲, 則久留甚難, 故今二十八日奴等發遣, 則初五可入京. 汝之留京, 若無甚難, 祔祭過後下來, 若難則過禫後, 卽發下來爲可. 且忠州迎候, 定以何時發送? 須速傳通于此, 使無相違之弊至可. 此處時並無恙. 餘詳前書, 不一.
【因李咸亨奴去, 附此書, 此人必速還, 須答通迎從之事于此人, 可可.】

書 - 389 (8월 1일) P.80

【答寓書[己巳八月初一日曉燈]李主簿部洞】
近李咸亨奴上京, 附書以去, 想已見之. 續得十七日書, 知汝欲因公下來, 故連守等不起送矣. 但監司巡向下道, 聞過秋夕於晉州云, 其後不知何向? 若入南海等處, 則奔馳極遠, 回時又不得不謁于宜寧, 則來此, 勢難久留, 似多不便. 然旣以爲計, 今難更改. 又慮或爲他人所圖而來, 則無不兩失之弊, 如何如何. 朴郞, 水路好去, 爲喜. 奴婢, 今皆差病. 雲奴竟不知死生, 然無形迹之事, 故與奉化人辨詰, 亦不得爲之. 此處皆好在. 農事則麥絶新不及, 今方艱食. 大抵田穀大失, 奈何奈何. 奇參議前銘文, 受來否? 加外婢, 今可來到而不來, 未知何爲? 純道旣不往矣. 往見者之得失, 時未聞榜耳. 朴大提辭吏判事, 其終何如? 人皆圖免, 於國體何如? 深以憂悶. 權左相行狀, 不可終不出, 故送去, 但其間措辭是非, 極有關重處, 雖十分商度, 猶未知合於衆論與否, 深以爲慮. 須告震卿等, 勿徒急於請諡而輕出, 審時度宜, 無可疑, 然後出之爲可. 其他左相以下四碣銘, 看標分呈爲可. 忠州李校理銘文, 亦已撰述. 但去冬而精云 "其丈祖金大司成湜, 已還給賢良科矣. 盧監司所示李校理事, 實錄本內無給科一事, 銘文不可遺此事, 故姑停寫送. 前寄安道書, 柳而信處, 審問其故, 報來云云", 待其報而後, 畢文寫送爲計. 但領相所託李判書碑文, 不得製送, 必得責於領相, 爲未安也. 然今此碣文之述, 老病無精力, 勞心損氣, 甚有害於閑養, 又豈可開端作碑, 以重自困耶. 所送兩色筆, 皆受而用之. 餘不一.
【狀·銘, 付命福, 恐霑雨水, 當附矣. 謙仲以送. 惇敍答書承見, 深慰. 所云久客獨留之艱, 正是如此, 惟勉成所志, 以副僉望.】

書 - 390 (8월 2~4일) P.83
答子寯

近久未聞信, 多念之至, 宋判官送來七月初二日書, 又彦香持來書, 頑不卽傳, 昨日始到, 知汝無事, 孫婦母子皆差復, 深以爲喜. 在此大小, 悉無恙. 奴婢病患, 雖多且苦, 皆免死起行. 惟雲奴逃死, 迄未明知, 且憎且怛. 朴郞水路何樣下去? 懸慮不已. 加外只一婢, 多日臥病, 豈勝旅閟? 喜今得差也. 就中汝之行止, 非但汝欲速來, 吾意亦然, 得縣之事, 且當置之度外而已. 故奴二名起送已定矣. 更思之, 汝若爲他司官, 則如此下來無妨, 今爲典牲, 來朔國有兩大祭, 只隔一二旬, 而身爲牽牲長官, 任置退來, 非但於心未安, 亦恐有物議, 吾旣如此, 汝不可又如是, 不得已忍留, 以待過祫祭後, 卽時下來, 情禮至當, 故姑停送奴, 至來月初, 促送爲計. 固知汝將行復留, 不免鬱鬱之思, 然旣爲主官, 雖微, 不可率意而行故也. 其間恐有輪對之參, 須預計以待爲可. 農事, 稻田將棄, 復蘇猶可望, 田穀甚損, 多翻耕民, 甚悶悶. 純道以試遠多雨水, 效金垓停行, 行甚不妨. 阿慶, 近乃畢初卷, 前讀盡忘, 欲棄而讀次卷, 前功可惜, 今方更讀, 至周紀矣. 德原, 見罷已爲厄, 又有子婦之喪, 可嘆可嘆. 碣文已得受來否? 汝來時捧來爲可. 因人傳送, 或恐有虛謀故也. 右相雖出, 洪判竟辭, 其他如吳·兪·宋一時辭入, 此何意耶? 殊未安也. 爲吏判而請辭得允者, 是何人? 今何人作吏判耶? 鄭都事處答狀, 送去. 柳典籍簡, 隨後當答.

【汝邑同逢受馬疋, 榮川以種子馬推捉, 吾以未見新官, 不敢圖請, 甚憂之, 乃以齒少見退, 何幸如之.】

書 - 391 (8월 5일) P.86
【寯再寄書[己巳八月初五日]李主簿】

東村人來, 得見去月二十三日書, 知皆無恙, 慰喜. 此處亦無事. 但寯姪得夜痛瘧, 甚苦四五次, 證勢非輕, 以喪中氣虛, 深以爲慮. 汝行止進退, 有未定, 故奴人遣去, 亦多進退, 今見此書, 乃依報遣去耳. 榮川來兩書, 皆見之, 已答書, 將附命福之行, 而命福阻水退行, 今與奴輩同行, 其書幷附奴輩, 而碣文之封, 恐如霽雨濕, 故附吳謙仲之去, 推取分呈爲可. 加外婢多病, 反爲旅寓之憂, 不如下送, 不知何以下來, 可慮. 碣文, 趁速蒙製惠, 何幸如之. 朴大提辭職, 終何如也? 國事至此, 深可懼, 奈何? 餘具前書.

【今夕入縣明日行除服禮爲計.】

【安道處, 不別書.「易東書院記」去年持去, 來時忘不持來, 趙士敬云 "入京時, 見其記於安道處" 云, 須推尋持來. 左右道榜來, 宗道中生員, 閔應祺兩中而魁進士, 琴應壎亦兩中, 閔興業·郭守仁皆中, 爲喜. 但權洛中而具贊祿落, 可恠. 不知赴京試者得失如何耳.】

書 - 392 (8월 19일) P.88

【答寫[己巳八月十九日]李主簿行處】

烏川人持來十一日書, 又見庭檜, 知汝及朴郞以下行計, 在十七日定發, 故從馬起送于金遷. 但未知陪敕事果如何也? 若南行, 則遠且急忙, 不然而船行, 則陸路, 慮有馬不足之弊, 何以行來? 念不弛也. 此處皆無事. 餘姑不一.

書 - 393 (10월 5일) P.89

【寄寫兒[己巳十月初五日]部洞李主簿】

陰雨路惡, 何以達京? 深念. 戒斤, 昨昨上去矣. 昨夕奉化吏來報去二十七日政, 奉化除授事, 前官子弟, 自京來傳云, 然無政目, 未知信否. 假令非虛, 則換任之事, 出於不得已, 未知何官爲當. 前云兩處中, 海邊尤被人侵, 且路遠, 不如其次之爲便也. 然其前已換, 則此言無及矣. 如何? 且若換後, 則奉化從馬, 旣不可率, 所換官從馬, 不可留待其間事, 勢殊極爲難, 不知何以善處. 如得去此稍遠之官, 則直去赴任, 然後徐圖來見衙屬率去爲當, 然今未可遙度. 凡事, 事知人處詳議, 十分好處爲可. 星牧臨至, 忽忽未悉. 安道處, 亦未與書, 告之.

書 - 394 (10월 26일) P.90

【答寄寫[己巳十月二十六日]奉化行次】

今日烏川諸人送到初九日·十六日兩書及榜目, 始知汝未換他及安道得中之實矣. 汝得此邑, 不幸殊甚, 雖換好, 處之爲難. 若換眞寶, 則換者不甚怨, 而於汝得免大艱之勢, 汝乃先爲不換之計, 他人豈圖換乎? 大爲失計. 然今已無及, 奈何奈何. 上任凡事, 詳審處之後, 及來行忌爲可. 安道得中, 可喜. 未知殿試如何耳. 閔道亦喜, 但鄕友, 皆不利, 何恨如之. 因人忙不一.

書 - 395 (10월 26일) P.91

【寄子寯書[己巳]】
前二書, 旣已答付官人矣. 初二上官後, 來過忌之計至當, 今因千岭持來書, 知退發於卄五, 欲直來于此, 過忌後赴任云, 如此則非徒凡事稽緩, 受君命赴任, 乃不直赴, 而徑來于家, 於義未安, 人之聞見, 亦未便, 如可. 及初四日, 則須直赴于彼, 上任後, 初六來此行忌, 亦無妨也. 所以然者, 上任, 至重之事, 旣上任, 必有官事之當料理者, 故五日, 雖淺預齋, 亦當姑留措處, 六日乃來可也. 若別無緊急事, 則五日來此, 亦可也. 不然, 先來于此, 留三數日乃赴, 則其間事, 勢極多未穩, 須更審處. 五日冬至不及來, 乃出於公事之不得已, 何可計耶? 但恐不及初四日上任爲慮耳. 只此.】

書 - 396 (11월 15일) P.92

答子寯
書來, 知無事, 且往還榮川等事. 此處依舊. 但患病, 或緊或歇, 緊時甚危云, 深慮. 然京藥貿來, 庶可因得治療耳. 琴應賓, 竟至不起, 可慘. 祭事, 退至後月, 勢所不可, 汝所定日行之爲可. 但來此書云念日, 諺書云念五日, 想來此書, 五字落書耳. 榮川大獄之起, 數日前權應生來說, 已聞之, 兩涉族屬, 痛愧曷勝? 且經濟者逃去, 奴婢盡散, 其妻及老母將至餓死云, 安有如此之事乎? 權胤卞, 亦必遭捕詰之辱矣, 況鄭舍人之心乎? 朴郞落馬, 雖不至傷, 可爲寒心. 就中官中凡事何如? 國穀固不可不催納, 其穀亦不可不擇捧. 然若嚴督太過, 揀擇太苛, 則如此凶年, 民不堪苦, 必生大怨, 須量宜酌中而行之. 官廳所納亦然. 大抵人心有所偏重, 則不覺弊生於其間. 今其官事, 極於彫殘, 汝以補治爲心, 是汝心所重, 在於補治矣. 安知弊病不生於此乎. 頃者騫姪, 回自文村, 其宴會諸人, 皆以極善之治, 責望於汝云, 此乃將爲後日大作怨望之本, 深可戒也. 又聞 "以還上緩催, 四面勸農, 皆猛打" 云, 何不姑嚴敎使催, 久而不從令, 擇其尤甚者論罪耶? "雉首送來" 云, 此等物亦須取之得宜而後可也. 若出於乾雉所取之餘, 亦所謂非宜者也.

書 - 397 (11월 19일) P.94

【寯寄書[己巳十一月十九日]奉化】

數日來, 官事如何? 前書審細領得否? 此處依舊. 但憲病無減, 悶慮悶慮. 安道書來已多日, 千斤去時, 忘未付送, 今乃送去耳. 其望乳婢爲切, 而婢行不易, 奈何奈何. 汝來不遠, 故只此.
【其殺人事, 使回送云何? 屍親·養獄等事, 毋忽. 且吾意屍親, 雖不可不囚, 其枷杻等具, 似不當施, 惟當堅囚, 勿令逃亡爲可, 不知何以處之?】

書 - 398 (11월 21일) P.95
【答[己巳十一月二十一日]奉化】
戒斤持書來, 書中意, 具知之. 凡事日復一日, 謹愼爲可. 鄭司諫答書, 亦見之, 其事之難極矣. 奈城諸人意, 欲爲發明, 未知能如計否, 可慮可懼. 餘汝來不遠, 不多云.

書 - 399 (12월 2일) P.96
【答書[己巳十二月初二日]奉化】
連得兩書, 具悉. 此處皆依舊. 還上未納者不少, 果爲可慮, 然如此大凶年, 必欲畢捧上, 則必至於刮膚推髓, 殘暴不忍之事, 何可恣爲乎? 雖不可遽停捧上, 但循例隨納而捧之, 毋以必盡捧上爲必而刻督可也. 傳聞禮安, 亦四百餘石未捧云耳. 敬差先下宜寧之言, 果是虛傳, 則宜寧無逢難之事, 可喜. 寂婚事, 琴櫟諺答云, 吾女年少未敎, 不可使入大家門, 以此爲難, 可知其決不爲也. 而裵習讀頃遣宙姪奴來問婚事可否, 吾以一定爲婚答之, 但欲以十六日爲之, 則太速, 須退定日, 更通云云, 時無更報. 若近無報, 則吾欲使人知之爲遲速有成之, 凡事極難, 皆欲借用而處, 亦恐無之爲慮耳. 李末每以軍官事來聒, 殊可厭也. 今於寂處, 該簡及復云云, 吾無可圖之勢, 可恨. 然李承旨東萊之簡, 若送則庶可矣. 權昌寧歷與否, 若聞之, 則夫叱失之來, 報之爲可. 宜寧打作, 只十餘石云, 奴輩又以不能輸貢預告云, 何其如此之甚耶? 朝寒筆凍, 不一.】

書 - 400 (12월 4일) P.98
【寄寫[己巳十二月初四日]奉化】
昨夕, 察訪宅鷹子, 放于羊坪近處, 鷹捉雉于林間, 有人徑自捉取鷹去, 鷹奴望見訶禁, 猶不聽, 臂之而走. 奴追及而捕詰, 則曰"此乃奉化官鷹, 送于本宅者云云"因遂投鷹於凍地, 脫落其尾長毛二介, 鷹被傷垂死. 審問其人, 則後枝谷亡精宅奴, 其上典以借首餙事, 伻遣于汝家而來也. 吾初不知其事, 及今朝, 其人已歸烏川後, 乃始知之. 此雖路逢無主之鷹, 猶不可如此, 況鷹主追捕, 乃敢託稱官鷹, 公然欲奪, 及其不能奪, 則投擲致傷以至將死, 其橫惡不可勝言. 大抵汝在此邑家, 奴族親奴等, 憑藉聲勢, 如此作弊者必多, 不可不隨發懲治, 須卽捉致, 勿拘人情, 分明取量, 宜論罪以懲後來爲可.

書 - 401 (12월 6일) P.99

【答[己巳臘初六日]奉化】
司諫答書及榮川等處凡事, 未詳之際, 今見書及司諫所答, 乃知之. 然則榮川獄事, 尤無可免之路矣. 寂婚日旣迫, 多窘則不須言矣, 但寂以監運標石事, 連三日冒風雨, 晝夜奔走, 因感風寒, 每夕不平, 夜中出汗少歇, 恐遂多日如此, 深慮耳. 明日烏川之來, 勢不得已也. 還上, 停嚴督甚善. 今聞"比安下等, 以其濫用刑也云云"雖未知虛實, 亦可戒也. 鄭懷仁·裴卿適來對坐.

書 - 402 (12월 15일) P.100

【寄書[己巳十二月十五日]奉化】
大雨雪如此, 使行又急期而至, 凡事將何以處之? 恐有不及難措之事, 深慮深慮. 昨得監司書, 當欲歷見云云, 吾以冬寒不得出接之意, 預於琴蘭秀之行告之, 猶如此云, 可悋. 此縣, 近若有往使道人, 則答狀當以痰證背寒氣虛等病辭之, 然猶不聽强來, 則二十四日, 當自汝邑歷此, 其日國忌, 尤多不便, 奈何? 若此縣無往人, 則無由通此意. 又有欲爲汝邑除弊之嫌, 故姑待二十三日, 簡呈于入汝邑之後, 堅辭以病, 不聽而來, 力疾見之亦計. 寂婚, 明日不違成之, 馬匹送來, 二十日還送爲意. 千斤等至今不來, 想阻雨雪而然耳. 崔興源綃幅書, 朴子悅屏書, 同裏以送, 朴書送于其家, 崔書隨便送京爲可.

書 - 403 (12월 16일) P.102

【答書[己巳十二月十六日]奉化】

福年未達, 眞同受書而來, 故彼此通報之言, 各不相知也. 使行每每急期, 各官何以供億? 其中汝邑事勢, 尤甚窘迫, 奈何奈何? 但此縣瞻送先文, 則二十三日, 當入奉化與榮川, 吏報何相違耶? 汝邑何不見先文, 只得榮川報耶? 須更馳問于榮川爲可. 縣告目草送去, 幷知悉處之. 寂行, 今將發去. 就中昨晩宙來言彼家聞, 只億同繞來, 心甚欠缺, 或又傳云彼家初意疑禮安繞未, 此必疑汝來, 而誤謂禮安也. 彼望如此, 而獨送億同, 殊未安. 然知之旣晩, 他子第未及告令繞, 故不得已令朴郞作繞, 急遽間, 率人亦難備, 故連守率去明還, 猶可及宜寧之行也. 汝之不得繞, 事適相違, 雖恨如何? 衣帶等物, 已領矣. 昌寧不聽强來, 未安於心. 縣屋失火事, 昌寧言之. 若不及救, 則其厄可勝爲喩? 且驚且幸. 昨書忘未及云耳. 彦弼無事下來, 兒孫輩皆好在云, 可喜. 但書簡, 千斤皆持去, 凡事不及詳知. 且聞千斤得病來, 可恨. 汝道寄書, 此縣歲吏已受去矣. 餘詳昨書, 不一.
【催敬差已來, 其獄事慘然.】

書 - 404 (12월 17일) P.104
【答[己巳十二月十七日]奉化】
昨夕卜連持書, 又已具悉. 監司自以巡按而來, 非爲見我之故也. 然一年內, 至於三來, 不無由我而致, 以吾邑之事觀之, 實爲難支. 驛卒匠戶, 亦頗咨怨云, 至爲未安. 初以避嫌之故, 不欲預辭于前路, 今更思之, 小小避嫌, 不須盡計. 今曉作書, 送于縣令差人, 往呈于醴泉等處, 非謂欲勿巡歷奉禮之路, 只以吾索患痰證, 今年重發, 加以近因雪寒, 背寒氣虛等病, 不得迎拜之意, 力辭而去, 不知監司何以答之. 答來, 卽當通諭于汝, 汝邑凡事未及措, 尤可慮也. 筆三柄, 墨三笏送去. 炷香在書堂, 若監司定來, 則追取送之. 京書見之. 千斤奴病, 似重可慮. 寂昨日已往, 從人時未還, 知何如也?

書 - 405 (12월 19일) P.105
【復答[己巳十二月十九日]奉化】
奉千來, 見書知悉. 寂今日當還, 而時未到, 所未知者, 其性行耳. 方伯答狀, 時未來, 其聽否, 旣未可知. 接待之事, 公私多礙, 不可說也. 芙蓉香六柄, 香童子一, 紅柿子十四顆送去, 童子面汚太甚, 改色用之爲可.

【凡縣中公事或訟事, 首尾皆詳細記念, 以備監司卒然之問. 萬一向吾病, 只對云痰證重發, 背寒氣虛, 常常不平可也.】

書 - 406 (12월 20일) P.106
【答[己巳十二月二十日]奉化】
痰唾氣虛, 他無患矣. 監司改路, 雖似未安, 自夏巡時, 已陳冬巡難奉之意, 又安知監司意, 亦欲姑試問可否, 而已實無冒險必來之意耶? 就中汝迎命, 當行於安東, 而無關, 則可恠何不馳人, 取稟於營吏耶? 已不及安東, 必追及於義城, 須速取稟於安東可也. 餘夜深不一.

書 - 407 (12월 23일) P.107
【答書[巳十二月二十三日]奉化衙】
安東伻人還報云, 何監司近過, 守令不出迎命, 殊爲未安, 監司不許出迎之意, 未可知也. 觀其意, 似於春間, 復來巡過故然耶? 石年答狀來, 則人還送之, 無來人, 則汝來時, 持來不妨. 伴人等事, 一死一除, 除者 丙寅·丁卯間歲抄稱頉後, 不出干數歲矣. 不知何故, 如是出干耶? 已令順伊入縣, 問于色吏, 老除之實, 則呈所志枚擧, 牒呈于監司, 粘移兵曹, 則似可無事耳. 前日琴應林家奴事, 何以結末? 大抵禁戢境內居奴婢輩, 不令出入衙門, 亦不與人相凌轢鬪爭等事, 常常存念. 凡百謹戒爲上.

書 - 408 (12월 24일) P.109
【寄書[己巳十二月二十四日]奉化行次】
今聞迎命之令, 出於常規之外, 不知何故, 慮慮. 迎命後, 直向末岩, 行祭後還任所, 歲時來此爲可. 因忙草草.

● 경오년(1570년, 70세)

書 - 409 (1월 11일) P.112
【答書[庚午正月十一日]奉化】

戒斤來, 見書知悉. 但書中, 雖云無事, 汝似有感冒云, 不知今何如? 予近無他苦, 惟以應接煩多, 殊不安便. 醴泉·龍宮, 以敬差官徑行, 故退行初九, 偕到相見, 還宿于縣而去. 龍宮又以水使先聲到縣, 故徑還, 不得往見汝, 爲恨云耳. 權繼叔換肅川事, 非繼叔, 文臣權純也. 宏所送政草, 推來見之, 則作純字, 猶以爲疑. 及問醴泉·龍宮, 則二官所見政, 皆云權純, 始知榮川來政草誤書也. 可喜可喜. 政草皆送去, 見之. 朴部將母氏病革書簡, 昨日又到欑處, 欑之行計, 可慮. 興海守十三日發行來訪事, 先文到縣, 但水使直向海邊巡下云, 其來, 未可必也. 汝安東往謁事, 何時可爲耶? 敬差官, 則自安東還向尙州, 仍下宜寧云云. 榮川獄事, 崔公意欲以諺簡爲實, 不推事干, 直爲啓本事, 詣仲云云. 又云宜寧事, 正犯已逃, 其事不繁云云, 然事干被推, 可慮可慮. 餘不一.

書 - 410 (1월 13일) P.114

答子寯[庚午]

人還書到, 具知爲慰. 乞覓之煩, 出入之衆, 勢必難堪, 得官太近, 比他尤甚. 以汝疎才, 當極殘之邑, 豈能公私兩全耶? 此吾所以深憂. 而琴夾之徒計往來之便, 好反以我欲換他邑爲深愋, 此意吾不知也. 然與其盡官物以副人情, 以得罪於公家, 不如制節人情, 以奉國法, 須審處之. 朴郎以當上京有措置事, 今向榮川耳. 前奉化所送物, 何人持來耶? 柿一貼還送, 以充官中所用可也. 餘在戒斤.

【朴敬夫屛紙, 曾已書之, 來則與之.】

書 - 411 (1월 14일) P.115

【答[庚午正月十四日]奉化】

書來具悉. 朴部將遭喪, 旣爲驚怛. 朴郎行迫難辦, 深可慮悶慮悶. 明日欲向其處, 直向榮川, 留數日發去, 無伴單行, 尤慮尤慮. 汾川察訪適到對話, 不一.

書 - 412 (1월 21일) P.116

【答[庚午正月卄一日]奉化】

來書及京奇, 幷諸書知悉. 京奇及奇·鄭二書還送, 金參議·鄭正郎處, 幷樞府答書, 送傳爲可. 安道又得女, 可恨, 而其母又病, 深慮深慮. 安道書, 此縣吏持來, 亦云 "昌陽蘇復" 是可喜耳. 朴郞之行, 懸情不弛. 樹谷石役, 石工今日當來, 當來則始役矣. 就中汝衙屬之往, 當在何時何日? 一家人尙不知云. 且奴婢等, 當率當留, 田地分授等事, 皆不知如何云, 其然耶? 近地可往, 而久不往, 人之問見, 似不然, 無恠, 農時已迫, 不知去住, 則寧無失時之弊耶?

【裵汝友廾八間, 還自柰城, 當過見云. 金伯純來初獻壽于臨河云, 不知來此否也.】

書 - 413 (1월 25일) P.117

【答寄[庚午正月什五日]奉化】

書來, 始知榮川往還等事, 柳·裵兩行之報, 亦來于此, 但不知柳以何日到此. 裵則今日似當到此, 而時未之知, 若過去, 則什八日還路當到云耳. 星牧明日, 自安東定來此云, 紛紛如此, 悶不可言. 且柳公意切求婚, 而事已難改, 不但今次待對甚難, 而他日嫌怨, 必不能無, 奈何奈何? 昨間純兒養母諺該于純母, 星牧處婚事, 甚不諧意, 欲更求于金霽處云, 此則必不可改, 而臨事不定如此, 尤爲未便. 汝亦須知此意而處之. 『五儀』受置, 從後還之. 只此.

【衙行當在春分前, 而至今未定, 何耶? 咫尺處, 雖過春分, 固無害, 然吾所言, 以法言之耳.】

書 - 414 (2월 14일) P.119

【寄書[庚午二月十四日]奉化】

昨因寂處諺書, 知往榮川. 就中寯姪病重, 不能食, 久欲從權以其事重. 且謂春和漸差, 故未果, 昨昨上樹谷, 得琴主簿書, "寯病不食如彼, 恐脾胃太傷, 別生他病, 悔不可追, 欲令吾門議遣子弟, 勸其從權云云" 與兄主同狀答以當以之意, 今聞汝適往榮, 或往或還時, 歷入勸之爲便, 故乾魚數片封送, 持往以吾等意曉諭, 至可至可. 但又有一焉, 此事非出於極不得已不可爲之寯也. 頃以欲往見通之, 寯答謂 "足五指皆痛, 今則三指愈而二指痛, 當漸向歇, 不須來見" 事云云, 不言飮食如何云云, 然則琴公所聞, 似在其前, 故有異也. 汝往見病勢, 果若向差, 食又漸漸少加, 則姑可停勸, 以待後日量處, 不然, 正如琴書所云, 直須勸勉爲可.
【位版木, 日迫, 速送亦可.】
【標石畢磨, 瑕泐甚多, 似不可用, 今日再往看審, 僉議用否, 不可用, 則不得已罷役, 以待秋來, 更求他石. 不幸至此, 歎悶歎悶.】

書 - 415 (4월 5일) P.121
【答書[庚午四月初五日]奉化】
【時雨始下, 爲喜. 就中私儲擲奸, 何以爲之? 封庫耶? 不封庫而只定石數耶? 近見蔡雲慶云 "量定石數" 無乃當如是耶? 若封庫, 則主欲小小分給, 以活隣里, 不可得也, 無乃未便乎? 其官前例及他官事, 聞見爲之可也. 今聞鶴德婢, 棄數三朔兒, 而令上京, 此無異於殺之也. 甚不可忍, 姑停之, 以待秋末上送, 則猶可以粥物活命, 無乃可乎? 如不可如此, 必欲上送, 則挈其兒上去, 兼飼兩兒, 似可爲之, 何可令棄去以致餓死也? 吾時未見安道而議之, 今因卜年之去, 先言之耳.】
【京家, 亦有數婢有乳云, 似可相濟故云.】

書 - 416 (4월 6일) P.122
【答[庚午四月初六日]奉化】
昨書具悉. 雨足田而不足於水田, 猶可恨也. 昨比安之其弟, 來訪而去. 監司初欲旬後, 巡向安東等處, 而又聞似以望間出自尙州事云云, 然, 則呈辭之言虛矣. 而不無來由奉邑, 歷訪于此, 事多有弊, 奈何? 救荒諸事, 力加措置爲可. 宜寧書簡, 何人持來耶? 只此.
【問之, 此縣私儲擲奸, 城主以不實穀數少擲來不當, 再令擲奸云. 又聞鄕校聖殿一頭, 昨日頹落云, 不知何以處之? 慮之.】

書 - 417 (4월 10일) P.123
【答[四月十日]奉化】
昨書, 他事皆知之. 國馬事, 當初鄕所來言 "馬干貧窮, 不可徵三十匹, 民間卜定, 其餘馬干徵之" 吾以爲當然, 未幾, 因鄕人單字內 "馬干有牛馬田地, 不自往而代人以致故失, 其罪當徵, 反徵民間, 不便云云" 其意若歸咎於我, 故鄕所議從草字, 欲盡徵其人人事, 蔡公來告, 吾不欲違鄕議而順答之, 豈知彼等反託我而告官出令耶? 然而後日追思之, 今年木綿至貴, 盡徵其人, 必至生事. 又聞城主不平, 已招告色吏, 又適見朴·蔡等, 令半徵民間矣. 所以半徵者, 其人罪重, 不可不徵故也.

【不知城主, 又以爲如何也? 送物皆至. 忌祭監司宅行之, 汝之不來, 勢也奈何?】

書 - 418 (4월 11일) P.125

【答寄[庚午四月十一日]奉化】

怀書, 知祭盞六具送來. 此固門中僉意, 吾謂姑俟後日不妨, 今旣來當白僉前而用之, 辛甘亦同. 就中今日有旨下來, 非但如前不許, 其中過越未安之敎極多, 惶恐奈何奈何. 卽修上書狀, 附還人, 其人欲往汝邑而去, 止之, 想不聽矣. 此人由監司道而來, 監司望間入安東云, 未知實否. 只此.

書 - 419 (4월 13일) P.126

【答[庚午四月十三日]奉化】

昨書知之. 兵曹書者告寂云 "當不往奉化而直去" 竟乃往耶? 召旨辭多濫溢, 無異於前往年敎書之類. 然往年之事, 猶出於上意, 今則上意頓辣, 而自下猶守前說, 欲以虛張之末爲轉斡之端, 豈不反生厭於上意耶. 尤惶恐. 子粹書云 "經席以某人當眷召事, 屢有啓之者, 玉堂箚亦及其事" 是何諸公不思之甚而如此耶? 不可說也. 方伯不由汝邑而此縣, 則留一日, 極爲未安. 且吾之見方伯, 亦似勢難, 但每辭又難, 臨時微達其意, 不聽而來, 則見之爲意. 使行由洪亭, 則榮川供點心耶? 就中烏川慶筵之日, 使行在安東, 妓工不得來, 何以處之? 勢必退定矣.

書 - 420 (4월 18일) P.127

【答寄[庚午四月十八日]鳳城】

書來, 知阿慶患頭痛非輕, 旋已向歇, 驚喜之餘, 尙多爲慮. 若是傷寒, 則似非卽歇, 無乃瘧證耶? 正氣散一服, 人參羌活散二服送去, 如快差, 正氣煎服, 頭痛尙在, 則羌活當, 故送之, 依用爲可. 此處依舊. 監司不由其縣, 甚未安, 而無如之何. 送物, 可供待客矣. 但汝以守土人, 無監司之命, 則來此固難, 然至近之地, 退在亦似未穩. 且烏川慶筵, 亦無不參之理, 監司

必度其情勢,萬無非之之理. 吾當先達意於監司, 汝明日須早來于此, 以過
司之會入謁與否, 則看勢處之, 明明亦早赴烏川, 待監司命, 同入參宴爲
可, 何可退在以待行過, 然後進參耶? 禮安送助物, 亦所當也. 居昌事, 汾
川知之, 已多日矣. 年老才短, 適値劇邑, 於心每慮其難堪, 果至於此, 於
我甚爲無光. 正當我多毁謗之際, 此亦謗之一端, 恨恨. 但其劾辭, 只以老
昏委諸下吏, 弊及於民云云, 無貪汚之言云, 是則差爲幸耳. 餘不一.
【自昨, 作畓奴輩無閑, 加以賓至, 阿慶藥, 不得專人送去, 只付還人, 恐
其遲遲, 爲恨.】

書 - 421 (4월 18일) P.129
【答[庚午四月十八日]】
再得書, 爲慰. 慶證, 意或爲瘧, 今知非瘧, 深慮深慮. 正氣散, 只有一服,
朝付還人矣. 然正氣散, 用之已晚, 須速走伻于安東, 求小柴胡湯而用之.
且野看水, 亦不可不用, 毋忽毋忽. 其病如此, 汝出來甚未便, 此處則不來
猶可, 烏川何可不往耶? 其意, 朝還人書, 已細言之, 當依處之. 忙不一.
【小柴胡湯, 欲求於使行而送之, 今則已晚, 明當送矣. 其煎服法, 細敎衙
中而來爲可. 蛤鰒來納. 更思欲請于監司, 審藥持相當藥進去, 看證治療爲
計.】

書 - 422 (4월 26일) P.130
【寫[庚午四月卄六日]鳳城】
聞阿慶所患, 爲草瘧, 雖云例知之證, 證重不能食云, 深慮深慮. 昨日有旨
又下, 如前促上來, 不勝憂悶憂悶. 當以病不能上去之意, 修上書狀矣. 然
吾今萬無復上去之理, 事勢則如此煎迫, 其從恐成大譴罰而後已也, 奈何.
疑終
【書狀內只云, 今觀卿狀啓, 言辭峻絶, 不肯上來, 極爲缺然, 卿母如是, 斯
速乘馹上來事有旨.】

書 - 423 (4월 29일) P.131
【答[庚午四月卄九日]奉化】
人來得書, 爲慰. 但阿慶瘧疾, 異於常瘧, 或至連痛, 又能飮食, 深可慮憫

慮憫. 予在書堂, 微有如厠之頻, 或於夜間, 如厠爲難, 故昨昨夕入溪上, 今則平復矣. 然旣已入來, 祭日又近, 故仍留此. 旱災之迫, 不可勝言, 奈何. 鄭司諫書, 乃答我前書, 非有速答之事, 故姑不答耳. 送來兩種魚, 受之. 餘不一.

【□□在彼出入捕捉, 必不能無弊於民間, 雖使無之, 亦不合於人之聞見, 何必使捉於彼耶? 戒斥焉, 何以處之? 其他或有泛濫, 須嚴察而治之, 不戢則黜之可也.】

書 - 424 (5월 2일) P.132

答子寫

書來, 阿慶尙未已其證, 深慮深慮. 祭需旣來, 還送亦未穩, 故受納. 但孤山祭, 此處當次, 以初四日早朝行之爲計. 明日則樹谷祭, 亦以早朝行之, 避熱故也. 汝若早早急來, 則猶可及參矣. 就中旱災之極, 得雨如不雨, 西成未可必. 民窮太劇, 則官何由獨不窮乎. 祭米, 後祭, 勿送爲可, 義所未安, 雖奉先之事, 猶不可强爲故云. 餘未一.

【傳聞崔敬差得啓本發落後來見我, 仍往見鄭司諫而上京云, 必經由汝邑矣.】

書 - 425 (5월 14일) P.133

【答寫[庚午五月十四日]奉化】

連得兩書, 今知慶兒離瘡, 甚喜. 予安在山舍. 安道輩, 自昨 皆來. 安道讀『啓蒙』, 純等再習『小學』前讀處. 寂妻再期固近, 但以其邑殘, 逢此惡歲, 事事如此, 雖欲盡汝之情, 禮其終不支, 奈何. 吾屢有此言無他, 恐汝終得棄邑之名, 故憂念云耳. 且川魚銀脣等物頻送, 亦恐太勞敝下人, 當量處得中爲可.

書 - 426 (5월 19일) P.134

【答[庚午五月十九日]奉化】

予幸安. 雨僅濟田, 而不足於稻田. 今見朝報, 京外遑遑, 事將不測, 奈何. 有旨又下, 極爲惶恐, 但有調理之命, 爲幸已大. 又不遣人, 而只付京邸, 想承旨等, 亦爲我善處之事, 以此姑自弛懷耳. 李國弼千里伴奴, 其不能省事如此, 可恨. 然二黃元與金而精, 力圖精劑而送, 可治焦乾之證, 爲感.
榮獄果如此耶? 他事不必云. 崔敬差竟未相見, 彼不諒我意, 必有憾意, 恨
恨. 欲祭云, 故朴郞與純道輩, 遣去, 安道與諸人讀『啓蒙』, 不可落後, 故
不遣矣. 二種魚, 知之. 李奴給粮, 亦知. 但此等事相續, 於官事亦妨, 奈
何? 餘在兒輩.

書 - 427 (5월 26일) P.136
【答[庚午五月卄六日]奉化】
因書, 知阿慶尙未永差, 深慮. 且聞昌陽得病, 已三日云, 必始紅疫, 未知
何以經行? 亦慮亦慮. 此處並無事. 朝報來自權東美處云. 又有縣人上京
者, 權公曾有書未答, 今乃答送. 又金而精處, 亦有不得已事, 寄一書幷付
送, 使之謹傳而精處, 受答來事, 幷敎之爲可. 獐則與諸生共之. 瓜子, 以
來月十三日忌祭沈萐薦獻事, 送于兄主宅耳. 戶籍草送去, 如有加入籍奴
婢, 書送爲可. 官督納, 不可緩也.

書 - 428 (6월 3일) P.137
【答子篤】
書來, 知慶兒復患瘖苦痛, 亦不飮食, 如此之久, 脾胃必甚弱, 尤深慮悶.
又此縣人, 昨自京來, 權繼叔寄安道書"昌兒得耳後腫證, 極熱苦痛"云, 此
乃前來書前出書, 未知今何如? 深慮萬萬. 送來瓜·酒·魚等物, 已納. 就中
銀口事, 聞其邑不作魚場, 無乃爲我之故, 勞煩下人, 頻頻督捉耶? 昔閔仲
叔不以口腹累安邑, 吾敢以口腹累奉化耶? 況官中所用, 亦不可不儲, 故
云云, 千萬量悉.

書 - 429 (6월 4일) P.138
【寄[六月初四日夕]奉化】
今刻自咸昌送京書, 昌兒去月二十三日不抹云, 驚痛何言何言. 前聞腫證
甚重, 至爲憂慮, 然去年春, 亦得耳後腫而得差, 今亦以是僥倖得蘇, 竟至
於此, 安有如此之事. 其母自其抹病以來, 身傷氣虛, 亦恐生病云, 尤極悶
極悶. 京近無族葬金以精祖上墓所欲藏事, 與而精同議爲之事, 繼叔書云,
憐慟無可比. 精之義可感. 心亂不一. 且其假葬以油芚云, 後日遷動極難,

尤慘奈何.

書 - 430 (6월 5일) P.139
【答[庚午六月五日]】
昌兒事, 何痛如之. 餘事, 眞同持去書言之. 奉化人, 廿九告辭于彼家, 則事出後已過六七日, 猶不寄一書, 無乃其母因致大病然耶? 尤悶尤悶. 且夫叱失雖去, 聞此不遣人未安, 不知何以爲之也?
　【更審其大宅諺書, 則姑權置于某處以待, 不知當下咸昌耶? 禮安耶? 云云, 此亦奈何? 問之夫叱失, 路中得腫艱去云, 可慮可慮.】

書 - 431 (6월 14일) P.140
【答[庚午六月十四日]奉化】
夫叱實無事還來. 京書凡事慘極, 不忍聞, 不忍言. 細詳其兒病狀, 醫藥所難捄治, 痛極奈何. 且其假葬以油芚云, 後日遷動極難, 尤慘奈何. 乳婢急速, 固不得已, 他事不暇計. 但其兒, 何以處之? 棄兒, 本不可爲. 且路中不嚥乳, 乳必塞云, 如此則又恐空還也, 如何如何? 又聞昌母傷痛, 恐生大病, 憫不可言. 餘不一.

書 - 432 (6월 15일) P.141
【答[庚午六月望日]奉化】
眼疾, 看書則往往而發, 不至重也. 乳婢事, 不得已之勢, 幷兒遣之爲可. 今當開素來物, 與諸人共之. 朴與純道時在家, 與安道偕出來, 亦略與之耳.
　【安道明日來時, 東齋『易啓蒙』下卷及『傳疑』一冊, 搜出持來, 又『詳明筭法』二冊, 亦搜來爲可. 但恐在亂帙中, 未易搜得, 則勿强索也事敎之.】

書 - 433 (6월 20일) P.142
【答[庚午六月廿日]奉化】
慶兒旣差而復, 日久月深, 其氣憊甚可知, 慮之不淺. 又聞石乙眞得腫, 留榮川, 不知何以上去? 是何事事多遰至此耶? 吾眼證, 雖感間發, 不至深重耳. 明間, 諸人散去, 燻之欲留, 故吾亦姑留耳.

書 - 434 (6월 29일) P.143

【答[庚午六月二十九日]奉化】
因書, 知以疫忌, 難於行祭之意. 旣難行於衙, 則行於家中可矣. 但祭酒等事, 全未預措, 不得已皆以官辦來, 行於家, 無乃有未便乎? 如此則寧行於孤山亦可, 兩處汝自量勢而行. 若行於孤山, 則明日內, 使人于彼, 令僧輩知之, 兼又通于此, 安道輩可進候而行矣. 針病事, 曾亦聞之, 深慮深慮. 琴應洗未可爲之耶? 惇敍可爲云, 而不肯往, 可怪可怪. 彥遇·燻之來此, 明明間將歸, 吾欲令二君勸起惇敍而遣之爲計. 米事, 非有他也, 吾所未安, 如前所云耳.

書 - 435 (7월 2일) P.144

【寄奉化[七月初二日]】
昨適客來, 多有未盡言事. 其中詣仲期會事, 若必欲如其計, 則吾當來會於溫溪, 但當此苦熱, 往來極難, 或値雨水, 則船渡蹇行, 亦爲難事, 須以此意速通于中路, 使之勿爲以除彼此之弊, 至可至可. 汝之來往, 亦不可太爲頻數, 幷知悉, 懇告休罷爲宜. 且書院, 則犀居講習之地, 尤不可作此等煩擾事, 故云云. 鄭司諫書, 隨後答送.

書 - 436 (7월 7일) P.145

【答[庚午七月七夕]奉化】
知衙中無事, 昌母亦支保云, 深以爲慰. 龍宮之行, 如我所諭遲遲而來云, 亦知之. 去夜風雨大作, 至今不息, 若如前所云, 則今日吾行, 豈不甚難乎? 此吾所以預知其難而辭之者也. 此意龍宮處細告, 勿以爲恠可也. 且龍宮無乃欲來見我於此乎? 月川前過涉舡, 腐朽乘涉至危, 新舡方作未畢云, 來見亦難. 强欲來見, 則至爲未安, 此意亦告爲可. 京來書, 皆見之. 鄭司諫處書簡, 送傳爲可.

【酒肴等物, 來領.】

書 - 437 (7월 17일) P.146

【答[庚午七月十七日]奉化】
連見書, 知悉. 但婦病未已, 浴椒之行, 勢不得已, 安道當往待行, 純道等亦當往見行次而還爲可. 吾以諸人『心經』已畢, 阻水多未便, 昨與兒輩, 皆還家無事耳. 榮川·密陽等事, 知之. 來物已領. 餘在諺書.
【正當發穗之時, 冷雨連日, 可悶可悶. 宜寧門內有喪, 慮喪慮. 其麥出如此, 凶歉可知.】

書 - 438 (7월 20일) P.147
【答[庚午七月卄日]奉化】
書中意, 知之. 純道事, 後日之往亦可, 但既定往計, 不欲中止, 吾亦已許, 故遂往耳.

書 - 439 (7월 26일) P.148
【寄奉化[庚午七月卄六日夕]】
霖雨太甚, 害稼極悶. 純道今日始來, 得聞椒井消息安好云, 爲喜. 但房舍爲人先占, 不得穩處云, 下人不得庇雨弊, 極可慮, 奈何. 且聞汝適出外, 而赦文適至, 不知何以處之? 因公出去, 似無所害, 然其囚徒等事, 處之似難, 慮深慮深. 『五禮儀』送去. 前送鄭司諫處答狀, 送否? 且朝庭爭論事, 何決耶? 豐·榮等處, 亦未聞耶?

書 - 440 (7월 29일) P.149
【答奉化[庚午七月晦日]】
書來, 知及來見赦差員, 爲喜. 椒井亦無事, 深幸. 但雨勢至此, 日候沈濕, 恐久留於彼, 或有他患之虞, 至爲未安, 速還何如? 以安否事, 昨昨送連伊奴, 迨未還來, 亦以水患爲憂耳. 且禾穀損盡必甚於去年不可說也. 此處無事. 朝報, 時未見, 但其事未蒙允, 亦未停, 可慮可慮. 淸判官事, 可憐可憐. 密陽過此時, 不無入見之意, 吾亦欲見久阻之友, 但雨水如此, 若不止, 則此溪上流六七渡, 既爲難事, 又紛川遷路不通, 必還上五六渡而後, 乃出廣峴, 艱險, 極未安. 且彼困極從馬, 枉道訪人, 亦似勢難, 須以此吾甚未安之意告之, 看其所處如何可也. 宜寧祭物, 送之爲當, 但曾見李末諺簡云云, 無所産殘邑, 何物可送耶? 深慮深慮. 㝢姪病復發, 似非輕, 甚悶. 昨送乾物, 使從權, 此亦已晚, 尤慮尤慮.】

書 - 441 (8월 3일) P.151
【答子寫】
書意具悉. 密陽之意, 必如此, 此處已備接待之具, 待之矣. 況雨霽水落, 涉水亦無甚難耶? 但近於官中, 事多騷擾, 心常爲慮, 待客之事, 何待官送而後爲之耶? 今來諸物, 甚不宜送, 而每每如此, 如我不欲煩擾汝邑之本意, 何耶? 以我假爲外言耶? 古云, 凡事順親之意, 汝不思之耶? 後更審之. 浴行還日得晴, 殊可喜, 但未知得驗如何耳. 元千稱頉, 初不知之, 昨始聞之, 嚴教起送. 但今日乘夕進去聽令, 歸時又歷此而後乃去云, 不知可如此否? 金海請簡, 已修送矣.

書 - 442 (8월 16일) P.152
【答簡[八月十六]鳳城】
予今平安. 冷雨復作, 害不可言. 今日若晴, 則猶爲不幸中之幸耳. 使行先文, 止於禮安云, 而無使汝出此縣迎命之令, 其指汝邑, 丁寧在卄一間? 然則卄二國忌, 素供亦當預備知之. 朴郞尙未來, 無乃往榮川耶?

書 - 443 (8월 19일) P.153
【寄奉化[庚午八月十九日]】
使行凡事, 何以措處? 今朝始聞卄日入此縣, 卄一訪此後, 還宿于縣, 卄二乃向汝邑, 貽弊此縣不少, 深爲未安. 凡百更細思量, 無有遺忘.

書 - 444 (8월 24일) P.154
【答子寫】
今見書, 知使行無事待過, 可喜. 其祭服等物, 宜速改備. 時祭事, 兒柩在途, 其父往待於彼, 方銜哀疚, 此時行祭未安, 只宜略行奠禮而已可也. 故兒孫等不送, 知悉. 餘在元千持去書, 不復一一.
【重九, 以完遭其妻母服, 色掌有故, 擬欲退行, 而只各持會話某處事, 曾出回文. 昨見金彦遇, 安東府伯九日來過陶山事相約云, 若如此, 則吾不可舍之而會於溫溪, 事勢相違, 恨恨.】

書 - 445 (9월 2일) P.155

【寄書奉化[庚午九月初二日]】
昨燻之來云, 婢子來烏川, 得聞娣腫處, 三數日來, 漸覺刺痛, 久患之證, 恐或重發, 深慮深慮. 前月宏姪來時云, 其婢妾患乳腫, 其家近新出椒水, 汲來盛器, 以其腫處, 浸入水中, 多日遞更其水, 其腫內堅結如核者, 漸自消融, 其乳觜, 徵成小痂, 痂落遂差云云, 遠處取水, 雖似不易, 然試以三四次, 輸取治療何如? 但泛令取來, 則不無欺取他水, 須防其弊, 亦可耳. 農事已無望, 今又早霜落, 麥又不實, 奈何. 安道今日瘞, 其夭深慘悼. 今思之, 當遣一奴, 見其入土而來, 於情可矣, 悔無及也.】

書 - 446 (9월 2일) P.156

【答寄[庚午九月初二日]奉化】
朝旣遣人, 今見來書, 知其刺痛未已, 深以爲慮. 痛而發外, 則似爲好矣, 恐其重發爲悶. 治療未知何方? 朝簡所云, 試可爲否? 咸昌今日之事, 忍不可言不可言. 不意榮川來云, 不能一一. 諺簡亦以接客之忙, 不得修答, 照知. 松耳西果, 受以待客.
【九日欲於羊坪近處會話, 汝若無故, 則來, 如有官事, 則不須來也.】

書 - 447 (9월 6일) P.157

【寄簡[庚午九月六日]奉化】
數日來, 其證勢何如? 若不自消, 則寧速外發而膿出, 不知有成口將膿之勢否? 痛之加減亦何如? 不勝憂悶. 然自爲用心太過, 則甚有害, 須務爲寬解, 勿令用心爲可. 聞李參奉以妾家造成事, 來往土谷云, 須細問藥治療. 且憑姪云, 凡乳腫, 必待膿以火針針破, 則速差, 若未膿而施生針, 則不得速差, 須知此意, 廣問愼治至可. 安道尙未來耶? 純道欲往省, 吾以汝將來此, 來後稟可否而去爲可, 止之, 故姑不往. 又恐汝或未來, 故具言之耳.

書 - 448 (9월 19일) P.158

【答奉化[庚午九月十九日]】
書知其證加痛, 未審今後如何? 至爲慮悶慮悶. 豐基送人時, 石手求見役期事, 及朴漉處蒙同事, 幷圖否? 蒙同求簡, 則今日連守之往, 吾亦通簡矣. 但未知許否耳. 餘在夫叱失.

【大釘打造事, 毋忽, 來初五赴役爲計. 夾鐵亦須幷造爲可.】

書 - 449 (9월 22일) P.159
【奉化答書[庚午九月卄二日]】
因書, 知其證. 內膿可疑, 審問而後, 或鍼或藥, 以治療至當, 令安道進去耳. 不加痛而內膿, 則可謂幸矣. 得軍人百人, 二日赴役云, 可以傳遞立役, 似無不足, 爲喜. 石工等事, 具悉. 餘在安道.

書 - 450 (9월 29일) P.160
【答[庚午九月晦日]】
見卄七書, 知證無加感, 悶慮萬萬. 盧繼祥來問後, 鍼否, 何以爲決? 安東來醫, 亦請來耶? 若皆云可鍼, 則何日, 以何人下鍼耶? 琴守億族親之人, 使之下鍼耶? 亦須與盧京醫商議, 十分審處爲可. 若下針膿汁出而毒泄, 則何幸如之. 時則未知何如, 深悶深悶. 安道妻固執太甚, 以致病深如彼, 其悶又極. 待母病少歇, 卽今上見可也. 石物事, 榮川石工, 必以延仇知告其所得之石爲怒, 欲諱其石而覓他石, 因以難其事而專其功, 此工不可使也. 昨安東伯伻人來問延仇知在官與否, 則十月朔酒色定体云, 今旣臨入番, 似難更定他人, 此亦可慮. 憑也今明必來, 來後細問其石之可否, 更問于安東, 若延工不可改定, 則欲更求他工於醴泉等處, 如此則初五日未及始役, 事多相違, 慮慮. 蒙同事, 毋忘. 吾亦今日入溪上.
【朴女好娩, 深喜, 雖不得男, 何恨.】

書 - 451 (10월 8일) P.162
【寄奉化[庚午十月初八日]】
數日來證勢如何? 前云似加痛, 必是作膿而然也. 然深慮深慮. 客過後, 須速迎醫, 針藥爲可. 就中浮石事, 欲待延仇知, 則太晚. 又聞榮川, 亦欲浮石, 恐先取前得之石, 則覓他石至難. 又憑還自醴泉時, 由榮川黃家奴石工招問, 則不諱前得之石, 方待赴役之期云, 故右石工, 欲使用爲計, 十五日當始正役, 前期使通于豐基, 令都色領軍赴役, 明明間當更伻告于汝, 須使縣人于豊爲可. 且審問浮石曲析, 吾所浮石, 不過五六日而畢, 汝若爲浮取計, 當續其後而爲之. 供給諸事, 何以措之? 石手饋酒, 不可不預措, 他事亦須預定可也. 鐵匠亦須去云, 汝邑鐵匠命送似當, 如何如何? 若難則宜寧來鐵匠欲送, 可否通報爲可. 今以接客出山舍, 凍筆不一. 詳在明明之怀.

【軍人百名, 二日赴役云, 然此非他一時赴役可畢之事, 其用人或多或少, 每人雖不過二日之役, 軍都色則當以事畢爲限, 必至久留, 此意豐守處簡通, 無乃可乎? 且石物輸轉使關圖出事, 欲修狀于監司, 其邑有往使道人, 則來受書而去敎之, 無 則當問於此縣歸人爲計.】

書 - 452 (10월 10일) P.164

【再寄[庚午十月初十日]奉化】

前書見否? 御史何以過行? 未知無事與否, 慮慮. 其證, 數日來如何? 成膿與否, 尙未明知耶? 迎醫, 不可緩也. 就中浮石, 十五日正役爲計, 奴連·伊雲同十二日鐵物諸緣持, 往宿草谷, 春正米, 令其處奴, 持載直向石所. 十四諸事整齊, 十五始役, 石手已令朴郎再招告期矣. 冶匠汝邑人可往耶? 勢難則此處冶匠當去, 可否通報. 豐基軍都色處, 不得已使人知悉, 明日須送人, 面見其人. 前期十四日早早, 石所來到聽令, 十五日早領軍入役事, 丁寧告戒而爲可. 且其人往時, 石手入見, 十三日直向役處事, 堅約而去, 亦可. 大釘夾鐵等, 已打造否? 此處輸轉雜物多重, 其釘直送于草谷, 諸奴可幷持, 則幷持, 重則仍納于役所可也. 大釘十餘, 則幷憑家所有, 三介可足用也云. 汝欲浮石, 當踵此役之後. 此役不過五六日可畢, 其後諸事, 須預措置爲可. 辛甥妻病, 未知何如? 宏也上京云, 故騫姪往見始役而來, 大石畢後, 不得已使寂監事耶? 此兒不曉事, 石品諸事, 恐難專恃, 奈何. 且汝兩石中, 其一笏石, 或皆笏石無妨, 雖爲蓮葉, 勿令高大可也. 餘在進來.

書 - 453 (10월 13일) P.166

【答寄[庚午十月十三日夕]奉化】

見昨書, 知尙未膿未針云, 深慮萬萬. 然醫云可以治療, 豈不幸甚幸甚. 謹依其言, 以俟膿下針爲當. 御史無事過送, 爲喜. 浮石處, 昨遣奴二名. 宏也留在, 凡事看董, 庶可得遂. 釘及冶工, 無後十五日而送, 至可至可. 使道書狀, 則已授此縣人送去矣. 沉松耳, 當爲祭用. 餘不一.

【忌祭無事過行. 汝父子未來參, 勢使然也, 奈何? 其證膿熟, 今幾何耶?

弘祚簡送去, 其妻證, 似有生道, 可喜. 石役時未知難易如何, 慮慮. 就中姪以事往還龍宮等處來樹谷云 "龍縣宰, 爲政太柔且踈, 下人專不畏順, 事事廢弛, 可慮." 又云 "奉縣亦不無此弊事, 人或云云", 此必有所聞而然, 更須警省思改. 弘祚·朴欖等簡送去.】

【銀婢自初五日得胃腹痛, 發則輒氣絶, 良久乃蘇, 日至四五次, 作棺以待, 自昨稍有生道云. 連奴亦初得胃復痛, 今則專腹痛往復苦極, 痛勢如刺, 已四五日, 而未見差勢. 梁臺婢得病亦多端, 或頭或腹, 全不粒食, 死生難知云. 雲同者久有逃去之狀, 以里疫等事, 因循不治, 去月出走不還, 一時之事如此, 甚爲恠恨恠恨. 雲奴之惡甚憎, 但有可疑者, 其衣糧等物, 不盡持去, 似非逃而竟不來, 慮或有他故也. 近當推尋于奉化爲意, 十六日追書.】

書 - 454 (10월 19일) P.168

【答[庚午十月十九日]奉化】

元千·眞同相繼來, 書中所云及宏等書具悉矣. 但元千云 "明明間當針", 而汝等書云 "未可速針", 何以不同耶? 判官用膿易膿, 而今此不速膿何耶? 又臂腫處刺痛云, 亦深慮深慮. 浮石處輸未遲緩, 若又不及十六日, 則恐至絶粮爲慮. 且軍人不到, 故石手旣到三日之朝, 尙未始役, 若其後每如此, 何以能役乎? 至今未知何如, 可悶. 寂今日發向, 明當至彼, 其留粮, 則以用餘米充用事敎送, 但不知餘幾耳. 炭似不足云, 更問圖繼爲可. 且摽石大小, 頓伊去時, 細通于寂處. 餘不一.

【石手治匹三時, 都色兩時供饌, 前後不可有異, 故告之. 榮川打作記封送, 凶歉至此, 不可說也. 然此處所出, 未半於常年, 不可不少資於彼也. 醴泉往還□□□馬匹二石, 旣已載來, 今又十石取用次計留爲可.】

書 - 455 (10월 23일) P.170

【答寄[庚午十月廿三日]奉衙】

昨來書, 知針處稍歇, 其後如何? 其腫處, 雖用膿藥, 久未成膿, 無乃不成腫尖, 內無瘡根, 終非膿出之證, 故如此耶? 深慮深慮. 宏書已得二大石品好, 深喜, 但漢弼及寂帶去人, 昨 皆不來, 不知何故? 無乃頓伊遲去, 不得交付而然耶? 傳聞弘祚妻病尙重, 又前所訟隻更起, 訟於義興, 方椎捉, 又別有他患云, 重厄, 可慮可慮.
　【洞有司完與順承, 以今月晦日, 退行秋講, 信於其家, 汝若有故, 不須來, 不可無頉狀, 故告之.】

書 - 456 (10월 29일) P.171
　【與奉化[庚午十月卄九日]】
昨者之來客煩日晩, 凡事不得商議, 恨恨. 數日間證勢如何? 尙未下針耶? 縣吏億命持來京書, 皆云不爲重證, 然豈可恃乎? 京書及朝報一紙送去, 上箋狀事, 只許遆提調, 餘不得請, 悶悶. 且有旨久不來, 亦不知何故也. 戒斥還來耶? 石役何日可畢來耶? 縣人又遣去耶? 今日又得宏書, 前得石品, 似未甚好, 更得好石與否, 亦未可必, 不知終何如? 恨恨. 餘不一一.
　【寂處診書送去, 如有去人則付送, 無去人則不必送也. 手功每一石四疋云, 若石小品不好, 則豈可皆給四疋乎? 知而量處. 過南原昨日又來訪, 去宿于彥遇家矣. 傳聞星牧聞使行入府, 又以其府史庫有考事, 京官下來, 自烏川疾馳, 直下去, 慶宴退行云云.】

書 - 457 (11월 1일) P.173
　【答[庚午十一月初一日]奉化】
見書, 又問純道, 其證深重如此, 悶極悶極. 手臂二三針破其毒, 似當洩出, 乃反加痛, 可悚. 未知昨日針後, 痛勢如何? 當處, 尙未可下針耶? 當處, 乃根本也, 不治其本而治其末, 無乃不可乎? 然此不可輕論, 但吾意如此故云云, 固當一聽於醫言爲可. 石役卄八畢散, 則寂也昨間當到而不來, 慮慮. 洞會有故, 昨日不行, 欲退於初九. 吾更思之, 完姪時祭, 欲行於冬至十五日, 右日乃國忌, 十四寅日, 十二三, 則大竹外祖忌也. 其間空日, 口初九·十·十一三日而已, 不得已先行祭, 然後可行洞會事, 昨通于完姪, 時未知退定何日也. 汝庶母喉痛不偶, 昨昨憑姪來見, 只針百會及兩手, 母持少歇, 自去夜更痛, 不得已更針當處爲計, 但此處下針亦不易, 慮慮.
　【輸石使關已來, 待寂還後, 欲送關子醴泉·安東本縣等官, 只大石輸來爲計, 小二石, 則汝欲隨後輸來故也. 但日寒如此, 未安未安.】

書 - 458 (11월 3일) P.175

【答[庚午十一月初三日]奉化】
自純道來報, 臂證麻痛尤劇, 極以爲悶. 又未知其日針後如何? 欲遣人探知, 只以奴婢等, 往來太煩擾, 故姑停. 因來書得知針後頓減, 雖云還痛, 稍有漸差之望, 慰幸慰幸. 觀此證勢, 不得已屢加針洩毒, 乃可治療, 難待膿潰之日也. 庶母針差未幾復發, 一日夜頭喉兼痛, 方欲再針之際, 忽然自瘳意, 必因前針毒洩, 故餘毒雖發, 旋至自平, 是則幸也. 昨日其證當處再針云, 如何如何? 時祭定於初九日, 洞會應定於十日, 或十一日也. 初五日莫德婢進去, 更通爲計. 寂昨昨來到, 初六亦當進去, 石役凡事, 可得詳告矣. 聞石工以受手功事, 當往其處, 莫德去時木匹送去, 給付爲可.
【錦鱗來受.】

書 - 459 (11월 5일) P.176

【寄奉化[庚午至月初五日]】
不知數日間證勢如何? 針幾番耶? 詳示爲可. 今日寂與老婢當進去. 閑石奴自奉化還日得病臥痛, 昨日始見紅疫滿身發, 未知何自而得也. 但上土溪一二家, 亦行云云, 玆以進去爲難, 不得已停之. 慮恐自此蔓延, 則凡事多礙, 奈何奈何. 輸石使關, 近欲送付各官, 石手時不來見耶? 寂昨往燕谷, 賷輩云 "吾所買石, 石工自得而鑿造, 猶只給六匹, 今得石甚易, 而每石四匹過重", 此言似當. 吾於大石給四匹, 汝則三石通給十匹, 或十一匹, 如何如何? 寂在彼時, 以用餘米六斗, 太一斗給石工, 以此爲大石價, 一匹計除, 餘斗計給小石價也. 前所云云木二匹, 以疫忌不送, 當直送于其家, 又一匹價租石, 當給于草谷事, 石工若來, 則細告爲可.
【衙中兒輩未行非一二, 往來人相通, 似未安, 不通又似勢難, 可否當如何?】

書 - 460 (11월 6일) P.178

【答奉化[庚午十一月初六日]】
見書, 知證勢稍稍減歇, 豈勝爲喜. 當處針後, 又如何? 龍宮米布, 不知定送幾許? 徐知所送之數, 大石價一二匹計除, 有餘數, 則以小石價計給爲計. 餘在昨日仲年持去書. 今來監司宅, 筆凍不一.

書 - 461 (11월 12일) P.179

【答[庚午至月十二日曉]奉化】

昨卜年還, 見書, 知復患㾴痛, 深以疑慮疑慮. 今尙未差否? 當處下針, 未可輕爲事, 人多云云, 姑針四房, 勿下當處, 以待可針之日, 如何如何? 此處閑石起後, 繼者二三, 勢必蔓延, 凡事多礙, 可慮可慮. 輸石關, 則送已多日, 監輸諸子弟處簡, 明日冲姪之行, 當付送爲計. 但中間宋汝能等多有故, 恐未如計, 慮慮. 且石手·手功, 冲等則又云, 每石四匹, 不爲過重, 非徒此也, 凡爲親之事, 非如他買物之比, 不可固執減價而給. 他石, 皆如初約給四匹, 其中取小一石, 則給三匹爲當云, 此意亦當, 知而好爲之可也. 洞會, 昨日已行, 頉狀呈之矣. 餘安道今日當來云, 不一.

【昨來雉等, 受之.】

書 - 462 (11월 16일) P.180

【答書[庚午十一月十六日]奉化】

十四日書, 連日苦痛云, 比於前日, 間間痛之, 時尤深慮憫. 慮憫不知其後如何? 如何安道書, 當處及臂, 似加外見, 此則可爲喜幸. 從此成膿而下針, 則可望差歇矣. 就中光州奇承旨, 委遣人來, 汝父子處, 亦皆有書, 故留其人而寄其書, 幷其子寄安道書, 修答, 明早寄來爲可. 且此人遠來, 還糧必未持來, 不可不給送, 米二斗間送來亦可. 來時十二日, 乃到云故也. 安道處不答書.

【宜寧送人, 何時發送耶?】

書 - 463 (11월 17일) P.181

【答寄[庚午十一月十七日]奉化】

近日非徒連痛, 又至加痛, 不勝憂煎之至. 計陽益氣湯服後, 似加外見云, 無乃成膿乎? 昨日針後, 證勢如何? 病患如此, 行祭亦未安, 恨不及止之也. 奇承旨使者, 今日欲待答狀發去耳. 安道處書未答者, 諸處書簡多來, 困於裁答故也. 鄭逮兄弟, 亦遣人來議禮, 吾豈知禮者耶? 其書送去, 其人則已還矣.

書 - 464 (11월 17일) P.182

【答[十七日]】
自昨夕, 證似頓減, 今後雖或未免有少往復, 想不至大段, 不須往問也. 生 雉來到.

書 - 465 (11월 하순) P.183
【寄朿】
李醫出去, 可恨. 然似聞汝欲親往安東求藥, 然乎? 此乃素知之證, 又汝去後, 又多唾出惡痰, 頗覺胸膈少開, 雖委頓之極爲慮, 似不至大發也. 今夕仍宿, 俟明來此. 求劑之人, 持書進去, 不得一二服也.

● 년 월일 미상

書 - 466 (연월 미상) P.186
【答寫】
見鄕書, 爲慰. 答書送去. 奇別, 城主求見, 須以五六張送上爲可. 軍籍奇別亦送. 且吾行, 想不及八月之內, 汝不得已以來初間先歸. 知此意, 修書以送爲可. 銀唇常用亦可, 知汝食潰故云.

書 - 467 (연월 미상) P.187
【答寫】
掌後似加, 亦不甚, 似不足憂也. 但此編書之役, 難堪耳. 監司送紙, 受之, 丘從等敎送之. 汝無事, 須勤讀爲可.

書 - 468 (연월 미상) P.188
【寄寫】
【今朝忙出, 凡事未悉而來. 金醫來見, 則其藥材出示. 八物元所入量取劑之, 其餘材欲劑補中治濕湯, 還裹謹藏, 以待後日吾入而處之. 此意亦告于金醫, 使之預知爲可. 其未備之材, 隨當備送之意, 幷告之. 義城處答狀, 勿忘付送.】

書 - 469 (연월 미상) P.189
【寄寫】
黃石持來宜寧書簡, 送去, 且汝行初八日定耶? 汝叔則書中不言所赴, 黃石云欲歸密陽耳. 就中榮川爲汝圖名紙云云, 但寀亦欲觀光, 請覓給名楮云. 文山之歸, 已無及矣, 汝叔雖歸, 亦不及求得之勢, 奈何? 榮川所給名楮, 付汝叔之行, 送于寀處, 汝則到京以其品好紙換可用紙用之. 市人要高價, 則加給價換用, 何如? 明日又伻人于草谷, 欲及汝叔之行, 請得其紙付送事, 通喩爲意故云.

書 - 470 (연월 미상) P.190
【寄寫】
朔祭, 何以過行? 白米二斗瓜茄等物送去, 初欲遣婢子, 此亦有祭事, 未果, 恨恨. 只此.

書 - 471 (연월 미상) P.191
【寄寫[烏川]】
傳聞汝婦解娩在昨日, 未知信否? 信則其不卽報, 必有所以然, 然亦不妨, 何嫌而不報耶? 但願母子俱安好而已. 生雉一首送去, 并納. 餘對客草草.

書 - 472 (연월 미상) P.192
【答寫】
不意聞兒息無故夭折, 驚痛不已不已. 眼前只有汝, 汝亦只有一兒, 日夜望汝所生之繁, 何有男女之分? 而屢得屢失, 每每怅恨, 今復至此, 悼憫之極, 罔知所喩. 皆緣我薄福所致, 傷念尤極尤極. 黃石奴昨夕還向草谷云. 昨昨祭時, 安國來參云. 但此奴自彼得病而來, 其病似非偶然, 今且出送, 未知厥終, 亦深慮深慮. 以此諭汝姑勿入來事, 方送僮奴, 奴遇仲孫而還耳. 近姑在其處, 待觀病勢, 如何? 吾亦將欲量勢去就爲意. 心亂不一.

書 - 473 (연월 미상) P.193
【再答寫】
來書知悉. 但忠州了簡, 常時則猶可爲之, 芿叱山歸時, 又不得已修簡, 以是爲難, 詳在前書耳. 試墨一笏三丁及各處簡皆送, 細考以傳. 宲名楮事, 果似不及, 奈如之何? 莫失至今不來, 必至抵暮, 故馬匹則已令金弼茂牽往矣. 餘具前書, 不復云.

書 - 474 (연월 미상) P.194
【答寄】
雜物依前送去, 罏口等物亦送. 公簡處簡不封而送, 見後封傳爲可. 前固知予意, 又見此書, 則無可更稟, 而足不失處事矣. 諸叔前, 以汝行忙迫, 未及修書, 白之爲可. 且東堂雖不果見, 到彼不可久留, 須卽速上來爲可, 李末處秋收監打事懇囑爲佳. 試場及行道凡事, 千萬戒愼戒愼.

書 - 475 (연월 미상) P.195
【寄寫】
多事間忘却追告, 與寅家有相濟事, 五升木三疋, 李國樑處, 令加隱非輸送事.

書 - 476 (연월 미상) P.196
【寄寫[烏川]】
予昨到榮川, 見京奇. 其推事似歸於不緊, 予亦一日之間, 頓覺氣憊, 强作爲難. 此處朋友輩, 皆勸勿行, 是乃愛我之深, 故決意停行, 雖似未安, 勢之使然, 奈何? 彼處病氣何如? 慮慮. 近姑留數日於草谷家, 徐向某山寺. 忌祭, 依前敎愼行爲佳. 但予旣停行而未及入參, 爲恨. 餘未一.
【予不久留於此, 汝勿來此, 可也.】

書 - 477 (연월 미상) P.197
【寄寫[烏川]】
訥叱孫齎書, 具悉. 事已至此, 汝與汝婦, 要當勿太傷悼. 黃奴卽出送. 同令家亦不平, 在此未安, 出避亦多難勢, 姑觀數三日處之爲計. 孫伊家穀石, 欲取來, 汝明早直來于孫伊家, 料檢其穀下送, 兼招金孫, 取其換穀, 幷下送爲可. 且明午吾當往待于新舍, 汝還路須來見于彼, 踰聲峴而去亦可. 金富倫諸人讀書于龍壽寺, 汝亦從近同榻于彼, 甚好. 蒙旣, 想必慢廢,深慮.

書 - 478 (연월 미상) P.198
【寄寓[烏川]】
昨日忌祭, 行於龍壽, 如前日所言耶? 予旣停行而不得往參, 恨罪萬萬. 卜馬牽送, 且予近當留此, 念五六間, 欲入龍壽寺, 汝則端午祭時出來, 可也. 溫溪等處病氣何如? 蒙兒瘡處, 今已差否? 慮慮. 只此.

書 - 479 (연월 미상) P.199
【答寓[魚呑寺]】
栖寺讀書, 甚善. 獨處專靜, 尤當勉做, 惟能掃除雜念, 凡所讀必須熟複成誦, 令心下流轉動彈乃有益耳. 金孫·孫伊當預戒待之. 榮川輸穀人太半不來, 可恨. 來則當敎連同爲計. 唐本四書送去, 詩賦題出送, 考事實次 『治平要覽』 一卷幷送, 考後無失送還. 今日立屋, 冗中不一.

書 - 480 (연월 미상) P.200
【寄寓[鄕校]】
腫處如何? 聞忌祭不進, 無乃猶不平而然耶? 粮米二斗送去. 『韻府羣玉』, 後來人銘送, 可也.

書 - 481 (연월 미상) P.201
【答寓[黌舍]】
【書來到, 腫處尙然, 慮慮. 在榮川時, 恨不再針也. 若不速差, 委往何憚? 都會則不往可也. 所製雖善惡間, 隨後皆送來爲可. 且近者汝叔求題, 出「安市城賦」. 此若東人無之, 則製之不妨, 於東國事, 專不製述, 爲未便故也. 藥方當傳送矣. 十六忌祭, 吾拘忌未得往參, 恨恨. 汝若氣平, 進參爲當. 然迤從他路而往還, 勿近本家而行, 可可. 『韻府羣玉』, 有考處, 後日送來者後還送.】

書 - 482 (연월 미상) P.202
【答寓】

【順伊傳書, 知悉. 但旣云漸差, 何故欲針? 吾意姑勿針破爲當也. 若未針, 須姑停爲可. 榮川輸穀事, 明日遣黃石知委, 約日預待而來報, 汝往見之爲計. 作田畓人, 非不知其厭憚, 他條勢難, 故欲除其稅價而使爲之, 則彼無乃樂爲之耶?】

書 - 483 (연월 미상) P.203

【寄寓[鄕校]】

【近日腫處除毒盡消未? 余明日下去. 姑寓金孫家以觀勢, 此家則久留未安故耳. 溫溪哲孫妻及孫伊等皆痛云, 此病何其長耶? 明明赴安東, 奴馬皆備耶? 公簡初九來宿, 十日還歸矣. 餘望毋惰.】

【前日權東美之言, 勿播. 如見東美, 亦宜密言此意.】

書 - 484 (연월 미상) P.204

【寄寓[烏川]】

汝前證永瘳耶? 古云 "病加於少愈." 此言尤當戒也. 若永差則上寺不可緩也. 木花種, 以水漲未畢糞田, 明明間當落種矣.

書 - 485 (연월 미상) P.205

【寄寓】

榮川秋麥, 想已熟矣. 連同奴不可全付監打, 明日暫往監收而來爲可. 明曉延秀及卜馬送去. 率人一名, 其處可得耶? 不得則二名送之亦計.

【木花田, 今日再耘.『歐蘇手簡』, 推送.】

書 - 486 (연월 미상) P.206

【答寓】

初謂歸陵寺, 已而聞彼處亦病, 未知何歸? 方欲伻問, 今見德萬持書來, 始知歸方存存, 固好. 然與諸君同處, 雖曰親中, 殊爲未安, 如何如何? 病婢三人, 皆痛五日而愈, 似不甚酷, 差可幸也. 吾父子避出, 似近輕動, 然其病勢, 與前日兒婢票伊之病正同, 其爲傳染之病, 無疑. 況旣出何可猝入? 但爾庶母則勢難出, 故姑留耳. 且汝終不可混處於彼, 移寓孤山等處, 觀勢來此, 於汝意何如? 大宅又送粮饌於此, 尤爲未安. 只此.

【木花, 當令種之. 但除草, 勢難, 奈何?】

書 - 487 (연월 미상) P.207
【答寓[烏川]】
粹禪昨來, 見書具悉. 仲起事, 不勝驚愕. 末叱山回來云何? 若不至危劇, 則亦有葬事, 汝姑停行可也. 沈同來留書, 不捧答簡, 與末叱同偕已下去云, 彼與連同皆緩慢矣. 吾音回來, 亦恐徑去, 故答簡及挽, 預付此人而送, 汝亦修簡耶? 宜寧來簡送去.

書 - 488 (연월 미상) P.208
【寄寓[禮安退溪]】
他事, 黃石持書盡之. 但燕粉治瘡之藥內, 其一服, 眞油和塗云, 其二服, 則赤柳煎水, 洗其瘡處, 因其濕而塗其藥, 則藥不散落云云. 赤柳者, 川邊稚柳之叢生而莖赤者, 俗所謂也. 或云"此藥亦以油和塗, 可也."

書 - 489 (연월 미상) P.209
【寄寓】
芿叱山以木花種事進去, 此間亦有未安之意. 此奴乃曾經行者者, 大抵行者奴放役, 通國皆然. 今此奴雖有過甚之事, 然不可以此遂違通國之例也. 汝於此奴, 凡事專委, 無異受作介苦役之奴, 無奈未安乎? 且綿花田除草非輕, 今年三田皆種, 則工力多重, 此奴無奈不勝支當而生怨乎? 聞汝此處田畓, 此奴皆受半分云, 是則此奴不無所利, 故不以任汝事爲憚乎? 如是則稍可矣. 若內懷怨憚, 而汝强使之, 則尤不可, 汝須知此意, 凡事優爲之, 勿令生怨, 至可至可. 大抵吾意順孫速移居于此, 使之幹事, 綿花作介亦使此奴則可也. 而今年又如此, 於吾意未安, 故因其去而云云. 此紙卽去之, 勿犯人眼.

【監司所送素物各件, 送于大宅.】

書 - 490 (연월 미상) P.211
【寄寓[鄕校]】
汝近無恙否? 已來接縣學耶? 所與同接者幾人? 汝所讀何書? 若悠悠度

日, 終有何益? 詩賦題出送, 速製可也. 科次則城主前爲之, 予則病困不可. 且京來金府尹史草畢納帖字送去, 卽謹傳于金生員處. 此非輕事, 更須銘心速傳, 不可忽也. 順孫者, 得病四五日已差云, 猶可喜也. 只此.
【金府尹史草帖同封.】

書 - 491 (연월 미상) P.212
【寄書】
余則依舊. 但婢莫非往來范金家, 得疾三日, 昨已出送于范金處, 此後猶可慮. 且下里黃石義女兒方行疫云, 始知尙未寢息, 亦可虞也.

書 - 492 (연월 미상) P.213
【答書[烏川]】
【書到知安, 予亦安. 但婢佛非家兩人臥痛, 昨已出送, 然可懼也. 木麥·銀唇皆領. 生員前自有謝簡. 餘詳諺簡, 不一.】

書 - 493 (연월 미상) P.214
【答書】
未知汝安否, 且以久與人混處爲未安, 懸想之際, 見簡知安, 已移寓于孤山, 吾心始安矣. 予無恙, 家亦無事云. 奴黃石則偶病一日而起矣. 其後行者臥病云, 驚慮. 今乃知爲瘧疾無疑也, 勿以爲慮. 此後若無事則汝可來此, 觀勢而入可也. 忌祭時, 吾以俗忌進參疑慮, 時未決耳. 餘在雪熙.

書 - 494 (연월 미상) P.215
【寄書】
眠食何如? 予無事. 但婢趙非得瘧云云, 時未知某病, 疑慮. 故汝姑不來此, 可也. 且黃石發背疽甚重, 事事至此, 計無所出, 深悶奈何? 榮川來石乙·金伊·白是送去.

書 - 495 (연월 미상) P.216
【答書】
昨書之意, 知悉. 今聞趙非永差起行云, 此必非其病也. 汝可速來于此也.

就中今去末巖三寶僧, 以僧軍推捉來告, 悶奈何? 予昨以道善·德衍兩僧事, 通簡于城主, 旣蒙諾矣. 今不可又以此僧事叩之, 何以爲之? 任弼臣不來此耶? 來則汝可圖之, 不然叔材亦可圖之於色吏處否? 計無所出, 姑今就汝知之.

書 - 496 (연월 미상) P.217

【答寯】

送來銀唇, 爲諸君致謝爲佳.『綱目』「梁武紀」送去, 幷前去『治平要覽』一卷, 後日須銘還送. 大抵書冊轉相傳覽, 非徒忘還, 亦又忘推, 遂成不怢故云. 上寺以速爲善. 只此.

書 - 497 (연월 미상) P.218

【答寯[烏川]】

書到, 具知汝意, 爲慰. 若止於仲億一事, 則本非大失, 吾恐他事皆如此, 則甚不可故云爾. 大抵今人雖無學力, 不至於大過者, 其資質不甚駁故也. 若氣稟駁而又不加矯揉克治之功, 率意冥行, 則其過尤之積, 將不勝其多且大矣. 近覺汝於義利之際, 不甚分判, 是汝質之偏處, 不可不知, 故預戒之耳. 非謂汝已陷於大過而督責之也. 樊須遊聖人之門, 而自知其氣質之偏, 故有脩慝辨惑之問, 此可謂善學矣. 汝勿訝吾言之太早, 而思古人爲學之實, 則知吾意而有益於汝矣. 買畓事亦非過也, 其間有當稟而不稟, 是見外物之重, 便至於此故云耳. 人誰無過, 過而能改, 是爲大善矣.

【來書及白是等皆還付.】

書 - 498 (연월 미상) P.220

【答寯[烏川]】

本謂汝今日來此, 面告所以不得已之故而去也. 日夕悵尙不來, 書來, 知又有看山之事. 其故亦大, 奈何? 但他姪皆不來, 完亦以宏妻葬事, 出醴泉, 獨一憲姪而已, 安有如此埋沒無意之事乎? 深歎. 汝故之又適相値也. 人豈盡知, 心亦未安, 然奈何?

【憲姪看事忽忙, 未及答書.】

書 - 499 (연월 미상) P.221
【寄寓[鄕校]】
比日與騫等俱安穩否? 昨自汾川傳云'予已遞罷.' 稍自慰安, 但未知在某日耳. 苽葱及魚一尾送去. 餘望與騫輩十分鍊琢.

書 - 500 (연월 미상) P.222
【寄寓】
【宜寧書簡, 皆已修否? 其事未分之前, 不可無屬處, 故姑令汝主之. 然汝之爲主, 非出於本主, 則實是贅矣. 汝弟以實主, 猶爲門怨如彼, 況汝爲假主乎? 反覆思之, 不如速分之爲愈. 但以彼處堅欲不分, 故吾亦不敢固執姑屬汝耳. 今汝千萬勿生永執牢固之計, 但達未分前暫主之意於汝祖母主及僉叔前, 其奴婢仰役於大宅者勿推, 其他亦聽祖母氏之令, 隨宜善處, 以待家門之所處. 如或有起爭之端, 即以與之, 無一毫占恡之意, 至可至可.】

書 - 501 (연월 미상) P.223
【寄寓】
【昨莫石付簡, 見之耶? 婢趙非或臥或起, 似瘧非瘧云, 今三四日矣. 故昨書姑未來此云云. 然今雪凞等負汝寢具而來, 旣來不可還, 故留置于此矣. 大抵此病, 皆非大段, 然傳染之病, 不可不避, 來此觀勢無妨也.】

書 - 502 (연월 미상) P.224
【寄寓】
【今去奴所言細聽, 其孔頭鐵, 若借得於金生員宅, 則不須新作, 不可得則今送釘及片鐵十六介打令作一孔頭送來. 若兩事皆不可爲, 則不得已鑛鐵割取, 作而用之. 不可但付匠人, 明間汝須來見之.】
【趙穆昨送人來, 其簡送去.】

書 - 503 (연월 미상) P.225
【寄寓】
昨昨見書, 知爲疫而好行, 且驚且喜. 慮以爲煩, 故昨未伻問, 未知其後如何? 今已水實向差耶? 能飮食與否? 幷細示望望. 汝若上寺, 則塩醬等物, 無乃出入爲難耶? 難則自此欲送耳.

書 - 504 (연월 미상) P.226
【答寫】
僅來見書, 知已與權秀才約行, 爲慰. 炎赫加以雨水, 是爲深慮耳. 榮川收麥, 無人可屬, 今日奴申石往取穀, 已令連同自收之, 非不知虛踈, 他無使監故也. 製草送去. 正草紙, 余在溪堂, 今不搜送, 明明當付億弼等. 所云服事, 知悉. 以予衰病固難强執, 但時無緣素加苦之患, 何可輕減重服耶? 古人五服皆成服, 今自朞功以下皆殺在一朔之內, 只以經帶行之, 已是太簡太薄. 若又輕易開素, 則是簡中又簡, 薄中又薄. 余所以雖抱羸疾, 非有他患, 不敢輒減也. 若因有加患, 余豈不計軀命而膠泥乎? 他待明明.

書 - 505 (연월 미상) P.227
【寄寫】
昨來書, 知之. 今又見綏之書, 則綏之欲向盈德等處, 必不速還近, 似相違矣. 玄風來扇封送去, 以汝之意分呈諸位, 爲可. 眞荏亦欲送之, 姑俟後便也. 餘唯勤讀勤讀.

書 - 506 (연월 미상) P.228
【答寫[烏川]】
得書, 始知不平, 深慮深慮. 汝連宿冷處, 其時固亦疑慮, 若是感寒, 何不卽通取藥以治療耶? 今送順氣正氣等藥, 量其證勢, 飮以出汗爲可. 若熱多則不可飮順氣散也. 且自初患至今加減之候, 如何如何. 其勢漸減耶? 無加減耶? 或加或減中, 皆不可不千萬愼調也, 切勿輕視, 雖向差, 勿往西村亦可. 木綿耕種事, 當敎芿叱山, 使無過時. 但此處因成造凡事, 皆後於人, 又役奴多闕, 事不如意, 失時者多, 是爲慮耳. 座首事, 已於京房子上京時, 力白矣. 金生員前了簡, 因歸人送上可也.

書 - 507 (연월 미상) P.229
【答寫】

送來新稻米及江鮮等受之, 爲大宅常有不敢當之意. 生麻及荏斗付送, 其數則在諺簡. 金生員還否? 當於大成處知之矣, 只此.

書 - 508 (연월 미상) P.230
【寄寓[烏川]】
不意門患又慘, 醴泉參奉兄竟以瘧疾, 奄至不救, 痛怛罔措, 痛怛罔措. 昨日早朝, 事出昨昏. 金金伊奴走來告訃, 余夜往溫溪而還. 兄主及完皆以今日晚出中宿, 明當達彼矣. 余病新差, 氣極憊虛, 餘毒未盡, 未得奔往見之, 痛負幽明? 汝須自彼明曉早發, 則卽夕可達矣. 率奴二名, 今夕持粮遣去爲計. 來奴云 "參奉平日卜葬地, 在醴泉龍宮之境, 距高子坪過十餘里." 若成殯于彼, 則汝明夕抵宿于高子坪, 明明陪兄主, 當往見于彼處, 見後還歸遲速, 到彼觀勢處之. 然想難淹留耳. 餘在夕進奴輩, 憂撓不一.
【有可率之奴, 則終伊還送, 無則幷率去.】

書 - 509 (연월 미상) P.231
【寄寓[烏川]】
昨若回宿中路, 則今日可到烏川, 未知彼處喪事. 何以爲之? 窮家倉卒, 想多窘闕, 悲痛奈何? 姨主及喪主, 各免他患否? 殯所, 何處爲之耶? 未得往見, 徒積慘慮. 汝曾有感冒之恙, 觸寒奔走, 深可畏虞. 不知能保平否? 若有少愆, 不可強作, 留調待安而入來. 未晚也. 兄主不往大竹而徑還耶? 亦未知路次安否, 爲慮. 餘不一.

書 - 510 (연월 미상) P.232
【寄寓[烏川]】
豊山之行, 其在明日乎? 近日吾數不平, 故初不欲見監司. 監司欲來此相見云, 其弊不小, 不得已明日吾當往見於汾川. 以是, 奴及騎馬, 皆不得送之. 恐汝卜馬亦不得, 故金孫馬牽送, 但此馬瘦甚, 似難支云耳. 仲起處書簡及藿封送去. 齎傳爲可. 汝前年往彼時, 不見金博而來, 是爲未安. 今須往見可也. 向聞其家多四季花, 幸倍一枝, 裹以泥土, 令不槁持來. 且蓮種掘送事, 曾敎龍孫, 而節晚不來, 可恨. 若經過枝谷, 則須堅敎右奴. 卽速掘取, 隨宜裹結, 令勿傷苗根入來, 兼勘穀食置處也. 端午亦不遠? 其前居接事, 與諸君牢約往還後, 卽往亦可.

書 - 511 (연월 미상) P.233
【寄寓】
昨安非夫來, 傳金忠義求製挽章, 故二章草送矣. 雖送白紙二張, 仰覆蓮盡成, 造幅爲難, 故未造幅正書以送, 可恨奈何? 其所送書冊四卷亦送. 但汝近來又廢讀書, 作輟之學, 何能有成? 在隨處力學耳. 何處不可讀, 何時不可學? 勉之.

書 - 512 (연월 미상) P.234
【寄寓[魚呑寺]】
前聞金仲起嫂氏永葬日在十一日, 若無進退, 其日行之, 則汝以俗忌, 雖不可往見, 不可不伴人致其不得護葬之恨. 恐汝忘之, 故報知之耳. 若送人則吾簡再授送之爲可. 榮川人至今不來矣. 且汝於寒食可往參祭否? 初意吾欲一往行祭兼奠質夫之喪, 切計, 今則成造與農務, 叢冗劇甚, 似難出入, 汝若往參爲難, 則墓祭已矣, 時祭不如不行之爲愈, 如何如何? 不來爲可. 孫伊·金孫等已敎矣.

書 - 513 (연월 미상) P.235
【答寓[烏川]】
仲起不意大被兇賊之變, 不勝驚痛驚痛. 其得生幸矣, 不祥莫甚, 奈何奈何? 吾以病人未得馳見, 汝不可不往慰問兼拜靈殯也. 率奴, 此亦無閑, 然億弼明曉起送, 已里音夫者, 當招幷送. 但此者, 每托出外, 其來未可必也. 他奴則公私奔走, 彼此不暇耳. 咸安弟換穀事似當, 然亦欲開春遣人貿布來用亦計矣. 餘不一.

書 - 514 (연월 미상) P.236
【寄寓[玄沙寺]】
似聞諸君已上寺, 汝亦同之耶? 近以收麥, 久未伴人, 恨恨. 前送乾雉乾蛤川魚醢藿封及白紙一卷等送去. 都會空棄, 可恨. 正須勉力以圖秋闈可也. 粮米隨後送之爲計. 疑義亦須習知體製, 至可. 二者不可得兼, 其中可習者習之, 亦當.

【筆則毛惡不用, 幷常紙送于阿蒙. 粮米二斗送. 紙, 雨不送.】

書 - 515 (연월 미상) P.237

【答寓】

【昨書, 具知豊山葬事. 公美來見, 可慰幽明. 但汝不得見, 是爲大恨耳. 公美自彼歸草谷耶? 浮板三奴中, 非徒順孫之故, 金孫亦以手病未赴, 故令漢必·哲孫代之, 而幷孫伊爲三人矣. 但慮哲孫者病餘, 或未堪力作如何耳. 草谷時祭則汝書末所云, 未可詳也. 仲朔本時祭之朔, 何疑而更稟耶? 但中此處成造未半, 功費大段不支, 百冗叢鬧浮板事, 旣不可失時, 故勉從之, 力分勢窘, 榮川汝歸時率人如有閑奴, 預敎率行爲可. 其後卄四日間, 以松安君先祖墓地爲人奪占呈訟治罪事, 族中僉會于安東. 汝當往參, 亦須預知之, 汝來此, 可知其詳也. 送來製述, 敢爲評第封還. 諸作幷佳, 汝之所製, 意思亦好, 但辭或有病, 此無他, 荒廢之久, 語不活動, 而夕疪病耳. 熟讀古文, 令流轉動盪於心口間, 則自能漸變矣. 更須勿疑勿沮, 緊著工夫.】

書 - 516 (연월 미상) P.239

【答寓】

昨聞伯榮, 今又見書, 知爾證加前, 無奈因憂患失調而然耶? 深慮深慮. 榮川之行, 雖不可停, 亦須量氣力而決, 雖往當速還也. 上下等記送去, 但常時則延壽牽馬遣去可也. 以霜晚收獲差退, 故明日爲始, 又役成造, 日少事多, 出役入役奴輩, 皆無片閑, 汝奴及婢夫等閑遊者率行, 爲可. 且聞汝欲種眞麥于此, 亦令閑奴等來種及時亦可. 餘在末山.

【木花田, 自昨守直矣.】

書 - 517 (연월 미상) P.240

【寄寓】

予自昨昨得下痢, 稍變爲赤, 甚苦. 煎服牛膝湯, 然後自昨夕始得差歇, 而餘毒未盡, 觸冷卽發. 今日之會, 若枉道涉大水, 冒夜往還, 必至觸冷加發, 江亭亦畏冷濕, 玆未赴會. 自我成約, 自我負之, 愧恨不淺. 酒壺及生雉二首送去, 汝當白獻于僉前爲佳. 又雉一首送于汝大宅, 令傳獻亦可.

書 - 518 (연월 미상) P.241
【寄寓】
莫同者以朴玄田賣事來此, 欲打而懲之, 適兄主來臨, 故未果, 可恨. 連同·白是送去, 見之. 吾付連同牌字內, 千萬勿爲放賣事敎之矣, 汝亦當依此敎之爲可. 若不得已放賣, 則待來年汝可買之, 今則勢不可爲, 奈何?

書 - 519 (연월 미상) P.242
【寄寓】
【昨見琴聞遠云 "元日入縣, 縣吏測候日食, 終日看審, 及暮吏入, 白城主云 '時過不見有食.' 僧人爲日食圖形來者, 今可罷遣." 以此觀之, 使關似到各官, 何獨奉化不到也? 可怪. 須問于此縣, 知其所以然之故而處之. 大抵旣知有日食, 汝當在官須而看審救食可也. 吾聽汝來此過歲, 吾亦非矣.】

書 - 520 (연월 미상) P.243
【寄寓】
婢加外之罪, 不可不治, 而其夫幷其馬遠歸, 不無其功. 若其夫旣來後治罪, 則非徒無光, 亦非念功之意. 其夫今明必到, 須及其未到之前, 歷數前前逃移無定之罪, 及今次鬪狼擾亂等事, 撻脚四五十可也. 吾明日出去治罪爲當, 而忌日用刑未便, 故如是云耳. 且敎之曰 "汝與連同皆有罪, 吾下去當痛治. 連同今不治, 汝是不均故治之. 但汝遠來自現, 兼以汝夫之功, 故減杖略示警覺云云." 亦可.

書 - 521 (연월 미상) P.244
【寄寓】
有一事可憂. 宜寧逃婢, 不辨爲生員婢或允廉婢, 乃連守叔母也云, 潛隱于金玉家累年, 不知某時爲宜仁居千伊妻, 往居其家. 近日重德還役于此, 其夫榮川居者, 與連守通謀, 招引其婢去, 隱于榮川地某家, 乃重德夫之族人家也. 千伊知之, 來告重德, 重德追蹤而至, 則其婢見重德而逸去, 其夫率重德還來于此, 謝過而去. 千伊具由呈官, 來捉連守. 連守非但拒不入官, 反與千伊鬪鬨. 千伊亦以他婢隱接事發畏罪, 似不敢更訟于官, 但煎迫連守曰 "還我衣物木匹等則吾亦置之." 盖招出時千伊出他, 連守負持其婢雜物而逃來, 并竊其家物故如此云云. 假使千伊不敢更訟, 同生三寸家逃婢, 累年容接於戶內, 極爲無狀. 況重德夫家與朴漉家同在邑內, 以逃婢而隱接其處, 豈有不現捉之理? 現捉之後, 不知以何辭答其主之暴怒乎? 吾欲卽捉囚其婢, 通于宜寧. 但如此之際, 此連奴或至逃匿, 亦不可知, 故隱忍似若不知, 以待汝來而處之. 雖汝何以善處此事耶? 此事汝亦不知耶? 知之而因循至此乎? 凡非理之事, 若早知而速圖, 則終無噬臍之悔. 汝庶母雖知不告我者, 恐以我知爲其咎, 故終始不告, 今則事發於官, 官令捉人於戶內, 事已難諱. 適又今日我將入官, 若城主開口, 而我不知, 則歸必責其隱而不告之非, 故不得已而告之. 我因而知之, 亦以勢難不得以處之, 恨恨. 凡事豈可如此久安於不正而終貽莫大之羞辱乎? 吾與汝輩, 將大受辱於厥主, 奈何奈何? 連奴之奸妄恣行, 至於此極, 他日亦難以侪使於宜寧矣. 汝亦姑但心知之勿露, 來此後某條善爲之所, 可也. 然不可不預知, 故言之.

書 - 522 (연월 미상) P.246

【答寫】

書來, 又見憑簡, 具知之. 初謂監司自此往奉化, 故欲往見於路傍山寺, 所以除官弊及監司之勞耳. 今憑云云, 然則不須往山寺, 當於書堂略設以見之耳. 今夕吾當下去.

【初十日曉, 東齋行薦新奠. ○同日朝前, 行栢山墓祭. ○十一日樹谷祭. ○十二日孤山祭. ○十三日末巖祭. ○初九日宿于烏川, 則薦新不及來之勢. ○栢山祭, 及來則來參, 可也.】

書 - 523 (연월 미상) P.247

【寄寫】

而去至玄風, 分去後只一日程耳, 豈不能兼持乎? 汝弟神主久置于彼, 爲人嫌笑, 至爲未安, 奈何奈何? 汝不可久不開素, 今送快脯一介·大口卵四節, 卽須用之, 不可每留吾命也. 聞李汝樑·琴(車+急)歲前入淸凉山, 在

山過歲, 尙無出來之意云, 此非篤志者何能若此乎? 近見吾家子弟, 率皆
汨沒卑冗, 懶惰廢業, 非獨汝也, 令人慨歎不已. 汝尙擺脫雜念, 專心致志,
變其舊習, 則古人所謂'如轉戶樞, 何難之有'者, 可驗於身矣. 兄家迎壻今
三日矣. 他事皆可爲喜, 但恨當身不文耳. 餘不一一.
【明日動山等進去, 介伊預待卽發爲可. 但龍孫馬時未來, 爲慮.】

書 - 524 (연월 미상) P.249

【寄寓】

米物載去, 而鄕所若不受, 則往復進退之際, 喧播可慮. 令億守姑勿載去,
先呈書簡于金座首處得許, 然後隱然載納于官廳, 仍須相戒勿播事, 敎之
爲可. 金座首處簡云'前城主官庫板蕩'之說, 極知曖昧. 然此聲旣出, 至被
朝論, 所送之物, 受之未安, 故必欲還納. 家君決意, 君須知此意, 隱然受
付于官廳主吏及監考處, 新城主至, 善白而納之, 至幸至幸. 非君知家君之
意, 必不能善處此事, 故敢白. 更須毋煩圖之云云. 若喧播, 則前城主與家
君皆不好, 千萬戒下人, 尤幸.

書 - 525 (연월 미상) P.250

【寄寓】

東齋北邊書庋上諸屛書裹(車+丑)中, 崔子粹屛書一(車+丑)搜出, 送于
安道, 令持去傳子粹處爲可. 子粹求官請簡, 不得應副, 心甚未安, 數幅屛
書, 又不可久缺其望故也. 有雨徵, 油紙裹送.『心經』一卷在西邊皮下常坐
之旁諸帙中, 搜送爲可. 若此處無之, 更搜他處.

書 - 526 (연월 미상) P.251

【寄寓】

吾平安. 就中兩琴當來, 點心所需送來事, 早簡于家矣. 今此等物來, 雖不
送亦可. 此意告汝庶母
【寫書後, 元千來到, 可喜. 但姑氏有患證事, 部將書云, 慮慮.】

書 - 527 (연월 미상) P.252

【再寄寓】

『伊洛淵源錄』, 送于具生員廬所乎? 不送則速送. 其『參同契』二件內鑄本靑衣大冊二卷, 乃京居故金得九冊也. 其家推尋, 須付信人送來亦佳. 奉千奴, 竟尋不得耶? 敬差欲來, 吾以見之有難事, 故辭以疾, 而答之如此耳. 宜寧事, 可慮. 前來『五禮』四卷送還. 但觀此書本序例, 自第一至第五而終, 其一二合爲一冊今來矣. 次三次四不來, 其第五則誤與凶禮末卷合爲一冊, 今亦來此, 故付標以送. 須取出別作一冊, 以爲序例之終卷可也. 其元書又自吉禮之一至凶禮之八而終, 自一至三不來此, 自四至八合三冊, 幷序例一送去, 其不來之卷本闕耶? 闕則徐圖補寫, 無奈可乎?

書 - 528 (연월 미상) P.253

【寄寫】

芿叱金事, 汝何不思之甚耶? 此非護別居良丁之時, 況我不知其事而終受不善之名, 汝以爲細事不足留意耶? 吾見汾川子弟, 如此事不少, 是乃自壞門聲, 潤不足數, 識理如成亦爲之, 甚可歎也. 且近日鄕中品官, 有所失事, 甚譊甚譊.

【不靖, 終不知有何事? 慮慮萬萬.】

【宜寧祭事, 只付奴婢, 極爲未安. 今若歷謁, 又不可空還, 如有下宜寧人, 釀酒預備以待事, 通于奴婢處, 則似有及行祭之勢, 須卽圖之. 但往者得許允廉書, 疫氣未殄云, 未知今何如耳. 又銀夫者今年麥打作, 至今不報, 前年互換餘穀及稷換木等, 訖不上送, 其去年身貢, 亦不送一匹, 頑慢莫甚, 須痛懲一一推來, 爲可. 且李末近不顧其處事耶? 今年下道水沈處, 專失農, 其餘則好云, 兼知而檢察來告.】

書 - 529 (연월 미상) P.255

【寄寫】

時事勿論, 會葬事, 以古義言之, 必無之事也. 但今人皆不揆諸義, 而惟以情言之. 吾方困於衆口, 何暇爲他人謀可否乎? 然吾在京時, 或與僑友語及公幹令公會葬與否事, 吾曰"彼令公, 軍職亦不付. 雖來, 何處入班? 其勢不亦難乎?" 人之聞者亦不言, 雖無入班處, 不可不來也. 來路見金正言李應自言"其仁宗發引日, 罷職在京, 無入班處, 情不自勝, 當夜豫往慕華岾松間無人處候之, 俄而李天啓等罷官五六人, 不期馳至同處哭送."云云,此亦以情爲之, 不知其合禮與否, 伯榮須自量處. 若以吾言而止, 則人將曰 "某也自家不忠, 亦敎人不忠." 可畏之甚也. 兄主前請白來見事, 汝父子中當專爲進白爲宜, 而今夕安道爲祭上去, 仍進白之, 似亦爲當. 須不至昏暮, 差早上去, 直造右宅請白, 然後退去宿所, 爲可.
【此安答簡, 以'卜定米太遠, 煩輸送, 未安之際, 又使人, 尤未安'云云, 可也.】

書 - 530 (연월 미상) P.257
【答寯[安奇]】
【因書, 凡事具知. 方伯不意見遞, 已爲可恨, 而府伯之遞, 尤爲可恨, 不知與何人相換耶? 今欲修狀, 纔聞未及. 汝若歷辭, 爲達恨仰之意. 汝來事, 知之. 朝報還送.】

書 - 531 (연월 미상) P.258
【答子寯】
郡人還, 得書具悉. 昨日李庇遠等來傳書, 亦已見之. 知成造瓦窰等事, 皆以用度不足爲憂, 此乃吾前日云云之事, 果至於此, 奈何奈何? 兩麥不實, 又有旱氣, 尤可慮也. 然宜寧餘穀, 欲於汝弟葬時用之事, 已通于公簡處, 今不可取來矣. 但聞下道麥盛云, 若遣人取麥而來, 猶可也. 只以方此農時, 遣人遠處, 豈不難乎? 有一於此, 豊山亦麥好云, 前來好品木量送, 貿麥于豊山, 以補農糧, 可. 文孫行忙, 草草.

아들에게 쓴 퇴계의 편지3
- 분수를 넘지 마라

초판 인쇄 2023년 06월 15일
초판 발행 2023년 06월 22일

원 저 자 ㅣ 이   황
역 주 자 ㅣ 김운기
펴 낸 이 ㅣ 김영환
펴 낸 곳 ㅣ 도서출판 **다운샘**

주   소 ㅣ 05661 서울특별시 송파구 중대로27길 1(오금동)
전   화 ㅣ 02)449-9172
팩   스 ㅣ 02)431-4151
전자우편 ㅣ dusbook@naver.com
등록번호 ㅣ 제 1993-000028호

ISBN 978-89-5817-529-2 04810
ISBN 978-89-5817-526-1(전3권)

값: 20,000원

▪ 파본은 교환해 드립니다.